La Vida antes de Nacer

DR. JOSÉ LUIS CABOULI

LA VIDA ANTES DE NACER

*Viaje al origen
de nuestra
historia personal*

Ediciones Continente

> **Para comunicarse con el autor:**
> Su correo electrónico: dr.joseluiscabouli@gmail.com
> Su página web: www.vidaspasadas.com.ar

La vida antes de nacer

1ª edición: abril 2012
XXª edición: agosto 2016

Ediciones Continente
Pavón 2229 (C1248AAE) Buenos Aires, Argentina
Tel.: (5411) 4308-3535 - Fax: (5411) 4308-4800
e-mail: info@edicontinente.com.ar
www.edicontinente.com.ar

Corrección: Susana Rabbufeti Pezzoni
Diseño de tapa: Estudio Tango
Diseño de interior: Mora Digiovanni

> Cabouli, José Luis
> La vida antes de nacer : viaje al origen de nuestra historia personal
> 1a ed. - Buenos Aires : Continente, 2002.
> 256 p. ; 23x16 cm.
>
> ISBN 978-950-754-073-8
>
> 1.Relatos de Viajes. I. Título
> CDD 910.4

2016, **Ediciones Continente**

Queda hecho el depósito que marca la ley 11.723.

Libro de edición argentina

No se permite la reproducción parcial o total, el almacenamiento, el alquiler, la transmisión o la transformación de este libro, en cualquier forma o por cualquier medio, sea electrónico o mecánico, mediante fotocopias, digitalización u otros métodos, sin el permiso previo y escrito del editor. Su infracción está penada por las leyes 11723 y 25446.

Impreso en España- *Printed in Spain*

*A Patricio,
que en esta vida me eligió como su papá,
y a todos los seres que vienen a hacer
una nueva Humanidad.
Bienvenidos.*

Indice

Introducción	9
Capítulo I. La fecundación: una cita para tres	13
Capítulo II. La carga del pasado	20
Capítulo III. Los preparativos para venir	40
Repasando el libro del alma	46
Capítulo IV. De la concepción al nacimiento	56
Jorge Juan	58
Alfonso	62
Mariela	66
Penélope	72
Alejandra	81
Capítulo V. La experiencia del nacimiento	88
"¿Qué es esto? ¿Dónde estoy?"	89
Nacimiento con pentotal	94
Nacimiento con fórceps	97
Nacimientos que recuerdan muertes anteriores	100
Un cordón asesino	100
"¡De vuelta los azulejos!"	105
"¡No quiero que me toquen los pies!"	108
Capítulo VI. Un virus infiltrado	115

Capítulo VII. Cesáreas 125
   Atrapada y sin espacio 127
   Desconectada y atascada 133
   "¡Que me saquen ya!" 145

Capítulo VIII. Abortos 151
   Amenaza de aborto 153
   Aborto provocado 155
   Aborto accidental 159
   Suicidio fetal 163

Capítulo IX. Historias de mellizos 174
   "¡Otra vez estás acá!" 175
   "Sólo vine a enseñarte a amar" 180

Capítulo X. Descubriendo secretos de familia 196
   El precio de una decisión apasionada 197
   "¡No es mi mamá!" 203

Capítulo XI. *Caput-zihill*: "Renacer" 209
   ¿Cuál es el rol de la madre? 211
   El rol del obstetra 219
   Recomendaciones y palabras finales 223

"Paula y la puerta cerrada"
(Un cuento de Diana Drexler) 227

Apéndice - Guía de trabajo para terapeutas 231

Bibliografía 249

Introducción

La vida antes de nacer es uno de los períodos más fascinantes de nuestra historia personal. Allí, en ese universo único que es el seno del vientre materno, tienen lugar acontecimientos fantásticos que quedan grabados profundamente en nuestra memoria subconsciente. A partir de una pequeña célula se desarrolla una forma física compleja que ya antes de nacer dispone de todas las capacidades de las que se servirá durante su existencia. Pero a su vez, esta forma física va acompañada de una conciencia que trae consigo el recuerdo de sus experiencias pretéritas y que vive intensamente todos los eventos que ocurren durante su vida intrauterina.

Habitualmente no recordamos nada ni de nuestra vida fetal ni del nacimiento y por ello ambas experiencias no están integradas a nuestra memoria consciente. Es como si nunca hubieran existido. Sin embargo, todo lo que hemos vivido y experimentado en este período se hará sentir más tarde con toda su fuerza en nuestra vida adulta expresándose a través de actitudes, pensamientos o reacciones emocionales.

La vida fetal está íntimamente relacionada con las experiencias de vidas pasadas. Básicamente, la impronta emocional de una experiencia traumática de una vida anterior es reactualizada por un trauma de la vida presente que activa la memoria emocional del hecho anterior. Como regla general ese incidente gatillo se encuentra fundamentalmente en el período intrauterino y en el momento del nacimiento, y en ocasiones puede hallarse también en la primera infancia.

Fue así que desde mis inicios con la TVP comencé a trabajar en forma sistemática la vida fetal y el nacimiento. Al principio sólo procuraba que la persona encontrara el hecho desencadenante del trauma de vida pasada, pero a medida que fui progresando en el trabajo con los pacientes, fui descubriendo que sus experiencias con la vida fetal iban mucho más allá del simple hecho de vivenciar un incidente traumático. Incluso, los pacientes podían revivir en una misma sesión, sin solución de continuidad, la muerte en una vida anterior, el pasaje por el espacio entre vidas, los instantes previos a la concepción, la propia concepción en su vida actual y el desarrollo en el vientre materno hasta llegar a la experiencia del nacimiento. En ocasiones, había pacientes que en las dos horas de sesión sólo trabajaban con la vida fetal y el nacimiento. Imagínense ustedes todo lo que se puede experimentar en un trabajo de esta naturaleza.

Han transcurrido doce años desde mis primeras experiencias con la TVP. En este lapso he tenido ocasión de descubrir y constatar muchas cosas que al principio ni siquiera hubiera sospechado. Si hubiese escrito este libro cinco años atrás probablemente hubiese sido diferente. Cinco años atrás me hubiese referido a los hallazgos científicos y a las pruebas de laboratorio que demuestran que las vivencias de los pacientes son verosímiles. Hoy estoy convencido de que, más allá de las teorías que ensayamos para explicar lo que ocurre en el laboratorio, no hay nada más verídico, más trascendente y más valioso que la propia experiencia vital.

Al igual que en *Muerte y Espacio entre Vidas*, las experiencias contenidas en este libro han sido extraídas de las sesiones terapéuticas de regresión de los protagonistas. Esto significa que durante la sesión las vivencias que van surgiendo son trabajadas de acuerdo con la técnica básica de la TVP para producir el efecto terapéutico. En la transcripción de estas sesiones he suprimido parte del trabajo terapéutico para rescatar fundamentalmente la experiencia pura de la vida fetal. Considero que el aprendizaje mayor y el mensaje que los protagonistas tienen para cada uno de nosotros está allí, en su vivencia personal. Lo demás sólo implica cuestiones de forma para ayudar a la persona a realizar su trabajo de sanación.

Si bien es cierto que el tema central que nos ocupa es la vida fetal, es imposible dejar de referirme a las experiencias de vidas anteriores porque todo está concatenado. Las historias de los pacientes, como nuestras propias historias, no se inician en el momento del nacimiento o en la vida fetal. Ni siquiera en el instante de la concepción. Su origen está más allá todavía y para comprender lo que sucede hoy es necesario saber lo que ocurrió ayer. Por este motivo la referencia a las vidas anteriores es casi permanente, porque la vida fetal sólo es una etapa en la experiencia evolutiva del alma.

Debo confesar que el libro final es totalmente diferente de la idea que tenía cuando comencé a escribirlo. Como si se me hubiese escapado de las manos. Más que autor me veo como presentador y comentarista de las experiencias vividas por los protagonistas y me siento un privilegiado al haber asistido en forma directa a estas experiencias. Todo lo que quieran saber sobre la vida fetal y el nacimiento lo sabrán también ustedes, en forma directa, por boca de quienes revivieron estas instancias trascendentales en la vida de toda persona.

Como ocurre siempre con los relatos, todo lo que yo pueda decir es poco comparado con la experiencia real. Por mucho que lo intentara, no podría jamás reproducir el intenso dramatismo de algunas de las regresiones incluidas aquí. Si no he abundado en más comentarios es porque creo que todo lo que es necesario saber está contenido en las historias y en las palabras de los propios pacientes. Más allá de todas las experiencias, los acontecimientos y los dramas que cada protagonista revivió, están sus enseñanzas y sus mensajes. El poder de sus palabras y vivencias es para mí de mayor peso y trascendencia que cualquier comentario que yo pudiera aportar. He incluido mis reflexiones sólo con el ánimo de llamar la atención sobre determinados aspectos que me parecieron insoslayables. Una segunda lectura de cada experiencia les permitirá encontrar seguramente otros mensajes que quizás algunos hasta podrán percibir como dirigidos particularmente a ellos.

Es mi deseo que este libro sea una contribución a la nueva Humanidad que se está gestando. Que los padres puedan encontrar aquí el conocimiento necesario para concebir y recibir a sus hijos con amor, sabiduría y libertad.

José Luis Cabouli

18 de agosto de 1999,
día de Santa Elena

Capítulo I

La fecundación: una cita para tres

Producida la fecundación del óvulo por el espermatozoide en algún lugar de las trompas de Falopio, la célula huevo o cigoto, en flotación libre, va en busca de la pared del útero para anidarse. A los cinco días y medio ya es un grupo de ciento siete células llamado blastocisto. En su interior están ocurriendo una serie de procesos claves denominados segmentación, compactación, polarización y cavitación, pero todavía no es un embrión. Luego de implantarse, en las dos semanas siguientes se multiplicará mil veces formando primero un disco plano y alargado para luego enrollarse en una serie de tubos. Recién al cabo de las tres primeras semanas a este conjunto de tubos se lo denomina embrión. A los veinticinco días, el tubo que dará origen al corazón comienza a pulsar espontáneamente y a las ocho semanas ya están establecidas todas las estructuras fundamentales del cuerpo y comienza la etapa fetal propiamente dicha. Este período de formación de órganos y desarrollo de los tejidos concluye aproximadamente a los cien días.

Ahora bien, todo este desarrollo embriológico pertenece a la forma física que seguirá su evolución y crecimiento hasta el final del período fetal. Pero esta forma física que se está gestando va a ser ocupada por un principio consciente, un ser pensante, que tiene conciencia de sus pensamientos, de su individualidad y de su destino aun antes de que se haya concretado la concepción, cuando ni siquiera existe el esbozo de lo que será el sustrato anatómico de su actividad mental.

En el instante de la fecundación tendrá lugar uno de los fenómenos más extraordinarios que encierra el secreto de la Creación. El óvulo y el espermatozoide corren hacia su encuentro pero, al mismo tiempo, proveniente de otro mundo, de otra dimensión, llega un tercer personaje a la cita: es el alma o principio consciente a punto de encarnar. ¡Qué tremenda energía debe de desarrollarse en ese momento para que el alma se sienta inexorablemente atraída hacia ese punto sin poder sustraerse a su influjo! La concepción actúa como un electroimán con una fuerza magnética irresistible. El alma no puede hacer nada para evitarlo.

En el momento en que el espermatozoide penetra la membrana pelúcida del óvulo se reúnen las dos polaridades básicas del Universo: positiva y negativa, el yin y el yang. La energía que se pone en juego en ese momento debe de ser algo así como un pequeño Big-Bang. Una paciente que vivenció ese instante lo describió como una explosión de luz. Es en ese preciso momento cuando se produce el anclaje de la energía espiritual en la nueva célula física. Este es un misterio que todavía no alcanzamos a penetrar. Piensen que en ese instante quedan unidos dos universos diferentes: la materia física y el espíritu. Allí, en esa célula inicial que es el óvulo fecundado, comienza la aventura de una nueva encarnación. Cómo es que se produce intrínsecamente este fenómeno es algo que todavía no sabemos pero que podemos imaginar. No se trata de que el alma se meta sencillamente dentro del cuerpo. Es mucho más que eso. Lentamente, a medida que la célula inicial se va segmentando, el alma se va enraizando en cada nueva célula creada por división. Cada célula va siendo rodeada por la energía que irradia el ser espiritual y, al mismo tiempo, esta energía se va anclando en cada una de esas células constituyendo así un nuevo punto de fijación. Lenta y progresivamente, a medida que las células se van multiplicando, se va produciendo el proceso de la encarnación, y así como el alma necesita de cada célula para anclarse al mundo físico, de la misma manera cada célula necesita de la energía vital del alma para poder desarrollarse. Así lo explica Sandra en *Muerte y Espacio entre Vidas* (Cap. 16):

> Voy proyectando vibraciones mías a esa unión física, a esa célula inicial. Es como si mi energía rodeara a esa célula física y le diera luz.

Esto es muy importante porque si por algún motivo el principio vital se retira, si el alma logra zafar del anclaje celular, el embrión no podrá desarrollarse y se producirá lo que conocemos como un aborto espontáneo de etiología desconocida. No se trata tan sólo de un proceso químico biológico. Si el alma falta a la cita no habrá desarrollo embrionario. De alguna manera esto es lo que ocurre con la fertilización in vitro. No depende sólo de la técnica empleada. La fertilización podrá efectuarse pero si el alma no logra hacer pie en esa fecundación asistida el intento fracasará. En cierta forma hay que atrapar al alma en ese momento. Esto es lo que hacían los sacerdotes mayas quienes representaban el alma con un pez al que denominaban *pixan*. Mediante un rito de magia simpática, el *chilán* (sacerdote) con una mano atrapaba un pez y obligaba al *pixan* a fundirse en el feto en gestación. De modo que en realidad la embriogénesis no es otra cosa que la preparación de un vehículo adecuado para que el alma que regresa a la vida física se conduzca en su nueva experiencia en la tierra.

Para comprender entonces cabalmente lo que va a acontecer durante la vida fetal, el primer punto es tener presente que la conciencia del nuevo ser ya existe antes de su concepción. La conciencia no depende del cerebro para su existencia sino que necesita de él para su manifestación en el plano físico. El segundo punto a tener en cuenta es que este ser que va a tomar posesión de ese embrión en formación trae consigo su historia, su personalidad ya bien definida a lo largo de muchas existencias previas, sus recuerdos y sus propósitos. De la convergencia y de la interacción de su propia historia con la historia de los padres que va a tener, con la carga genética que estos padres le darán y con el entorno social y ambiental en el cual nacerá dependerá su nueva experiencia en la vida física. De la interacción de estos factores, de su propia capacidad de adaptación a las nuevas circunstancias y del peso que cada uno de estos factores adquiera dependerá su vida, sus posibilidades y el grado de desarrollo que alcancen los proyectos que traiga para realizar en esta existencia.

Recordemos que hemos vivido muchas vidas y que cada una de ellas deja una huella profunda en el alma. Junto con su historia personal, el ser que acaba de ser concebido en el plano físico trae también todo un bagaje de conocimientos, emociones, capacidades latentes, deseos insatisfechos, miedos y culpas como así también un propósito a cumplir y una lección a aprender. Con toda esta carga es como llega este ser al vientre de quien será su futura madre. Nadie imagina la magnitud de la responsabilidad que adquiere una mujer en el momento de quedar embarazada, porque a partir del instante de la concepción su vientre se convertirá en una caja de resonancia donde cada situación que ella viva funcionará como un eco del pasado para el ser que está allí con ella, despertando, reactivando, reforzando o suavizando y neutralizando los recuerdos traumáticos de sus experiencias anteriores.

Debido a la presencia del alma el feto tiene una extraordinaria sensibilidad para recibir y registrar las más mínimas sensaciones de su madre. Puede percibir los estados afectivos más sutiles y más complejos, como la ambivalencia y la ambigüedad, y reaccionar emocionalmente en consecuencia. A partir de aquí, todo lo que le ocurra a la madre en esta etapa incidirá en el feto. Cada emoción, cada circunstancia difícil o marcante que experimente la madre despertará en el alma que está ocupando ese feto el recuerdo de una circunstancia anterior similar. Por analogía se reactivarán las memorias del pasado. Si sus vidas anteriores fueron trágicas puede resistirse a nacer. Si los padres tan sólo piensan en abortarlo aunque luego no lo hagan, sentirá la amenaza de la muerte y eso le hará recordar la experiencia de alguna muerte anterior. Tal vez sus padres de hoy lo mataron en una existencia previa. Entonces pensará que quieren matarlo nuevamente y sentirá la desesperación de estar acorralado y atrapado sin tener siquiera la oportunidad de escapar porque en el útero no hay lugar adonde huir. Lo único que puede hacer es quedarse allí, hecho un ovillo, impotente y a merced de la voluntad de sus padres. Quizás haga lo indecible para no nacer y no correr riesgos o se diga a sí mismo: "Haré todo lo que me pidan con tal de que no me lastimen". Nada afecta más a la madre que la relación con su compañero y sus consecuencias emocionales son vividas por el feto como propias. Si la madre es rechazada por su pareja o por su familia sentirá que él también es rechazado y hasta puede sentirse culpable de ese rechazo. Tal vez piense que si él no estuviera ahí su madre no sería rechazada. El sentimiento de rechazo trae consigo la desesperación y la incertidumbre de no saber qué hacer. ¿Adónde ir? Tan sólo de aquí, de este rechazo en la vida fetal, puede provenir la sensación de algunas personas de no encontrar nunca un lugar para sí o de tener siempre deseo de irse o de huir al menor contratiempo. El alma trae sus impresiones del pasado y una vez que está unida al feto el universo que la rodea se tiñe del color de ese pasado entremezclado con el color de las emociones de su madre.

Dentro del vientre materno el alma tiene una gran dificultad para discriminar sus sensaciones de las de la madre. Prácticamente madre y feto funcionan como una sola alma. Ya Leonardo da Vinci había advertido esta peculiaridad en sus *Cuadernos*:

> Una misma alma gobierna los dos cuerpos. Las cosas que desea la madre se imprimen frecuentemente sobre el niño que ella lleva allí en el momento en que ella las desea. Todo anhelo, deseo supremo o temor de la madre o todo dolor de su espíritu hieren fuertemente al niño ya que es frecuente que él muera debido a ello.

Una misma alma. De eso se trata ya que sus campos vibratorios están en contacto íntimo. Hay una conexión de onda cuántica entre la madre y el feto y esto significa que hay una comunicación telepática entre ambas mentes aunque la madre no tenga conciencia de ello y es esta conexión tan particular la que dificulta la discriminación por parte del feto. La madre y el feto están conectados entre sí y aunque muchas madres no perciban los pensamientos de su bebé simplemente porque no piensan en él, pueden estar seguros de que el feto sabe perfectamente todo lo que pasa por la cabeza y las emociones de su madre y hasta puede leer los pensamientos de su padre y de otras personas cercanas. La presencia o ausencia del padre es nítidamente percibida por el feto, quien sabe perfectamente cuáles son las actitudes de aquél hacia su madre y hacia su futuro hijo. Si el padre espera un hijo varón y el feto es hembra el alma puede tomar decisiones *in útero* que condicionarán toda su vida. Puede sentirse culpable por no ser lo que su padre espera que sea o tomar la determinación de ganarse su amor sometiéndose a su voluntad y más adelante reproducirá esta conducta en cada vínculo afectivo que establezca.

Así como el feto tiene una sensibilidad extrema para grabar las emociones de la madre, así también sus reacciones pueden ser desmesuradas. Ante el rechazo, la agresión o la indiferencia de los padres puede reaccionar con impotencia, culpa, pánico, odio, rencor o deseos de vengarse y matar. Estos sentimientos pueden funcionar por años en la sombra del subconsciente para surgir más tarde en el adulto como rencor, temor o rechazo inexplicables hacia su madre, su padre y el mundo en general. Algunas depresiones de la vida adulta pueden tener su origen en una de estas emociones de la vida fetal. Muchos mandatos o patrones de conducta son establecidos o adoptados por la persona en su etapa fetal, cuando su capacidad de discriminación está limitada mientras que sus reacciones emocionales están exacerbadas. No todos los mandatos de la etapa prenatal se deben a la programación materna. Me atrevería a ir más allá diciendo que la mayoría de las decisiones que más tarde resultan ser funestas son tomadas por el propio feto como consecuencia de sus reacciones emocionales. Explorando con la regresión esta etapa de la vida, la persona puede hacer el trabajo de discriminación de las sensaciones que no le pertenecen como así también reconocer y desprogramarse de sus propios mandatos.

El momento del nacimiento es el instante culminante de la vida fetal. El trauma del nacimiento está profundamente entretejido con el trauma de vidas pasadas y con la experiencia de la vida intrauterina. No quiere decir esto que no haya nacimientos apacibles y gozosos, porque en verdad los hay, pero para la gran mayoría de las personas el nacimiento puede llegar a ser la situación más traumática de su vida. El bebé en tren de nacer se acuerda de sus experiencias anteriores y siente que otra vez está en el infierno de una muerte antigua. Imaginen a una persona que en una vida anterior murió en la horca y ahora está con el cordón umbilical enroscado alrededor de su cuello, o tal vez murió en una cámara de gas y a su madre la están durmiendo con gas, o quizás murió al entrar en el túnel de una mina y ahora tiene que entrar en el túnel del canal del parto, o lo torturaron en la Edad Media y ahora el médico tiene que usar fórceps. En cada una de estas situaciones, en el momento del nacimiento, el bebé experimentará por analogía la agonía de la muerte anterior desencadenando con ello todas las sensaciones y reacciones emocionales vivenciadas antiguamente que, al ser reactivadas, se instalarán en la vida presente originando desde conflictos emocionales hasta desórdenes orgánicos. Muchas de las pautas de comportamiento de sobrevivencia en la vida se originan en la forma como sobrevivimos en el momento del nacimiento. Por medio de la regresión muchas personas se dieron cuenta de que en instancias claves de su vida se comportaban de la misma manera como lo hicieron en su nacimiento. No es lo mismo nacer de nalgas que presentando la cabeza, saliendo activamente al mundo, y nacer fácilmente, en un pujo o dos, no es lo mismo que nacer a los tirones con fórceps. Más allá de las contingencias médicas hay una actitud definida en el nuevo ser en cada nacimiento.

Con todo lo que hemos expuesto, aun así, una madre tiene el poder de liberar al bebé de los traumas de vidas precedentes. Una madre consciente puede sanar las heridas de vidas pasadas y neutralizar o minimizar la influencia de sus emociones durante la vida fetal. Un obstetra preparado y conocedor del drama del ser que está a punto de nacer podrá ayudarlo a que su nacimiento sea un renacimiento y no una lucha por sobrevivir. Para que esto sea así, para que despertemos a una nueva conciencia de la vida fetal, oigamos la voz de los protagonistas que tienen muchas cosas para decir y enseñarnos. Previamente recordemos los puntos principales de este nuevo saber:

1. La conciencia del nuevo ser existe antes de su concepción.
2. Este ser ya viene con su historia y tiene una personalidad bien definida.
3. Trae consigo las impresiones emocionales de sus existencias previas.
4. Estas impresiones son reactivadas por incidentes que ocurren en la vida fetal y en el momento del nacimiento.
5. Ya feto, puede percibir los estados afectivos más sutiles y más complejos de la madre y reaccionar a ello.
6. Las emociones de la madre se graban profundamente en su psiquismo y sus consecuencias se harán sentir más tarde en la vida.
7. El recién nacido llega a nosotros con una historia que incluye vidas pasadas, experiencias en el útero y el trauma del nacimiento.

Antes de entrar de lleno en la vida fetal veremos de qué manera llega el alma al momento de la concepción. Comenzaremos primero por conocer el peso de la carga del pasado.

Capítulo II
La carga del pasado

Nadie llega impoluto y santo a esta vida a menos que se trate de un enviado del cielo. Quien más quien menos trae su historia y arrastra su carga del pasado y la vida en el cuerpo físico es una oportunidad para liberarnos de esa carga. Hasta que el alma no se libere de ese peso no puede evolucionar en paz. Cada uno trae su misión, su propósito y su trabajo particular. Gran parte de este trabajo consiste en blanquear nuestro prontuario cósmico vaciando la mochila del alma. Este es uno de los motivos por el cual estamos aquí y hasta que no limpiemos ese pasado no podremos cumplir con nuestras metas más trascendentes. Cada ser que llega a este mundo bajo la forma de un recién nacido trae consigo esta carga del pasado y, su historia, junto con sus miedos y sus anhelos, ya se pone de manifiesto antes de que se produzca su concepción física.

Así como cada uno de nosotros trae su carga histórica, así Teresa traía la suya. A los cuarenta y tres años se encontraba en un momento crítico, difícil y doloroso de su vida. La sensación dominante era el dolor, un profundo dolor y un gran sentimiento de culpa. Teresa creía que no merecía vivir, que no merecía nada bueno en la vida. Separada después de un matrimonio desastroso, sin techo propio y con magros ingresos tenía que tomar una decisión trascendental. "Tengo que decidir si voy a vivir en este cuerpo y en este planeta", decía Teresa. "Yo no quería venir.

Comencé a sospechar esto al abrir tu libro *Terapia de Vidas Pasadas* y ahora estoy segura de esto. Tengo que tomar una decisión y no puedo. ¡Ay! ¡Estoy temblando!"

Inmediatamente se largó a llorar y su alma comenzó a trabajar.

Viernes 2 de febrero de 1996

Terapeuta: *¿Qué está pasando que estás temblando?*
Teresa: Tengo miedo de tomar una decisión distinta. Tener que decidir otra cosa. Vivir mi vida. ¡No quiero! ¡No quiero! ¡No quiero! ¡No quiero venir! *–llorando.*
T: ¿Qué es lo que está pasando?
Tere: ¡Ay! ¡No quiero! ¡Hay una puerta y una decisión que no es mía! ¡Tengo que hacer algo que no quiero! ¡Es una pulseada y yo no quiero! ¡Ay, José Luis! ¡Yo no quiero!
T: ¿Con quién estás pulseando?
Tere: Con alguna energía en donde estoy. ¡Yo no quiero! ¡Yo quiero decidir sola! ¡No quiero que decidan por mí! Pero sé que tengo que aceptar y no quiero. ¡No quiero venir con este destino! ¡Ay! ¡Lo odio porque no quiero! ¡Es una lección de humildad para venir! ¡Ay! ¡Ay! ¡Ay ! ¡No quiero!!! ¡Ay! ¡Por favor!!! *–llorando y gritando–.* ¡Ay, sí! ¡Acepto! *–con voz de resignación–.* Acepto. Era una lección de humildad la que tenía que aprender. Sí, acepto.
T: ¿Quién más está allí?
Tere: Hay una luz muy fuerte.
T: ¿Y qué te transmite esa luz?
Tere: Que tengo que venir. Que no soy yo la que va a decidir. Estoy muy mareada. Estoy pulseando. Está el ángel conmigo. Estoy totalmente en rebeldía. ¡A mí nadie me dice lo que tengo que hacer! Tampoco quiero ser mujer. Yo quería nacer varón para tener todo el poder. No quería nacer mujer. No quería. Quería ser varón para tener el poder. Para no pedirle nada a nadie. Pedir es humillarme. Y ser mujer es pedir.
T: ¿Y qué es lo que va a pasar? ¿A qué cosa le tenés miedo?
Tere: No es que tenga miedo. No quiero venir a perder. También es aceptar que yo no mando *–continúa llorando.*
T: ¿Y a qué se debe que tenés que pasar por esta experiencia de no mandar?
Tere: Es una lección de humildad. ¡No puedo reconocer que esto es así! ¡Ay! ¡Ah! ¡Ah! Estoy pulseando y pulseando. Yo vengo muy

soberbia y me cuesta reconocer que esto es así –*llorando*–. ¡Ay! ¡No quiero! ¡No quiero! ¡No quiero! ¡No quiero!

T: *Y esta soberbia, ¿qué te hace hacer?*

Tere: Es como* una cosa negra. Es como el alquitrán, como una lacra negra. Es algo que se cae de mí, que se arrastra. Estoy envuelta en esa lacra negra. Estoy como podrida de algo que no es mío. ¡Es de otro! ¡No es mío y yo estoy pulseando! ¡No es mío! ¡Ya no lo quiero! ¡No es mío! ¡Eso no lo quiero! ¡Ay! ¡Es una lacra! ¡Y yo acepté eso en algún momento! ¡Ay! ¡Yo acepté! ¡Yo acepté eso!

T: *Dejá salir eso. No importa lo que sea. Fijáte, ¿de dónde te viene esa lacra?*

Tere: ¡Ay! ... yo sé lo que es. Yo soy mujer... estoy con un hombre...y me pega mucho, me pega mucho. Me patea y me arrastra por el piso. ¡Ay! ¡Estoy temblando! Estoy en el piso y me sigue pateando y pateando y yo tengo mucho odio. Este hombre me pega mucho y me arrastra y yo no hago nada y lo único que deseo es que se enferme y que se muera, ¡que se muera! Y este hombre se enferma y se muere... lo sé porque lo estoy viendo. Y se muere y yo me quedo con mucha culpa... y esa energía la llevo pegada. ¡Nunca la liberé!

T: *Eso es y fijáte, ¿hiciste algo más ahí para que ese hombre se muriese?*

Tere: Algo hice... no sé qué... ¡Creo que lo maté! ¡Esta escena la tenía presente desde hace años sin saber lo que era! ¡Pero yo ya sabía hace años! ¡Yo creo que lo maté! ¡Ay! ¡Me espanta!!! ¡Creo que lo maté, José Luis! ¡Yo no tenía paz con esto! ¡Esta escena me volvía y me volvía! Yo estaba bajo la ducha en mi casa y me acordaba de este hombre que me pegaba y yo me veía en la cama tendida y decía: "¡Que este hombre se muera!" ¡Una cosa muy oscura! ¡Esa imagen me volvía por años! ¡Yo lo maté! ¡Lo maté! ¡Ay! ¡No lo puedo creer! ¡Y tengo esa energía pegada a mí! ¡No puede ser! ¿Cómo yo hice eso? ¡No puede ser! ¡No puede ser! Te juro que veo la cama y todo. ¡Ay! Esto no me deja en paz.

T: *Eso es, dejá salir todo eso. Dejá salir todo eso para terminar con*

---

* Nótese, en todos los relatos, el uso abusivo de "como" y "como que", que indica la dificultad de los pacientes para describir las vivencias insólitas de las regresiones, en la **TVP**, y su necesidad de recurrir a la comparación con la realidad conocida, para poder transmitirlas.

esto para siempre. Es muy importante que puedas hacerte cargo de lo que hiciste en ese momento. Yo no voy a censurarte ni a criticarte. Lo importante es que puedas aceptar lo que vos hiciste...

Tere: Esperá, esperá. ¡Ah! Está la pulseada. ¡Ah! Me cuesta aceptarlo. Somos tres... yo te voy a contar lo que está pasando. Hay una energía muy grande, muy blanca, en la cual estamos envueltos, y estoy yo y está mi ángel de la luz que yo conozco y está conmigo y vos ahora estás hablando por él. Estás hablando por él y lo que me acabás de decir es lo mismo que él me dijo en ese espacio, en ese momento.

T: *¿Qué fue lo que yo te dije?*

Tere: Que yo me tengo que hacer cargo. Exactamente eso. Está la pulseada. Me dijo eso, que yo me hiciera cargo.

T: *Eso es...*

Tere: Esperá que estoy en el momento. El problema es que yo no quiero reconocer esto. ¡Esperá que lo reconozca! Esperá que lo pueda decir con palabras porque sé muy bien lo que hay. Es muy doloroso pero yo sé que tengo que hacerlo. ¡Ay! ¡Cómo me jode decírtelo ahora!

T: *Tomáte tu tiempo.*

Tere: ¡No! ¡No hay tiempo! ¡Esta es la cosa! No hay tiempo porque si hay tiempo se hace lo que yo quiero y sé que esto no es bueno para mí. Esta es la pulseada. Y yo sé lo que me dice mi ángel. No me digas nada más. Mi ángel me dice que me va a dar todo para que yo pueda superar esto. Toda la vida me pregunté por qué el Universo me dio todo. Talento, gracia, buena estampa, lindos ojos, ¡todo a favor! Y yo me gasté la vida diciendo: "¡No quiero! ¡No quiero!". Y mi ángel me dice: "Te lo voy a dar todo, todo, para que lo puedas superar". Es una gracia de él. ¡Ah! Todos los elementos para que yo pueda superar acá todo esto... Está bien... acepto. Acepto reconocer que yo hice esto. Acepto reconocer que yo no soy una maravilla. Que yo no soy Dios, que yo tengo que evolucionar, que me falta para crecer.

T: *Eso es.*

Tere: La gracia que no me da es que yo nazca varón porque tendría mucho más poder siendo varón. Esto no me lo banco y yo viví toda la vida queriendo ser hombre. Esto no me lo da y esa era la condición que yo ponía. No, no.

T: *¿Qué hubiera pasado si hubieras sido varón?*

Tere: Hubiera tenido mucho poder y hubiera alimentado mi orgullo porque en este planeta y en esta evolución histórica el hombre tiene mucho poder. Culturalmente yo me hubiera montado sobre esto. Me lo dice este ángel de la luz. Es el mismo de hoy. Es el mismo de siempre. El mismo que me decía: "No lo hagas", mientras estaba matando a este hombre. En realidad no lo maté, lo dejé morir. Se está ahogando y yo no lo socorro. Está en la cama y se ahoga... ¡Ay! ¡Por Dios! ¡Estoy temblando!

T: *Eso es, andá a ese momento.*

Tere: Está en la cama, yo estoy acá, sentada. Una cama de hierro como las camas de hospital. Está mi ángel acá *–señalando a su izquierda–*. Es una luz que me dice: "No lo hagas. No lo hagas". Me dice que no lo deje morir y yo no lo soportaba más. Es de noche y yo sabía que nadie se iba a enterar. Que iba a quedar como que se murió.

T: *Eso es, seguí.*

Tere: Soy responsable de esta muerte. No sé cómo, pero este hombre, mientras se está ahogando y su alma se está yendo del cuerpo, me posesiona. Es una cosa negra, negra, negra. ¡Ah! Te libero, te perdono, te perdono... pero él no me perdona.

T: *Eso es y ¿qué necesitarías en este momento para que él te perdonara?*

Tere: Ser más amoroso con él, tratarlo con afecto. No ser tan impía. ¡Me veo! ¡Me veo! ¡Me las vas a pagar! Soy muy impía. Yo sabía que esto iba a pasar. Era un karma. ¿Sabés que me parece que es mi marido? ¡Ah! ¡Me ahogo!

T: *¿Qué está pasando?*

Tere: ¡Es esa energía! ¡No se quiere ir de mí! Me parece que ahora lo estoy hilvanando. Te voy a contar algo que yo sé. Yo era monje y tenía un hijo natural. Tenía fama de ser un varón santo pero tenía un hijo que yo jamás reconocí. Ese chico viene descalzo a verme al convento. Viene a pedirme que lo reconozca, que lo alimente. Pero yo no quiero. Lo echo. Tengo la sospecha de que es la misma persona. Yo siempre sospeché que ese chico era el marido con quien yo me casé en esta vida. Mientras estuve casada con él era tanta la aversión que tenía hacia este hombre como la fuerza que me empujaba a estar con él. Cuando yo tuve la imagen de esta criatura que yo eché tuve la sospecha de que era este hombre porque él me dio un hijo al que abandonó absolutamente. Siempre sospeché que esto era algo que yo tenía que pagar. Y en los momentos más dolorosos yo decía: "Espero que esto se anote en los libros sagrados a cuenta de lo que tengo que pagar".

T: *Muy bien. Entonces, seguirás trabajando para terminar de limpiar esa cosa pegajosa, para terminar con la vida de ese monje y con la vida de esa mujer. Lentamente, sintiendo tu respiración, tomando coraje, pidiéndole a tu ángel la asistencia de siempre, irás retrocediendo, yendo al origen, a la raíz de este conflicto, de tu soberbia, de estos sentimientos, recapitulando el aprendizaje de las duras lecciones de tu evolución. No importa lo doloroso que sea...*

Tere: ¡Ay! ¡Es una cama igual que la de este hombre que hoy te contaba! Pero yo no estoy en la cama. Me fui a morir a otro lado. Me estoy yendo a algún lugar, barranca abajo. Me persigue una energía, una cosa de vergüenza, vergüenza y vergüenza. Y no me puedo esconder de esa vergüenza... ¡Ah! Me morí, me morí. Me fui a morir a otro lado. La vergüenza me llevó a morir a otro lado.

T: *Seguí.*

Tere: Hay como una energía muy negra que me lleva. Es como que no soy dueña de mí. ¡Mierda! ¡Me asusta! ¿Viste, como vender el alma al diablo y después el diablo te lleva? Bueno, es algo de eso...

T: *Eso es, seguí.*

Tere: Lo que tenía que hacer en esa vida y no hice era reconocer que ese hijo era mío y mantenerlo, alimentarlo, cuidarlo. Era lo que me correspondía. Esto era lo que debí haber hecho y no hice. Por el orgullo, por el amor propio, por la imagen. Pero no puedo darme cuenta de qué es lo que pasa ahí.

T: *No importa. Sentí esa energía que te lleva ahí. ¿Qué está pasando?*

Tere: Es difícil, busco una imagen de la vida real y no la puedo encontrar. Es la nada, pero esa nada es insoportable. No hay sufrimiento pero... ¡No hay luz! Es desesperante, es una nada desesperante y ¿qué hago ahí? ¡Nada! Es como un espacio de energía negra. Nada. Es como un vacío interior. Es la Nada. Y no soy la única que está ahí.

T: *Avanzá un poco y fijáte cómo salís de ese espacio.*

Tere: Yo no salgo, me sacan. Hay una luz que me saca y yo me dejo llevar. Es como que se me ofrece otra oportunidad. ¡No puede ser esto así! ¡Yo que me creí que era una diosa! Es como una luz que me atrae y yo puedo salir porque hay un imán desde afuera que me atrae. No hay un afuera ni un adentro. Hay como un imán que me atrae. Yo no sé qué ocurrió con la vida física que pasó, pero yo fui a parar a ese lugar por mis errores.

T: Eso es.

Tere: La vida física terminó a orillas de un río. Ahora voy rebobinando un poco. Había una montaña, una selva... la gente pudo haber pensado que me devoró una fiera... pero en realidad yo siento que me fui a ese espacio. No es un espacio, es un vacío negro. ¿Sabés que es lo mismo que yo tenía en mi alma? ¡Es lo mismo!

T: Entonces, ¿estabas en un vacío negro o ese vacío negro era lo que había en tu alma?

Tere: Es lo que había en mi alma. Lo que pasa es que estoy conectada con todas las otras almas negras, por eso tengo la sensación de que somos muchos. Es como que al morirme me metí dentro de eso negro... Sí, es mi alma. No es un espacio afuera. Es mi alma. ¡Ah!

T: Y fijáte, ¿qué emociones persisten en tu alma de esa experiencia?

Tere: El orgullo, la soberbia, que yo soy perfecta, no reconocer mis errores, mis limitaciones. Cualquiera puede dejar embarazada a una mujer y tener un hijo, pero no hacerse cargo... es otra historia. ¡Y no hacerse cargo por orgullo! ¡Por la imagen! ¡Sólo por la imagen! Para que se crean que yo soy muy noble.

T: Muy bien. Ahora contaré hasta tres e irás al momento de la muerte en esa otra vida como mujer en la que dejaste que ese hombre se muriera para terminar con esa historia. Uno... dos... tres.

Tere: No me puedo conectar. Es esa energía que no me deja. Es una energía negra. No reconozco si es mía o es ajena... Hay algo en mí que no es mío. Hay algo que no me deja y no es mío.

T: Fijáte si esa energía puede hablar.

Tere: Desde hoy que me está diciendo: "No te voy a dejar". Siento que es la energía del hombre al que yo dejé morir.

T: Déjala hablar entonces. Esa energía tampoco es feliz. Tampoco puede evolucionar. Ella también es prisionera del odio y del rencor. Yo estoy acá para ayudarlos a los dos.

Tere: Gracias. Sí, somos dos.

T: Muy bien. Quiero que los dos vean todo el sufrimiento por el que han pasado y todo el sufrimiento que aún les espera si no hay perdón. Mientras sigan unidos por el odio, por el rencor, serán esclavos. Ya no importa quién fue el responsable en primera instancia. La Luz sólo espera que se perdonen. Lo malo no es lo que han hecho, ni lo que hacen. Lo malo de todo esto es el dolor. El rencor, el odio, la venganza, son dolorosos. No importa quién esté allí. El dolor y el sufrimiento lo padecen los dos y, de la misma manera, la luz, la paz y el amor son posibles tanto para uno como para el otro. Perdonar significa liberarse y obtener el derecho a la luz y a la felicidad. Ahora, ve a ese momento de tu muerte para que puedas hacerte cargo de tu responsabilidad, de tu odio y de tu rencor, y al liberarte a ti misma liberarás también a esa energía.

Tere: ... Le pido perdón. Le pido que me perdone. Yo tenía mucho miedo. Es verdad que tenía mucho miedo. Estaba muy sola... y me perdono yo. ¡Ah! *–hondo suspiro.*

T: *Andá entonces al momento de tu muerte para terminar con todo eso.*

Tere: Muero en una cama, tal vez en un hospital. Siento que no tengo consuelo y así me siento ahora. Mucha soledad, desamor. Es una soledad absoluta y yo la conozco en esta vida. Es la soledad del desamor. Así de igual es esta vida. Así como me fui de esa vida así estoy viviendo ahora. Siempre el desamor. Así como me fui, así he vivido.

T: *¿Y qué otra cosa estás arrastrando de esa vida?*

Tere: El egoísmo. Sólo pensar en mí. Sólo importo yo. Jamás pensar en qué le puede estar pasando al otro. Recién ahora empiezo a hacer algo por los demás. El desamor. Eso es todo. Con la persona más cercana. Con ese chiquilín que era mi hijo y con el cual no me pude comprometer. Con esa pareja que me golpeaba era lo mismo. No poder sentir con el otro. No poder hacer nada por el otro. Así empezó todo y no pude revertir nada. Y vengo a esta vida en las mismas condiciones para revertirlo y encima no quiero venir. Tengo una sensación.

T: *¿Qué sensación?*

Tere: Es como que mi ángel me dice que está todo bien. Hay un halo que me rodea y está todo bien. Como que esta era mi verdad.

T: *¿Y estás dispuesta a revertir esto?*

Tere: Estoy totalmente dispuesta a revertir esto. No quiero más el infierno para mí.

T: *¿Y cuál es la lección que no querías venir a aprender?*

Tere: Te voy a decir algo que quizás vos ya lo sabés. Ese lugar es muy bello y allí uno está bien. Yo sabía que venir significaba venir a esto y no quería. Quería estar allí pero no te podés quedar siempre ahí. Cuando era chiquita yo decía que extrañaba a Dios.

Yo no quería venir, quería ser polvo cósmico. Lo único que quería era estar con Dios. Ahora me doy cuenta de que no quería venir y me fue mal por la soberbia. Si hubiera aceptado hubiera sido diferente.

T: *Muy bien. Y ahora, ¿estás dispuesta a aceptar esta vida?*
Tere: Estoy dispuesta a habitar este cuerpo. Estoy dispuesta a ser de este planeta. Los ángeles me ayudan. Estoy dispuesta... y me perdono para atrás. Me perdono el desamor. ¿Sabés qué es lo que me duele?
T: *¿Qué cosa?*
Tere: Me duele lo que me castigué. Lo que me maltraté. Nunca me había dado cuenta. Necesito mucha ayuda. Esto es arrepentimiento. Es la primera vez que lo siento en mi vida. No sabía lo que era arrepentirse.
T: *¿De qué estás arrepentida?*
Tere: Estoy arrepentida de lo que me hice y de lo que le hice a otros. Recién ahora sé lo que es el arrepentimiento. Estoy profundamente arrepentida. Nunca en mi vida sentí esto.
T: *Muy bien. Ahora elegirás un color para traer una nueva vibración a tu vida.*
Tere: Rosa.
T: *Muy bien. Y envuelta en el color rosa proyectarás una imagen de vos misma donde te verás en la forma en que te gustaría verte de hoy en adelante.*
Tere: Me veo llena de amor y de alegría. Con frescura. Habitando este cuerpo femenino. Me perdono y libero mi pasado.

Hemos visto que el principio consciente de Teresa ya sabía de su destino antes de su concepción física y por eso no quería venir. Y no se trataba de que tenía que venir a sufrir obligadamente. El sufrimiento surge de tener que aceptar algo que no quería aceptar: La lección de humildad. Ella quería tener todo el poder y hasta se rebela ante el ángel que la aconseja. Este deseo de poder y la frustración que sobreviene por no detentarlo suele ser la causa que está detrás de algunas depresiones. La frustración por no poder hacer lo que antes se podía hacer puede llevar a la depresión. ¿Cómo es posible que yo tenga que bajar la cabeza si antes todos se inclinaban ante mí y me obedecían sin chistar? Teresa lo dice claramente: "Es aceptar que yo no mando". Allí está el gran desafío.

Teresa trae su carga del pasado y bien pesada por cierto y,

haciendo un juego de palabras, tiene que hacerse cargo de esa carga. Eso es todo pero, ¡cómo pesa! ¿Cómo hago para aceptar que eso es mío? ¿Cómo hago para aceptar que yo maté y que no soy un santo como yo me creía que era? Y ¡ojo!, que todos nosotros, por más bondadosos y considerados que seamos hoy, en algún momento estuvimos en el lugar de Teresa y es precisamente esta historia la que tenemos que blanquear. Es con su propia carga y con su propia historia que cada ser llega al momento de la concepción. Teresa arrastraba el crimen y el pecado del abandono y de la soberbia de su vida como monje. Fíjense además de qué manera la culpa, el odio y el rencor se cristalizaron en esa lacra negra y pegajosa que todavía estaba adherida al alma de Teresa. Estaba obligada a tomar contacto con esa energía, a reconocerla y aceptarla como parte de sí misma para poder liberarse de ella. Como ven, la mochila del pasado viene bastante pesada a veces y con todo eso es como llega el recién nacido a este mundo. Vean también todas las emociones que trae Teresa en esa mochila de tan sólo dos de sus vidas anteriores. El rencor, el odio, la culpa, la rebeldía, la soberbia, el egoísmo, el desamor y la soledad.

Ahora que conocemos la historia previa de Teresa vamos a ver de qué manera todas estas emociones y esta carga histórica se ponen en juego cuando ella se encuentra en el vientre de su mamá.

Martes 7 de mayo de 1996

Teresa: ¡Ay! ¡Tengo miedo! Me siento muy sola. Quiero salir de acá. Mi mamá no me quiere. Le tengo miedo. ¡Tengo miedo! ¡Ay! –*llorando desconsoladamente*–. Siento que no quiero estar en la panza de mi mamá... me siento un estorbo... Estoy muy mal... Mi mamá está desesperada... ¡Ay!
Terapeuta: *¿Qué le está pasando a tu mamá?*
Tere: Está muy sola. No sabe qué va a hacer y a mí me da lástima. ¡No sabe qué va a hacer! –*con la voz entrecortada por el llanto*–. Ella quiere que yo no esté... y yo estoy. ¡No quiero estar ahí!
T: *Eso es. Dejá salir todo eso. ¿Qué tiempo tenés cuando estás ahí?*
Tere: No sé... Tengo bracitos... soy muy chiquitita... estoy toda así –*acurrucada, hecha un ovillo*– y necesito que mi mamá ponga su mano sobre la panza...¡Ay! ¡Qué desolación! ¡Ayyy! ¡Mi mamá no se conecta conmigo! ¡Ella tiene mucho miedo! ¡Tiene miedo!

T: *¿Y qué cosa está provocando ese miedo?*
Tere: ¡Tiene miedo del hombre que tiene a su lado! Ella tiene miedo de todo. Miedo de lo que va a pasar, de qué va a hacer. ¡Ay! Ella no sabe qué hacer. ¡Es una criaturita! ¡No sabe qué hacer! ¡Yo la quiero ayudar y no puedo! ¡Necesito que ella me abrace!
T: *¿Y qué está pasando con tu papá?*
Tere: Mi mamá le tiene miedo, mi mamá no lo quiere. Ella no se quiere, ellos no se quieren. Yo la necesito para mí y ella está en otra cosa. Para ella esta panza es una carga. ¡Ay! ¡Tiene vergüenza y no sabe qué hacer! ¡Ayyy! –*continúa llorando todo el tiempo*–. ¡Ay! ¡Me ahogo! ¡Ay! Son los vómitos de mi madre. Estoy totalmente mareada. ¡Ay! ¡No me quiero morir! ¡Ay! Estoy mareada... ¡Siento que mi mamá me va a vomitar!!!
T: *Eso es, sentí todo eso.*
Tere: ¡Ay! Estoy muy ahogada... ¡Ay! ¡Tengo mucho miedo! ¡Mi mamá cree que si vomita me va a vomitar!!! ¡Ay! ¡Si me vomita me va a vomitar y no puedo hacer nada! ¡Ay! ¡Soy muy chiquitita! ¡Sí! ¡Mi mamá me puede vomitar! ¡Estoy absolutamente indefensa!
T: *Eso es. Dejá salir todo eso y avanzá al próximo hecho significativo dentro de la panza de tu mamá...*
Tere: No quiero nacer. ¡No quiero nacer! ¡Me puedo morir! ¡Me puedo morir! No sé si quiero nacer o no. No sé, estoy muy confundida. No sé si voy a nacer o no voy a nacer... ¡No quiero nacer! Me dejo estar, me dejo estar...
T: *Eso es, seguí un poco más.*
Tere: Tengo miedo. Tengo miedo ahora de ver qué pasa...
T: *Yo estoy a tu lado. Ahora estás acompañada. Por duro o difícil que sea, todo esto es muy importante para vos y... al contar a tres irás al momento de tu nacimiento...*
Tere: No quiero nacer –*interrumpiéndome*–. Porque hay otro nacimiento en que yo nazco y hay mucho frío alrededor, de eso ya te hablé y ahora están los dos acá. No sé qué nacimiento es pero yo no nazco. Yo no nazco.
T: *Muy bien, experimentá eso.*
Tere: Tengo frío, estoy helada. No puedo conectarme, todo es muy frío, todo es silencio.
T: *¿Dónde estás cuando está todo frío?*
Tere: Soy un cuerpo inerte, sin vida, no tengo vida. Me tiran, me tiran, me tiran a algún lado. Tiraron mi cuerpo, a mí no me tiran.

Sí, me tiran. Alguien me tiene en la mano. Son manos muy frías, me arrojan, me tiran. Como si fuera un despojo. Ya está, ya pasó, yo no estoy ahí...
T: *¿Dónde estás?*
Tere: La veo a mi mamá... ¡Ay! ¡Veo a mi mamá! ¡Pobrecita! ¡Pobrecita mi mamá! ¡Se quedó sin su bebé! ¡Ayyy! ¡Después de todo ella quería tener ese bebé! ¡Ay! ¡Tengo una culpa tremenda! –*llorando*–. ¡Mi mamá lo quería tener! ¡Mi mamá tiene un dolor infinito! ¡Ay! ¡Pobrecita mi mamá! ¡Está tan sola!
T: *Eso es, dejá salir todo eso.*
Tere: ¡Ay! ¡Pobrecita! ¡No tiene consuelo! ¡No tiene consuelo! ¡Mi mamá se vuelve una piedra! ¡No puede llorar! ¡No tiene a nadie que la tome de las manos! ¡Y yo siento cómo se endurece de dolor! ¡Mamá!!! ¡Ay!!! ¡No puede ni llorar! ¡Se ahoga de dolor! ¡Mi mamá no tiene consuelo! ¡Ayyy!!!
T: *Eso es, dejá salir todo eso y, cuando cuente a tres, retrocederás un poco antes de todo eso para ver qué fue lo que pasó. Por duro que sea esto es muy importante para vos. Cuento hasta tres y retrocederás para que veas cómo es que dejás ese cuerpo. Uno...*
Tere: Mi mamá sabe que es un varón, ella lo sabe. Ella necesita ese varón para apoyarse en mí pero yo no estoy dispuesta. Yo necesitaba de ella, pero no estoy dispuesta a ser su sostén. ¡Ay! ¡Te juro que estoy ahí, José Luis! ¡Te lo juro! Yo no estoy dispuesta porque ella no me quería. Pero ahora que sabe que es un varón, quiere. Ahora que me siente patear me quiere y yo no quiero. Por eso tengo tanta culpa. Yo decidí no nacer. Necesito pedirle perdón.
T: *Eso es. Fijáte entonces, ¿qué sucede con vos ahí? ¿Cómo es que muere ese cuerpo? ¿Muere dentro o fuera de la panza?*
Tere: Yo no salgo con vida. Yo no salgo con vida. No quise salir cuando era mi hora. Cuando me toca, ya estoy muerta. Te podría decir que lo estoy viendo. Hay una mujer de blanco que agarra el cuerpito y lo siente. Está muerto. La mujer tiene las manos frías.
T: *Y entonces, ¿qué sucede? ¿Qué ocurre con vos? Avanzá un poco más.*
Tere: Tengo mucha vergüenza. Me siento muy egoísta, muy egoísta. ¡Uh! Decido que voy a volver otra vez en la condición que sea. (*Una decisión mortal tomada bajo la presión de la culpa.*)

T: *Eso es, seguí adelante.*
Tere: Me siento como una luz chiquitita. Un espacio con luz y mucha alegría. Pero no estoy bien. Siento mucha vergüenza, mucha vergüenza. Me siento mal.
T: *¿Y entonces?*
Tere: Hay como un tiempo que transcurre, pero no tengo noción, no tengo conciencia... Es como que otra vez entro en mi mamá, en esa panza.
T: *Muy bien, ¿cómo es eso? ¿Cómo entrás?*
Tere: No sé, pero decido que ésa soy yo. A ver, ¿cómo te explico? Es como que mi mamá está embarazada. Yo ya sé que mi mamá está embarazada y decido que ésa voy a ser yo. En algún momento me incorporo.
T: *Eso es, seguí.*
Tere: Mirá, yo no sé si es de entonces o es de ahora pero yo siento que no tengo mejor suerte. Como que yo me hago cargo de esto.
T: *Muy bien. Entonces, sentíte en el vientre de tu madre cuando estás ahí, por segunda vez. Tomá contacto con tus sensaciones y emociones cuando estás allí, en el vientre de tu madre, para limpiar todo esto de tu alma. ¿Qué estás experimentando?*
Tere: Hay mucha aridez. Es muy árido. Yo no me puedo comunicar con mi mamá.
T: *¿Qué está pasando esta vez con tu mamá?*
Tere: Está siempre enojada, siempre enojada. Tampoco quería este embarazo. Está muy confundida, muy sola. Yo siento que me lleva y me trae. Es una carga. Yo me siento una carga. No me puedo conectar. Ella no se conecta.
T: *¿Cuál es la sensación dominante cuando estás allí?*
Tere: Ella tiene mucha violencia por dentro. Siente mucha violencia. Se siente muy mal... y yo necesito que me quiera. No tengo ninguna sensación de calidez, de tibieza. No me puedo conectar. Me siento muy infeliz, pero también siento que me lo merezco, que yo quería esto. (*Otro de los mandatos de Teresa.*)
T: *Eso es, seguí adelante.*
Tere: Yo creo que hay algo que yo necesito reparar con mi mamá.
T: *¿Qué cosa necesitás reparar?*
Tere: Eso de que antes mi mamá necesitaba apoyarse en mí y yo no quería. Yo no estaba dispuesta... Pero yo tampoco quiero

nacer. Soy yo que no quiero nacer y esto no tiene nada que ver con mi mamá.

T: *Eso es, ¿qué está pasando?*

Tere: Yo no quiero. ¡No quiero! No quiero nada. Todo me da igual. Es igual que lo que te contaba la vez pasada. No quiero.

T: *Y fijáte, ¿de qué manera esto de que "todo me da igual", "no quiero nada", cómo está influyendo en tu vida actual?*

Tere: ¡Es tal cual! Todo me da igual, no quiero nada.

T: *¿Y a qué se debe que no querés nacer esta segunda vez?*

Tere: Creo que vengo porque quiero reparar. En algún lugar sé que quiero reparar esto con mi mamá... de la vez anterior.*

T: *¿Y para qué te va a servir reparar esto con tu mamá?*

Tere: Para tener paz. Mi mamá sufrió mucho cuando perdió ese bebé y yo me siento culpable de esto. Es como que esta vez no me importa lo que está pasando. Porque tengo mucha culpa y yo no quería venir. Todavía no quería nacer.

T: *Seguí avanzando entonces. Avanzá a un hecho marcante dentro de la panza de tu mamá.*

Tere: Estoy totalmente confundida, estoy rabiosa. Estoy furiosa, ¡estoy furiosa! Siento que todo me da igual. ¡Pero esto es una rebeldía! ¡Me cago en ustedes!

T: *Eso es, experimentá todo eso, la furia, la rebeldía, ¿qué más?*

Tere: No quiero conectarme con mi mamá. Siento como que ella espera las patadítas y todo eso y yo no quiero. No quiero conectarme con mi mamá. Por eso estoy confundida; porque yo quería reparar pero ahora no quiero.

T: *¿Y a qué se debe que ahora no querés?*

Tere: Porque no quería venir. Es todo un desierto, es como si estuviera caminando en un desierto oscuro, vagando. Es la misma sensación que tengo toda mi vida. No tengo raíces, no pertenezco a ningún lugar, nada me importa. Si es, es y si no es, no es. Me puede dar furia, rabia o desasosiego en un momento, pero después sigue esto. Puedo tener entusiasmo en un momento pero después nada me importa. Tengo algo en el estómago que no sé qué es.

* No hay salto. (Teresa responde en el párrafo siguiente, aunque de manera indirecta.) A veces los pacientes contestan con otra cosa; esto evidencia que no están sugestionados ni se preocupan por complacer al terapeuta.

T: *Sentí eso en el estómago, ¿qué es eso?*
Tere: Es como un veneno, como una energía muy negra. Pero no sé si soy yo o es mi mamá. Yo no sé si mi mamá no tomó algo para abortarme. Hay algo muy negro en el estómago.
T: *Eso es, experimentá eso. ¿Qué está pensando tu mamá?*
Tere: Que esa panza desaparezca mágicamente, que desaparezca, que no esté. Esto es lo que ella quiere y yo no sé si...¡Oh! ¡Es el vino de mi papá! No sé qué es. Hay algo que es como un veneno pero no es un veneno. Es como un envenenamiento acá –*tocándose el estómago*–, no sé si es la rabia, tanta rabia...
T: *¿Y quién está sintiendo esa rabia?*
Tere: Mi mamá... mi mamá...
T: *¿Y qué le está pasando a tu mamá que siente esa rabia?*
Tere: Tiene rabia porque mi papá toma. Tiene mucha rabia, mucha rabia e impotencia y vomita, vomita y vomita. Y tiene mucho miedo. Mi mamá está tiesa, dura y soy yo la que ahora está tiesa y dura. Todo su cuerpo está tieso. Por eso no hay calidez.
T: *Eso es, sentí todo eso.*
Tere: Mi mamá está tiesa de miedo, de terror. ¡Ay! Me duele todo el cuerpo. Yo siento que soy muy chiquitita. Soy muy chiquitita y estoy tiesa, tiesa y tengo un nudo en el estómago. Mi mamá no se relaja nunca, nunca.
T: *Y fijáte, ¿quién tiene el nudo en el estómago, vos o tu mamá?*
Tere: Mi mamá, pero yo también. Yo estoy tan tiesa como ella, no me puedo mover. ¡Ay! De repente vi que me crecieron los bracitos, ¡por favor! ¿Cómo puede ser esto? Me descubro los bracitos. ¡Ay, por favor! ¡Qué lindo! ¿Sabés que yo me quiero?
T: *¡Muy bien! Eso es.*
Tere: ¿Sabés que yo me quiero? –*llorando*–. Pero estoy muy sola. Mi mamá no festeja esto. Acá se separan los mundos. Como que yo me conecto conmigo, a ver... ¿Cómo te voy a explicar? Me desconecto de mi mamá. Yo me quiero, me quiero, veo los bracitos y me quiero.
T: *Eso es, tomá conciencia de eso.*
Tere: Sí, totalmente. Es un estado de gozo pero, ¿sabés qué? Me desconecto de mi mamá. Ella está tiesa y son dos mundos. Yo no estoy conectada con mi mamá.
T: *Y esto, ¿cómo te está afectando en tu vida actual?*
Tere: Mi mamá sigue en la suya y yo sigo en la mía, como toda la

vida. ¿Sabés que soy un bebé feliz? Feliz conmigo, no con mi mamá. Yo siento que soy feliz conmigo. Mi mamá está totalmente desconectada de mí.

T: *Muy bien. Cuento hasta tres y avanzá al próximo hecho marcante en tu vida fetal. Uno... dos... tres.*

Tere: ¡Tengo tanto miedo! Me pongo cabeza abajo pero tengo tanto miedo, tanto miedo. ¡Tengo terror! Hay algo que pasa pero no sé qué pasa. No me puedo conectar.

T: *Eso es, ¿qué está pasando?*

Tere: No sé... miedo, miedo, miedo. ¡Terror! Mi mamá no quiere ir a parir, ¡no quiere abrirse! ¡Tiene terror de que el bebé nazca muerto! ¡Tiene miedo de todo, miedo de estar sola! ¡Oooh! ¡El miedo es de mi mamá, no es mío! Mi mamá está aterrada, está tiesa. Toda ella está tiesa, la panza está tiesa. Me duele todo.

T: *Eso es, experimentá todo eso y seguí avanzando hacia tu nacimiento.*

Tere: ¡Ay! ¡Es muy difícil! ¡Muy difícil! ¡Mi mamá está muy tiesa y yo me siento muy mal! ¡Mi mamá no me quiere! –*llorando*–. Mi mamá está mal. ¡Ay! ¡Me siento muy maltratada! Mi mamá está muy dura y yo no me puedo mover. ¡Ay! No tengo espacio, no tengo nada. ¡No me deja nacer! ¡Ay! ¡No me deja nacer y me voy a ahogar! A mi mamá le da igual. ¡Ay! ¡No sé qué pasa! Ella no me acompaña. ¡Ella no sabe qué hacer!

T: *Seguí.*

Tere: ¡Y yo no sé qué hacer! ¡Me siento muy perdida! Me siento muy mal. ¡Nadie me espera! ¡Nadie me espera! ¡A nadie le importa que yo nazca! –*llorando.*

T: *Seguí un poco más.*

Tere: Me pregunto para qué voy a nacer. ¡A nadie le importa! ¡A nadie le importa! –*con la voz entrecortada*– ¡Ay! ¡Me duele todo! ¡Ay, todo es muy frío! ¡A nadie le importa! ¡Ay, José Luis! ¡Nadie me espera! –*llorando desconsoladamente*–. ¡Ay! ¡Qué desolación! ¡A nadie le importa! ¡Ay! ¡Me siento tan sola! ¿Qué hago conmigo?!

T: *Eso es, dejá salir todo eso.*

Tere: ¡Nadie me recibe! ¡Ay! ¡Me dejan ahí y a nadie le importa y yo tengo frío! ¡Necesito una mano, que alguien me toque! ¡Que alguien me abrace! ¡Y yo tengo la misma sensación de cuando me morí y me dejaron ahí! ¡Ay, qué dolor! ¡Por favor! ¿Dónde hay alguien a quien yo le importe? ¡Ay, qué desolación! Yo no puedo hacer nada. Sólo llorar y a nadie le importa. ¡Me llevan! ¡Me llevan! ¡Yo no sé adónde me llevan! ¡Yo quiero estar con mi mamá!

T: *¿Qué está pasando con tu mamá?*

Tere: ¡Mi mamá se duerme y yo estoy lejos! ¡Me dejan sola y yo estoy muy desesperada! ¡Necesito calor! ¡Que alguien me abrace! ¡Qué desasosiego! ¡Todo es muy frío!

T: *Seguí.*

Tere: Me dan algo, unas gotitas para que no llore y me duerma.

T: *Eso es, y fijáte, ¿cuál fue el momento más terrible de esta experiencia?*

Tere: Cuando yo salía y nadie me esperaba, a nadie le importaba.

T: *¿Y cuáles son tus reacciones físicas en ese momento?*

Tere: Tengo frío, se me contraen los bracitos. ¡Tengo frío! ¡Estoy contraída! ¡Tengo miedo! ¡Ay! ¡Tengo mucho miedo!

T: *Y fijáte, cuando sentís ese miedo y tenés frío, ¿cuáles son tus reacciones emocionales?*

Tere: ¡Tengo frío, tengo miedo! ¡Me contraigo, me duele el vientre! ¡Necesito que me abracen! ¡Ay!

T: *¿Y cuáles son tus reacciones mentales en esos momentos?*

Tere: Tengo mucha desolación, mucha aridez.

T: *Y todo esto, ¿qué te hace hacer ahora en tu vida como Teresa?*

Tere: Me cierro mucho, no quiero nada, no quiero nada –*llorando*–. ¡No quiero nada! ¡Todo me da igual! –*sigue llorando*–. ¡Ay! Me duele todo, el estómago, la espalda. ¡Nadie viene por mí!

T: *Y todo esto, ¿cómo está afectando tu vida actual?*

Tere: Yo estoy cerrada, tengo miedo. ¡Mucho miedo! No me sirve que me den la libreta. No me sirve. No me importa. ¡Yo quiero calor humano! Siento mucha aridez, ¡me siento muy sola!

T: *Y ahora fijáte, ¿qué venías a aprender? ¿Para qué te iba a servir pasar por esta experiencia tan dolorosa? ¿Para qué necesitabas atravesar por esta experiencia tan dura?*

Tere: A dar; no sólo a pedir. A darle una sonrisa a mi mamá. A hacer algo como mi mamá quería, como mi mamá me pedía. A cuidar, no sólo a pedir que me cuiden.

T: *Muy bien. Ahora quiero que tomés conciencia de que ya no estás más allí... y quiero que recuerdes que vos te querés a vos misma...*

Tere: Sí.

T: *... Que te iluminaste cuando te empezaron a crecer los bracitos y*

que decidiste quererte. Ahora vas a buscar la luz, un color, una vibración. El color que necesites...
Tere: Rosa, siempre es rosa.
T: Muy bien. Entonces, podrías sentir o imaginar como si un rayo de luz de color rosa llegara...
Tere: ¿A ese bebé o a mí?
T: A ese bebé, a esa situación y a vos también. Vas a envolver con el color rosa a ese bebé, en ese nacimiento, para transmutar todas esas energías...
Tere: Y a mi mamá también, yo la quiero a mi mamá.
T: Eso es. Vas a envolver toda esa escena con el color rosa, como a vos te hubiera gustado que fuese. Ahora vas a envolver a ese bebé en tu interior en el color rosa, abrazándolo y protegiéndolo. Ahora estás en condiciones de cuidar a ese bebé, de amarlo y abrazarlo, dándole todo el cariño que necesita, y de ayudarlo a crecer sano, seguro y confiante. Y envuelta en la energía del color rosa, lentamente, muy lentamente, cuando vos lo decidas, abrirás tus ojos y eso hará que regreses aquí, a este día martes, siete de mayo de 1996.

Esto es tan sólo el preámbulo de la vida fetal pero aquí ya están presentes todas las sensaciones del feto y sus reacciones emocionales ante las contingencias que le desagradan. En su libro *Gravidez, un momento fundamental*, el Dr. Luiz Menezes comenta que de repente, el período intrauterino, considerado tradicionalmente como un mar de rosas, se transforma en el infierno del Dante en la experiencia con la regresión. Creo que ésta es una descripción acertada de lo que puede llegar a ser la vida fetal para algunas personas. Algo así es lo que vivenció Teresa dentro del vientre materno. Allí están la rebeldía, la indefensión, el miedo, la soledad y también la percepción clara de lo que le sucedía a su madre. En la tormenta emocional en la que se encontraba, Teresa hasta cree que su madre la puede vomitar.

Algo sorprendente que ocurre y que ya he comprobado muchas veces a través de las experiencias de los pacientes es la intencionalidad del alma-feto para no nacer, para complicar el embarazo y el nacimiento. Como si fuese un suicidio fetal. La carga previa de Teresa todavía es tan fuerte que a pesar de haber aceptado venir se rebela y muere en el primer intento. La mamá de

Teresa tuvo un bebé varón que murió al nacer, dos años antes de que ella naciera. Teresa nunca supo qué fue lo que sucedió con ese bebé. Nunca se supo si nació muerto o si murió al nacer pero desde hacía un tiempo Teresa sospechaba que ese bebé podía haber sido ella misma. Esto es muy importante de tener en cuenta. Siempre que en una familia haya un bebé muerto o un aborto previo a otros nacimientos es posible que alguno de los hijos que le siguen sea esa misma alma que vuelve para una nueva oportunidad. En esta experiencia Teresa se ve allí y siente que está allí. Ese hermano que murió al nacer, en realidad, fue su primer intento para volver a limpiar su pasado, pero su rebeldía y su despecho porque su mamá no la quería eran tan profundos que decidió no nacer. Esto no hizo más que intensificar su culpa y su vergüenza. Ya de por sí su carga del pasado era pesada y ahora le agregó otra piedra más. Así es como uno mismo, sin darse cuenta, se va complicando el camino simplemente por orgullo, por no aceptar, por no dar el brazo a torcer.

Como consecuencia de esta culpa Teresa toma una decisión terrible: "Volver otra vez en la condición que sea". Esto es lo que les anticipaba al principio. Existe la programación materna y están los mandatos familiares; de esto no hay duda. Pero además el alma, en el estadio fetal, toma decisiones que por sí mismas son más que suficientes para complicarle la vida a una persona. Una decisión así hace que en los momentos de desesperación, de soledad o de culpa una persona sea completamente vulnerable y acepte cualquier condición que se le ofrezca con tal de calmar esas sensaciones que la agobian.

Tomen nota de todas las reacciones emocionales de Teresa dentro del vientre de su mamá y de qué manera esas reacciones se reproducen en su vida presente. Esta es una constante en todas las experiencias. El comportamiento fetal se debe a la personalidad que ese feto trae por su alma, y todas estas reacciones no hacen más que reafirmar y reforzar ese comportamiento que más tarde se pondrá de manifiesto en la vida adulta.

Otro hecho importante en la experiencia de Teresa es la desconexión. Pero es ella misma quien se desconecta de su mamá. La separación entre ellas tiene lugar en la vida intrauterina y ya no tendrá arreglo. Madre e hija llegan desconectadas al momento del nacimiento y así seguirán por años hasta que hagan algo para reconectarse.

Finalmente llegó el momento del nacimiento y toda la soberbia de Teresa se fue a pique. Ahora necesitaba de su mamá y del mundo exterior para poder sobrevivir. Ante la aridez y la soledad que la rodeaban su pauta de sobrevivencia fue cerrarse y contraerse, pero esa misma actitud le trae problemas en su vida de relación. Observen también que al nacer se reactiva la misma sensación de la muerte anterior. Esta es otra constante que van a comprobar en muchas de las experiencias de los pacientes.

Les cuento que la vida de Teresa dio un vuelco total después de su trabajo de limpieza del alma y se ha vuelto a conectar con su mamá.

Un comentario técnico: **siempre termino las regresiones con una armonización pidiéndole al paciente que se envuelva en un color de su elección**. En la transcripción de varias de las experiencias en este libro la he suprimido simplemente para abreviar el texto, pero todas las sesiones terminan así.

Capítulo III
Los preparativos para venir

Antes de llegar a la concepción todavía pasan muchas cosas. Primero el alma ha tenido que desprenderse del cuerpo de su existencia anterior. Luego ha tenido que hacer su evaluación de la experiencia que acaba de finalizar y más tarde ha tenido un encuentro con otros seres espirituales y con sus maestros o guías que la aconsejan en el camino a seguir como hizo el ángel con Teresa. Recién ahora comienzan los preparativos para volver a ocupar un cuerpo y la puesta a punto del propósito de vida a ejecutar, sin olvidarnos que también debe encontrarse con quienes serán sus futuros padres.

Primeramente asistiremos a una experiencia curiosa e infrecuente. En uno de los cursos de terapeutas Ana vivenció, paso a paso, la preparación de su alma para el ingreso a la atmósfera terrestre y luego experimentó parte de su desarrollo embriológico. La regresión, realizada en una sesión de práctica, fue conducida por el doctor José Luis Messina.

Miércoles 18 de septiembre de 1996

Ana: Hay como luces y sombras... estoy flotando ahí con las luces. Es como si fueran nubes de colores, como si fueran distintas capas. Es como si estuviera entre esas capas de colores que van pasando rápidamente. Como si delante de mí hubiera un túnel de luz.

Terapeuta: Eso es. Seguí adelante con ese túnel de luz.
A: Como si hubiera un luz que gira muy fuerte y que yo tuviera que pasar por ahí. Como si yo tuviera que pasar por el centro. Ahora hay más claridad. Parece que hubiera figuras sin forma. Como si yo formara parte de eso, como si fuéramos todos iguales.
T: *¿Cómo son esas figuras?*
A: Es como que somos seres, somos espíritus, no sé qué somos. Estamos volando sin rumbo. No somos nada. Estamos yendo y viniendo.
T: *Y ¿qué es ese lugar?*
A: Es como si fuera el infinito. Estamos dejando que pase todo, que pase nuestro descanso, que pase el olvido. Estamos descansando. Descansar sin recordar.
T: *¿Y de qué están descansando?*
A: De algunas cosas que hemos hecho, que hemos vivido. Estamos descansando para ordenar, porque lo merecemos. Ahora no tenemos nada que hacer ni adónde ir.
T: *Muy bien, avanzá un poco más. Uno... dos... tres. ¿Qué está ocurriendo?*
A: Veo una luz con unos rayos que me está diciendo algo. Pareciera que me está dando indicaciones. Parece que me está preguntando si estoy preparada para volver... Tengo que volver a la Tierra para algo, pero todavía no sé para qué. Parece que tengo que volver a estar en un cuerpo, pero no sé para qué.
T: *Seguí adelante.*
A: Están preparando mi vida para ver qué es lo que tengo que hacer.
T: *¿Quiénes están ahí?*
A: Están mis maestros. Le están dando forma a mi futura vida... Me van indicando con una luz que me va diciendo lo que tengo que hacer y para qué tengo que estar.
T: *Seguí adelante.*
A: Les digo que sí, que acepto. Siento frío cuando entro en ese lugar oscuro dejando la luz. Empiezo a sentir frío, buscando dónde tengo que ir. Hay una lucecita chiquitita que me va guiando, me estoy acercando.
T: *Eso es, ¿qué está ocurriendo?*
A: Estoy en una camita, soy chiquita. Estoy tratando de adivinar qué soy. No me di cuenta porque es como si fuera un gusanito enroscado y hay mucha luz, no hay personas. Es como si fuera

una cosa tubular, redonda, cuyos extremos no se juntan y tiene mucha luz alrededor. Irradia mucha luz y estoy tratando de ver qué soy. No entiendo lo que pasa, no hay nadie, no se ve nada, como si fuera...

T: *¿Síí?*

A: ... Como si fuera un ser distinto. No soy un animal, no soy una persona. No sé qué es.

T: *¿Y si supieras? Decí lo primero que te surja.*

A: Como si viniera para aprender, para mejorar. Es un estadio anterior, es una forma necesaria para aprender algo, para aprender antes de... ¡Ah! ¡Esto es muy difícil!

T: *Sí, seguí adelante, esto es necesario, seguí.*

A: Es difícil de explicarlo; no sé cómo decirlo. No tengo palabras para describirlo. Es un lugar que está antes de la Tierra, que es como para inmunizarse. Es una forma necesaria para poder entender y entrar en ese cuerpo.

T: *¿Y cómo es esa forma?*

A: Como si fuera un gusano con muchas patitas pero no es un gusano. Como si fuera... una larva.

T: *Eso es, no importa lo que sea. Viví esa experiencia, sentí todo eso, seguí adelante.*

A: Me voy haciendo cada vez más chiquita, como si fuera una bolita. Como si fuera una bolita chiquitita que ahora va a ingresar a la Tierra.

T: *Eso es, seguí adelante.*

A: Esto fue necesario para atravesar sin dolor esas capas gruesas. Ahora voy bajando, bajando. Ahora entré y... ahora estoy dentro de un cuerpo chiquitito con una forma parecida a la que tenía antes y que va creciendo...

T: *Eso es, seguí adelante.*

A: ...Va tomando forma de un bebé. Voy creciendo ahí dentro, como si estuviera flotando en un líquido y siento cómo voy creciendo. Siento cómo se van formando dos brazos chiquitos, una cola larga y se van formando como dos piernitas. Parece un bicho. Tengo una cabeza grande.

T: *Eso es, seguí. ¿Qué más está ocurriendo?*

A: Ahora la cola se me va achicando. Me están diciendo que tengo que tomar una forma más específica.

T: *¿Quiénes te están diciendo eso?*

A: Mis maestros, los que me dijeron que tenía que volver. Me están diciendo lo que va a pasar con mi cuerpo, que va a tomar la forma de un bebé. Siento cómo van creciendo mis brazos, mis piernas. Ellos me dicen que la cabeza se va a achicar y, a medida que me lo dicen, yo voy sintiendo cómo se forman mis ojos, mi boca... La cola grande ya no es más una cola grande. Es un rabito chiquitito. A medida que ellos me van diciendo esto van pasando las cosas en mi cuerpo.

T: *Eso es, muy bien, seguí adelante.*

A: Me dicen que mis piernas van a crecer y que mis pies también. Y veo que hay un cordón que sale del medio de mi cuerpo y mis maestros me dicen que por ahí me están alimentando con el alimento de la Tierra. Me siguen diciendo cómo se va a transformar mi cuerpo. Que mi cabeza ya es más chica. Me dicen que ahora mi cuerpo es como un muñequito y que en la Tierra son así y me muestran un muñequito. Es lindo.

T: *Eso es, sentí eso.*

A: Ahora soy como un muñequito y parece que ahora mis maestros ya se van a ir porque... ¡Ay! ¡No quiero que me dejen!

T: *¿Síí?*

A: ¡Se van! –*llorando*–. ¡Me van a dejar sola y me dicen que me tengo que olvidar de ellos!... por ahora –*continúa llorando*.

T: *Seguí adelante.*

A: No los voy a ver por ahora hasta cuando sea necesario. Y entonces, algo se mueve adentro. No sé qué pasa.

T: *Sentí eso.*

A: Es como si el agua se moviera...

T: *Seguí.*

A: ...Y tengo que salir de ahí y siento que este cordón me tira. Pero es como que no quiero salir porque me dijeron que iba a sufrir. Pero a mí me duele estar ahí dentro. No quiero estar más... –*gimiendo*.

T: *Eso es, seguí adelante.*

A: Parece que estoy saliendo ¡Ah! Me están sacando. ¡Me están tirando de los pies!!! ¡Ah!

T: *Eso es, seguí, seguí.*

A: Oigo que están gritando y yo no quiero salir y gritan. ¡Ay! ¡Qué dolor! ¡Me duele todo el cuerpo!

T: *Eso es, sentí todo eso y seguí adelante.*

A: ¡Ay! Hay una luz... tengo frío... ¡Ay! Hay una luz muy fuerte. Acá tengo una cosa... me ataron una cosa y... ahora tengo que aprender... no sé dónde estoy.
T: *Seguí adelante, ¿qué está ocurriendo?*
A: Me taparon, hace frío. Acá estoy, estoy esperando.
T: *Y decíme, ¿esto es en esta vida o en otra vida?*
A: Es en otra vida. Parece que estoy sola, que la que iba a ser mi mamá se murió y ahora estoy sola.
T: *Eso es, seguí.*
A: Oigo voces, parece que no saben adónde llevarme porque no tengo a nadie que me cuide y oigo las voces que dicen que me van a llevar a un... no entiendo la palabra... un... orfan... no conozco la palabra... un ofanato (sic). No sé lo que dicen.
T: *Seguí adelante.*
A: Me duele el estómago porque no me dan de comer. Mis maestros me dicen que no me preocupe –*susurrando*–. Ellos me van a llevar a un buen lugar. Dicen que no me asuste, que ellos me van a guiar, me van a acompañar desde arriba hasta encontrar ese lugar. Me van a llevar hasta los brazos de la mamá que me va a cuidar en esta vida y...
T: *Eso es, seguí adelante.*
A: Ahora estoy en los brazos de quien me está destinada. Tiene una cosa blanca en la cabeza y tiene una cara muy dulce. Me está mirando y dice: "¡Qué nena linda!". Parece que me quiere y ahora mis maestros se van. Dicen que ya encontré el lugar adonde debía ir y que cuando yo los necesite van a volver. Pero ahora no me duele que se vayan porque ahora estoy cuidada.
T: *¿Y cuál fue el momento más difícil de esta experiencia?*
A: Cuando se fueron mis maestros y me dejaron sola.
T: *¿Y cuáles son tus reacciones emocionales en ese momento?*
A: Abandono, dolor psíquico... No sé, era un dolor muy profundo en el alma, algo que no conozco. Es un dolor difícil, una sensación muy fuerte de tristeza por el abandono de los maestros.
T: *¿Y de qué manera estas sensaciones están incidiendo en tu vida como Ana?*
A: A veces, este dolor no me deja escucharlos. No me deja sentir cuando me hablan. No me permite interpretar la luz que ellos me dan.
T: *Muy bien, ahora quiero que recuperes para vos el contacto con tus maestros y que tomes conciencia de que cuando los necesites tus*

maestros van a volver. Recordá que tus maestros están ahí para ayudarte cuando los necesites. Ahora elegirás un color en el cual te envolverás para traer una nueva vibración a tu vida como Ana. ¿Qué color necesitarías?
A: Blanco brillante.
T: *Muy bien... y envuelta en el blanco brillante, lentamente regresarás aquí a tu conciencia física como Ana, en este día miércoles 18 de septiembre de 1996.*

En esta experiencia Ana nos describe lo que parece ser el molde astral o quizás etérico de lo que va a ser su futuro cuerpo. Algo así como una larva astral. Tal vez el cuerpo físico o mejor dicho el embrión necesite de este modelo o de esta larva para poder desarrollar todo su potencial. Recordemos que si el principio vital se retira no puede haber desarrollo embrionario. ¿Será que esta larva astral envía algún tipo de código vibratorio para que se activen determinados procesos embrionarios? Durante la experiencia Ana dice que se le forma una cola larga y que parece un bicho. Más tarde, sus maestros le dicen que tiene que adoptar una forma más específica y entonces la cola comienza a reducirse. Ahora bien, sabemos que durante la etapa embrionaria del ser humano se produce una recapitulación del desarrollo filogenético; esto es, la evolución de las diferentes especies a partir de una en común. Es como si en los primeros estadios del desarrollo fetal repitiéramos las distintas etapas de evolución de todas las especies desde las más primitivas hasta llegar a los mamíferos. El embrión humano de cuatro semanas tiene una cola o rabo que más tarde desaparece, tal como lo dijo Ana, que dicho sea de paso no sabía nada de embriología. ¿Habrá un embrión pluripotencial cuyo desarrollo depende del modelo espiritual que le dicta la forma astral que vivenció Ana? El ingeniero Hernani Guimaraes Andrade, fundador del Instituto Brasileño de Investigaciones Psicobiofísicas, sugiere que en el espíritu hay un modelo organizador biológico que es el que dirige el desarrollo del cuerpo físico. Es como si hubiese una matriz sobre la cual se modela el futuro cuerpo físico. Tal vez la experiencia de Ana tenga que ver con este organizador biológico del cual habla Andrade. Por ahora no tengo elementos para afirmar que esto sea así, pero de alguna manera nos invita a abrir nuevas líneas de investigación.

El otro aspecto interesante de la regresión de Ana es que todo esto ocurrió previo al nacimiento en una vida pasada, que, además, concluyó en adopción. Algo llamativo también fue el hecho de que, a pesar de su preparación intelectual, Ana no podía pronunciar correctamente la palabra "orfanato". Si hubiese estado inventando no tendría por qué haber tenido esa dificultad. Con todas las sorpresas que nos deparó esta regresión, para Ana lo más intenso de la experiencia fue el dolor ante la partida de sus maestros.

Repasando el libro del alma

Gabriela llevaba un par de sesiones trabajando con la TVP cuando expresamente me pidió explorar el espacio entre vidas antes de nacer para revisar su programación para esta vida. También Gabriela trae su carga del pasado, pero a diferencia de Teresa no revive ninguna vida pasada sino que directamente, a través del libro del alma, toma conciencia de su pasado y hace una revisión de todo lo que tiene que hacer en su nueva experiencia en la Tierra. Incluso logra examinar sus vínculos con cada uno de sus familiares más próximos. Si Ana nos mostró los preparativos astrales para poder ingresar en la Tierra, Gabriela nos describe los preparativos de fondo, el ajuste de los detalles del trabajo a cumplir. Para esta experiencia, tras una breve relajación, le sugerí a Gabriela que imaginara una gran biblioteca en el espacio y que la recorriera hasta encontrar el libro de su alma.

Martes 25 de noviembre de 1997

Terapeuta: ¿Dónde estás? ¿Estás sola o acompañada?
Gabriela: Cuando me hiciste recorrer la biblioteca me pareció encontrar un libro que decía: "Alma 77777". Es una biblioteca con muchísimos libros, muy gordos y muy viejos, y hay mesas con declive. Se supone que tengo que tomar mi libro. Estoy sola y sé que lo tengo que tomar, pero no quiero hacerlo.
T: *Muy bien, ¿cómo es ese libro?*
G: Es muy grande, pesado. Las tapas son de un color marrón amarillento. En realidad, el libro tenía un solo siete. Yo le agregué los otros porque me parecía que era un número muy chiquito. Las almas están numeradas y esa es un alma muy vieja. Por eso le agregué un montón de sietes pero no sabía cuántos tenía que agregarle.

T: Muy bien, adelante.
G: No dice ALMA. Pero sé que dice ALMA, a pesar de que está escrito en unas letras que no entiendo. Ya miré varias veces el libro y tiene un montón de vidas. No lo quiero mirar más. Son todas vidas feas, tristes, malogradas.
T: Andá a buscar entonces lo que te propusiste en este trabajo; tu programación de vida, el propósito para esta vida como Gabriela.
G: Espero que ésta sea una vida más linda, que no me dé miedo agarrar el libro la próxima vez que tenga que leerlo. Es como que el libro se escribe mientras estamos acá abajo. Cuando uno llega allá arriba se encuentra que tiene escrito todo lo que fue en su vida. Es como si ese libro se fuera escribiendo paralelamente mientras uno vive y, cuando uno llega allá arriba, tiene que leer lo que fue en su vida y darse cuenta para qué fue y qué es lo que tendría que haber hecho y que no hizo. Y en función de eso armar para qué va a bajar de nuevo.
T: Andá a repasar entonces el capítulo de ese libro que contiene la experiencia de cuando estabas en el espacio entre vidas antes de nacer. Cuando se diagrama tu vida como Gabriela. Cuando se planifica todo, cuando se decide quiénes serán tus padres y verás claramente cómo se vinculan tus vidas anteriores con esta vida. Cuento hasta tres e irás a repasar ese capítulo. Uno... dos... tres.
G: Es como que bajé un montón de veces y no hice nada de lo que tenía que hacer. Entonces en ésta me van a ayudar para que no sea una vida para nada. Me dicen que acá abajo voy a estar muy sola pero que ellos me van a acompañar desde allá arriba.
T: ¿Y quiénes son ellos?
G: Son almas que ya hicieron todo lo que tenían que hacer. Son buenas por naturaleza. Me dicen que crea. Que tengo que poder sola. Va a haber momentos en que no pueda más pero aunque esté sola estaré acompañada. Dicen que voy a sufrir mucho. Yo no quiero nacer de vuelta, pero no es porque no quiera sufrir. No quiero porque todas las veces que bajé no sirvió para nada. Es como que ya no confío más en poder por mí misma, pero todo está elegido en función de que pueda sola. Todo será con mucho sufrimiento, pero es necesario que así sea.
T: Y eso, ¿para qué te va a servir?
G: Porque en todas las anteriores no había sufrimiento en mí; sufrían los otros. En esta me toca sufrir a mí.
T: ¿Y qué vas a aprender con eso?

G: A no lastimar. A ayudar. Dicen que uno crece en el sufrimiento y que voy a poder porque ellos van a estar ahí, aunque yo no me dé cuenta. Yo no quiero, pero no quiero porque tengo miedo de fracasar de vuelta. ¡Otra vez volver a leer ese libro con un fracaso más después de millones de fracasos! No tengo más ganas. Quizás por eso siempre tengo esa sensación de estar cansada como si fuera vieja.

T: *Y fijáte, ¿cuál es la idea general para tu vida como Gabriela?*

G: La verdad, dar luz. Va a ser la primera vez que tenga hijos. Poder amar a mis hijos, lo cual no va a ser fácil. ¡Ay! ¡Tengo mucho miedo! Miedo de que se muera mi hija. Ya que puedo estar ahí les pido que eso no, eso no. Cualquier cosa menos que se la lleven a ella –*llorando*–. Me costó muchísimo quererla. Soñaba todas las noches que la mataba, que la quemaba, que se me caía de las manos. Yo sabía que la quería, pero no la podía querer. Pero ahora nos llevamos bárbaro. La pude querer, la pude amar. Me costó muchísimo armar esta relación. ¡Que no se la lleven! ¡No! Cualquier sufrimiento, ¡pero ése no!

T: *Eso es, dejá salir todo eso.*

G: Se trata de que aprenda a dar, a amar, a ayudar. Vengo de un "vagón" de vidas donde todo era para mí y nada para el otro. Y en esta vida se trata de todo lo contrario, de que todo sea para el otro. No va a ser nada fácil.

T: *¿Y cuál va a ser el trabajo más difícil de esta vida como Gabriela? ¿Qué es lo que más te va a costar?*

G: Creer en mí. Poder sola. No necesitar del otro para poder ayudarlo. Dedicar mi vida a los otros, pero creyendo en mí.

T: *¿Y para qué te va a servir encarnar específicamente en la Argentina? ¿Qué condiciones en particular te ofrece la Argentina para el desarrollo de tu vida?*

G: Un lugar donde hay mucho sufrimiento.

T: *¿Y cuál es el propósito de tu trabajo como psicóloga?*

G: Ayudar. Yo tengo alguien que me ayuda. Es mi abuela. Me ayudaba cuando estaba acá. Pero mi abuela está muerta ahora. Tal vez tenga que ver con eso; ayudar con la muerte. Desde que era chica todo lo que tenga que ver con la muerte ejerce una atracción especial sobre mí. Me viene: "Ayudar a morir en paz".

T: *Muy bien. Ahora contaré hasta tres y avanzarás al momento en que te encontrás con quienes serán tus padres. Uno... dos... tres.*

G: Yo estoy muy resignada. Como que no me queda más remedio.

A mi papá lo eligen por la relación que tiene con la muerte. Por no darle valor a la vida.

T: *¿Cómo es eso?*

G: Matar por matar. Caza, mata, pesca. Eso me va a posibilitar no tenerle miedo a la muerte. Animarme a meterme en todo eso sin miedo. Pero todo lo voy a tener que hacer sola. Es como que me dieran todo lo malo, pero bueno, eso es lo que me vengo ganando desde hace millones de años.

T: *¿Has estado en relación con quien será tu papá anteriormente o es la primera vez?*

G: No sé, pero me dan ganas de llorar. No, no lo conozco, pero tengo que ayudarlo a que pueda querer. Va a ser muy difícil porque no quiere a nadie. Es muy egoísta.

T: *¿Y para qué te va servir la experiencia de tenerlo como padre?*

G: ¡Mirá vos! Es como que en él estuvieran condensadas muchas de mis vidas anteriores. Le encantan las mujeres. A mí, en una vida, me encantaban los hombres. Era muy divertida, cantaba. En otra vida yo asesinaba personas; él asesina animales. El es como si fuera una condensación de todas mis macanas juntas. Y teniéndolo como padre... humm... yo tengo que quererlo, lo que no me va a ser difícil, porque teniendo tanto miedo no es difícil quererlo. Lo que es difícil es lograr que él me quiera, ¡ja! Como que somos tan parecidos que nos repelemos.

T: *Muy bien. Ahora fijáte en el ser que será tu mamá como Gabriela.*

G: Mi mamá es la falsa bondad. Es todo para el otro, pero de mentira. Es todo para el otro porque no tiene vida propia. Yo tengo que dar con vida propia. Ella da, pero después reclama. Cobra lo que da o desvaloriza al que da... ¡Claro! Y el amor lo voy a aprender de ellos. Ellos dos se quieren muchísimo, se quieren realmente. Pero sólo se quieren ellos.

T: *¿Y para qué te va a servir la experiencia de tener a esta madre?*

G: Cómo cuida al otro. Pero me tengo que quedar sólo con eso. Con el cómo lo cuida y cómo da. Y el amor entre los dos, cómo se quieren.

T: *¿Has estado en relación con este ser anteriormente? ¿Sí o no?*

G: Me parece que sí. Me aparece una cosa que me hizo de chiquita, que me decía: "Botas y más botas, botas y más botas". Yo tenía tres o cuatro años y le hablaba y ella no me contestaba, como si no me conociera. Yo me desesperaba. Creo que en algún momento, en alguna otra vida, yo la maté y una de las dos usaba botas. Ella no sabe que me conoció. No sé si yo la maté o ella me mató a mí. Alguna de las dos mató a la otra.

T: *¿Y para qué se van a encontrar ahora como madre e hija?*

G: Ella tiene que darme amor y poder unirse a mí y yo tengo que poder separarme de ella cuando ella hace todo lo contrario para que yo no me pueda separar. ¡Qué horror!

T: *Muy bien. Ahora examiná un poco a quienes serán tus hijos. ¿Qué relación tenés con estos seres que serán tus hijos? ¿Qué esperás aprender con la experiencia de ser su madre?*

G: A mi hija la odié mucho. Quizás fue mi madre en alguna vida anterior. Mi abuela también fue mi madre en una vida anterior. Estoy llena de madres, ¡ja, ja! Pero a mi hija la odié mucho. Tengo que aprender a quererla y a que me quiera. Sin hacerla dependiente. Dándole vida propia. Y si lo logro, cuando se vaya voy a sufrir mucho. Porque esta vida es para eso. Para lograr cosas y después sufrir. Como si fuera a construir una torre con mucho sacrificio y después, ¡fa!, la tiran y... ¡a empezar de vuelta!

T: *¿Y cuál es el sentido de esto, de lograr cosas para después sufrir?*

G: Pagar por todo lo que hice sufrir a otros. Es como si fuera un desafío muy grande. Si pudiera pasar todo lo que tengo que pasar alcanzaría con esta vida y ¡basta! Creo que esta vida va a ser muy dolorosa. Hay mucho por hacer. Pero me dieron a mi abuela. Ella es la que me da fuerza. Mi abuela debe de haber sido una madre muy buena en alguna otra vida pero, en ese momento, yo no la pude querer y ahora la tengo que querer. Y en esta vida voy a poder quererla. Podría decir que nunca quise a nadie antes de esta vida.

T: *Muy bien. Tomá conciencia de todo esto.*

G: Y esta vida es un desafío. Tener que poder, querer a un padre jodido, a una madre jodida. La única a la que va a ser fácil querer es mi abuela.

T: *Fijáte también cómo será el encuentro con quien será tu marido. ¿Qué cosas te llevan hacia él? ¿Qué esperás aprender con la experiencia de tenerlo como marido?*

G: Más de lo mismo. Es un alma mucho más joven e inexperta y con él está la cuestión del orgullo. Matar el orgullo, pero el mío. Poder amar a alguien que me va a costar muchísimo amarlo. Alguien inferior, más joven, más infantil, más egoísta. Se trata de poder amarlo pese a todo y ayudarlo a crecer a él también. Y mi hijo... mi hijo va a ser lo más difícil de todo. No quiere venir, no quiere vivir. Hay que enseñarle a amar la vida. Va a ser rebelde, caprichoso, complicado, pero lo tengo que ayudar a que ame la vida por sobre todo y a que esta vez no se mate. Es como si se hubiera suicidado un montón de veces. Tiene que aprender a vivir y amar la vida. Va a ser muy difícil con él. A él también lo conozco de antes.

T: *¿Y qué esperás aprender con tu hijo? ¿Para qué te va a servir a vos la experiencia de tener a este ser como tu hijo?*

G: Ayudar al que no se deja ayudar. No sé para qué me va a servir a mí. Es como si esta vida fuera todo para los otros. Es como si esta fuera la primera vida que hago para los otros y se supone que ese dar a los otros me va a dejar algo a mí. Al menos, cuando vuelva a leer el libro del alma, encontraré escrito algo diferente.

T: *Muy bien. Contaré hasta tres y al llegar a tres irás al momento de tu concepción. Fijáte cómo se efectúa tu descenso al cuerpo y cómo se lleva a cabo tu concepción. Uno... dos... tres.*

G: Es como si cayera por un tobogán, de esos que dan muchas vueltas. Como si fuera un sacacorchos. Hay una mezcla de alegría y resignación. No entiendo por qué la alegría. Quizás porque me dicen que con esta vida voy a poder.

T: *¿Hay alguien más allí?*

G: Yo no veo a nadie pero hay mucha gente. No sé si es gente, es energía. Todo es positivo. Como que me dicen: "Vas a poder, vas a poder". Y me voy contenta, pero resignada.

T: *Eso es, seguí adelante.*

G: Ya estoy adentro, ya empezaron los problemas. No quieren saber nada. Mi mamá no quiere tener un hijo. A mi papá le da lo mismo. Pero no se puede abortar. Es el primer hijo y es peligroso abortarlo. Ahí todavía estoy acompañada por esa energía.

T: *¿Qué energía?*

G: Esa que me dieron arriba. Es la fuerza que te mueve. Eso es lo que me acompaña. Ellos decían que siempre iba a estar acompañada, aunque estuviera sola. Esa es la energía que siempre me acompaña, aunque por momentos sienta que la pierdo. Después la recupero. ¡Es cierto! Me caí cien mil veces y siempre me levanto de nuevo con fuerza. Esa fuerza me viene de allá. Es como que esa fuerza es mía.

T: *Muy bien, seguí avanzando.*

G: Mi mamá está muy feliz porque ni se nota que está embarazada.

Ni piensa que yo estoy adentro. Corre, va, viene. Corre, va, viene. Una siente que está en una coctelera allí dentro. Hace lo mismo como si no estuviera embarazada. Se supone que tendría que hacer calor allí dentro pero yo tengo mucho frío... Bueno, ¡basta! ¡No quiero estar más allí dentro! ¡Quiero nacer! ¿Para qué me voy a quedar ahí dentro si ni siquiera hay paz?

T: *Eso es. ¿Qué más está pasando cuando estás ahí dentro?*

G: Ella está angustiada, llora. No sabe cómo va a hacer para trabajar cuando nazca. No tiene idea de lo que va a hacer. No quiere que nazca. Yo quiero salir de allí dentro. Quizás porque sé que allá afuera está mi abuela. Es la única en la que puedo confiar. ¡Uh! ¡Qué feo! ¡Es la única en la que puedo confiar para siempre! ¿Y cuando ella se vaya? ¿Cuando se muera? ¡No puedo confiar más en nadie...! Bueno, se supone que ahí voy a estar lista para seguir sola. No sé si estoy lista –*llorando*.

T: *Eso es. Dejá salir todo eso.*

G: Voy a nacer. Soy tan chiquitita que es como si me escupiera. Ni me doy cuenta de que nazco. ¡Otro tobogán!

T: *¿Y qué estás experimentando en ese momento?*

G: Es como si estuviera sola. Está lleno de gente, pero es como si estuviera sola. Ella no puede llegar a mí. No sé qué le pasa.

T: *¿Y cuál fue el momento más difícil cuando estabas en el vientre de tu madre?*

G: Cuando ella no sabía qué iba a hacer conmigo.

T: *Y en ese momento, cuando ella no sabía qué iba a hacer con vos, ¿cuáles son tus reacciones físicas?*

G: Me hago más chiquitita.

T: *Y cuando te hacés más chiquitita, ¿cuáles son tus reacciones emocionales?*

G: Le tengo miedo. Mucho miedo.

T: *Y fijáte, ¿cuáles son tus reacciones mentales en esos momentos?*

G: Que me voy a tener que proteger de ella. Que va a ser difícil. Ella finge ser buena y uno puede creérselo.

T: *¿Y de qué manera todas estas sensaciones están afectando tu vida como Gabriela?*

G: Quizás yo estoy a la defensiva.

T: *Y esto de estar a la defensiva, ¿qué te hace hacer?*

G: Es como si fuera al revés. Confío demasiado en el otro. Es como si no tuviera con qué defenderme. Quedo completamente a expensas del otro. Como si le hubiera creído que ella era buena y que todos son buenos. Pero esto es por lo que yo cargo de mala encima de mí.

T: *Y eso, ¿qué te impide hacer?*

G: Desconfiar. En general no desconfío de nadie. Confío en todos y es así como me joden. Todos son buenos. La única mala soy yo.

T: *Y esto de que la única mala soy yo y todos son buenos, ¿qué te hace hacer en tu vida como Gabriela?*

G: Cosas que no tengo ganas de hacer. Maldades. Pero ya está, eso ya lo perdí. Ahora sí que soy buena. Pero fue todo un trabajo, ¿eh? No vine buena. ¡Ja, ja! Fue todo un trabajo doloroso de esta vida. No sé si voy a llegar a hacer todo lo que tenía que hacer, pero creo que hice bastante.

T: *Muy bien. Ahora fijáte, ¿cuál fue el momento más difícil de tu nacimiento?*

G: No es difícil nacer. Es otro tobogán más y yo caigo resignada, fácilmente.

T: *Muy bien. Contaré hasta tres y experimentarás tu nacimiento paso a paso para agotar todas estas sensaciones. Uno... dos... tres.*

G: Quiero salir. Ella ni sabe lo que quiere. Yo quiero salir. Hago fuerza para salir y como soy muy chiquita, salgo. Ya estoy afuera. No fue difícil, fue tan fácil como entrar. Es como que me dieron una alta cuota de resignación que traigo de allá arriba, del primer tobogán, necesaria para poder pasar por todo lo que tengo que pasar.

T: *Muy bien. Fijáte en el momento en que cortan el cordón...*

G: –Interrumpiendo– Mi mamá está como contenta pero es siempre un "como". No está contenta, está como contenta.

T: *¿Hay algo de eso que te esté afectando?*

G: Ya no. Hasta me puedo llevar bien con ella. Siempre me llevé bien con ella. Demasiado bien. También... yo no existía casi. Ahora me pude separar y hasta puedo hablarle.

T: *Muy bien. Ahora que has recuperado el conocimiento del propósito de tu vida como Gabriela, fijáte si estás dispuesta a cumplir con todo eso o si hay algo que quieras cambiar.*

G: Me gusta ayudar. Lo que no sé bien es el cómo, con qué, de qué forma. Pero eso no me lo dicen. Lo tengo que encontrar yo. Me lo podrían decir, ¿no? Dicen que me voy a dar cuenta. Que tengo muchos años de experiencia. Muchos siglos de experiencia. Se trata de que yo pueda hacerlo sola. Me avisaron que iba a estar sola aunque esté acompañada. Que confíe en mí, que si creo en mí voy a poder y que haga todo lo que tengo que hacer sin miedo. Ellos me dijeron que iban a estar todo el tiempo y que me iban a ayudar. Que no tenga miedo a nada. Que la cosa está funcionando bien. Que siga luchando y que no baje los brazos.

T: *Muy bien. ¿Hay algo más que quieras agregar?*

G: Que quizás no sea necesario que se lleven a mi hija... Pero que si se la llevan es porque ya hizo todo lo que tenía que hacer.

T: *Muy bien. Es muy importante que tomes conciencia de eso.*

G: Ella es muy buena. Es una santa. Ella dice que cree que ésta es su última vida porque es demasiado buena. Pero espero que sea una vida larga. Una vidente me dijo que se iba ir a vivir al exterior y que se iba a separar de mí. Tal vez ésa sea la pérdida. Ojalá... Aprender a querer para después poder perder. ¡Qué difícil! Te podría decir que tal vez el mandato fuera ese. Aprender a querer para después poder perder.

T: *¿Y qué aprenderás con eso?*

G: Amar sin ningún interés. Si uno ama porque ama y da porque da no está pensando en lo que pierde. Y va a ser así. Voy a amar muchísimo y voy a perder eso que amo. Tengo que amar mucho y, cuando lo ame mucho, lo voy a perder. Es como si así me fuera fortaleciendo y fuese pagando, pagando deudas. Como que traje una cuenta bancaria demasiado en rojo, con muchas deudas... pero las voy a poder pagar.

Creo que ahora, con la lectura del libro del alma de Gabriela, tenemos una idea más acabada de todo lo que está en juego antes de producirse la concepción. No se trata sólo de venir, ocupar un cuerpo y ¡listo! Hay muchos preparativos antes de subirse al cuerpo. La vida en la Tierra es un viaje que muchas veces suele ser accidentado y no sólo hay que preparar el vehículo que vamos a utilizar, sino que, además, hay que tener en claro qué es lo que esperamos obtener de este viaje. No se trata de hacer tan sólo un paseo. Tenemos que lograr algo más y para eso también el conductor del vehículo debe prepararse.

En sus preparativos Gabriela prácticamente no dejó punto por revisar. Sus errores pasados y el trabajo de corrección a realizar sobre estos errores, sus temores, su propósito de vida, su trabajo como profesional, su lección de vida, los integrantes de su familia y hasta el país donde iba a nacer están presentes en su trabajo preliminar antes de su concepción. Paradójicamente, con todas las dificultades que debía afrontar, lo más difícil para Gabriela era creer en sí misma. Tantas veces se equivocó, tantas veces fracasó, que esta vuelta se le hacía difícil confiar en sí misma. Sus maestros le prometieron que la iban a ayudar, pero claro, ella tenía que poner el cuerpo.

Observen de qué manera clara y precisa Gabriela examina el vínculo kármico y el trabajo a realizar con cada uno de los integrantes de su familia, algo que no siempre es posible lograr. No sólo aparecen sus padres y su abuela, sino que también están su marido y hasta sus hijos, que, al momento en que Gabriela se prepara para descender, todavía no existían como tales en la Tierra. Sin embargo, todos estos encuentros están previstos de antemano; cada ser tiene un rol específico a cumplir, y Gabriela tiene un aprendizaje y una tarea a cumplir con cada uno de ellos. Todos sus vínculos familiares en esta vida fueron conflictivos. Algunos de ellos ya fueron resueltos y en otros aún está trabajando.

A diferencia de lo que experimenta la mayoría de los pacientes, el nacimiento de Gabriela fue fácil. Para ella fue como deslizarse por un tobogán. Como pueden apreciar, no siempre el nacimiento es traumático. En este caso, lo difícil no era el nacimiento sino todo el contexto que la esperaba al nacer.

Una de las cosas más pesadas que arrastraba Gabriela era la culpa de sentirse mala, una sensación muy presente en algunas personas. En su caso, Gabriela confesaba que de chica era realmente mala. Asustaba a todo el mundo. Pero hemos podido ver que esta sensación fue reactivada en el vientre materno cuando dijo: "Todos son buenos. La única mala soy yo". Y uno termina convencido de su propio mandato. Afortunadamente, esto era algo que Gabriela ya había superado a fuerza de hacer ese trabajo de corrección que se había impuesto antes de venir.

Todos hacemos nuestro trabajo aunque no lo recordemos. Hacerlo consciente, como en el caso de Gabriela, nos ayuda a realizarlo más concienzudamente teniendo la certeza de que eso es lo que tenemos que hacer.

Ahora que sabemos de qué manera nos preparamos para venir y cómo llegamos al momento de la concepción entremos en el universo de la vida fetal.

Capítulo IV

De la concepción al nacimiento

El alma ha culminado los preparativos para su descenso en la materia. Ha hecho la revisión de su pasado y ya tiene la hoja de ruta a seguir. Ahora viene lo más difícil. Hay que poner en ejecución el plan de trabajo que le ha sido asignado y para eso hay que entrar en ese vehículo que es el feto, el que a su vez está dentro de una bolsa llamada útero, que a su turno está dentro de otro vehículo que es la madre. Como si fueran varios envases contenidos uno dentro del otro y dos voluntades, bien definidas cada una de ellas, que a partir de este momento compartirán este universo único donde los pensamientos y sensaciones de uno incidirán en el comportamiento del otro.

En realidad, la influencia del alma a punto de encarnar ya puede ser percibida antes de que se produzca la fecundación. Algunas madres saben exactamente el momento preciso en el que se produce la concepción de su hijo. Otras, hasta pueden sentir en su cuerpo el ingreso de su futuro bebé. A veces es el padre quien siente la influencia del futuro ser. Varias personas me han relatado que pudieron percibir nítidamente el estado de ánimo del espíritu de su hijo antes de que fuese concebido y que más tarde, en la infancia o en la adolescencia, la conducta de su hijo concordaba con aquella primera sensación.

Ahora, madre e hijo estarán unidos telepáticamente o cuánticamente –si lo prefieren– durante nueve meses en una gestación normal. Este detalle es de una importancia singular porque es una de las claves para comprender el misterio de la fuerza del vínculo madre-hijo más allá de todas las teorías que se han desarrollado para explicar esta relación. Esta conexión es imposible de reproducir o igualar por el padre, aunque a veces alguno de los hijos tenga mayor afinidad con él. La simbiosis con la madre no pasa sólo por el hecho de haber estado dentro del vientre materno. Son nueve meses durante los cuales los pensamientos y sensaciones de la madre envuelven y penetran el alma del feto sin ningún obstáculo que se les interponga. El feto reaccionará a las emociones de la madre de acuerdo con el registro de sus impresiones pasadas, pero sea cuales fueren estas reacciones emocionales hay una conexión mental que para bien o para mal se mantendrá de por vida. Recuerden que se trata de dos campos vibratorios que se superponen e interactúan entre sí y de cómo sea esta interacción dependerá también el futuro vínculo madre-hijo. Hemos visto también que, aun cuando ambos campos vibratorios están íntimamente relacionados, si la madre no presta atención al alma del feto que está con ella, éste puede decidir desconectarse por medio de su voluntad y esto se reflejará más tarde en la futura relación filial. Esta sería la excepción a este vínculo especial que ya no podrá recrearse en la vida adulta.

Dijimos que el feto no sólo es influido por los pensamientos, sino también por los estados de ánimo y emociones que experimenta la madre y que reacciona ante ellos. Las actitudes que más inciden en el feto son la indiferencia, el abandono y el rechazo. Todo esto puede provocar distintas reacciones según la historia previa que tenga el alma del nuevo ser. Algunos vienen de circunstancias muy difíciles y se asustan o se repliegan ante la mínima señal de indiferencia o de temor por parte de sus padres. Otros tienen tanta confianza en sí mismos que las dificultades no hacen mella en ellos. A veces, hasta se sonríen ante las preocupaciones de sus padres. Sea como fuere, en todas las circunstancias siempre hay una lección a aprender.

Entremos, entonces, en el universo fetal propiamente dicho y veremos de qué manera se ponen en movimiento las piezas de este juego.

Jorge Juan

Jorge Juan tenía cuarenta y ocho años cuando vino a consultarme por sus problemas afectivos. Lo que lo preocupaba era la trilogía clásica: inseguridad, carencia afectiva y temor a ser rechazado. Separado dos veces, Jorge seguía en la búsqueda de la mujer ideal. "Estoy en una búsqueda permanente –decía Jorge–, pero no puedo conectarme con una mujer". Trabajando con la regresión su vida fetal encontramos que gran parte de su problema se originó allí.

Sábado 20 de enero de 1990

Terapeuta: *Cuento hasta tres y vaya al momento de su origen en esta vida. Uno... dos... tres.*
Jorge: Veo a mis padres haciendo el amor. Los veo desde arriba... No hay mucho amor entre ellos. Es algo automático. No veo que haya afecto entre ellos. Tienen que tener otro hijo y nada más.
T: *¿Qué siente cuando ve esto?*
J: Me siento mal, triste. Siento que estoy por accidente. Soy algo que no fue buscado por amor. Es como si fuera una obligación de ellos tener un hijo más.
T: *¿Qué piensa en esos momentos?*
J: Casi no hubiese querido nacer. Hubiese querido más cariño, más ternura. Estoy con bronca. No me quedo quieto para nada. Doy vueltas y vueltas.
T: *¿A qué se debe que da vueltas y vueltas?*
J: Es la resistencia que tengo a nacer. Ya me estoy resignando, me estoy quedando quieto.
T: *¿En qué momento de su vida fetal se encuentra?*
J: Estoy en los primeros meses.
T: *Muy bien. Avance un poco más y vaya al tercer mes.*
J: Estoy flotando con una actitud indiferente. Me da lo mismo nacer que no nacer.
T: *¿Cómo está su mamá?*
J: Mamá se acaricia la panza. Yo no quiero que lo haga. Pienso que no fui concebido con amor.
T: *¿Cómo está su papá?*
J: Mi papá aparece y desaparece. Hizo el amor y se fue a cumplir sus tareas. La dejó sola a mi madre.
T: *¿Qué siente cuando sucede eso?*

J: Es una sensación fea. Siento indiferencia. Veo cómo se aleja de mi madre. Me da bronca porque no se queda a acariciarla.
T: *Avance al cuarto mes.*
J: Tengo que seguir creciendo. Mi madre está resignada. Sigue haciendo sus cosas.
T: *¿Y su papá?*
J: Papá sigue siempre lejos de mamá. Veo a mis hermanos dispersos por ahí.
T: *¿Qué piensan sus hermanos?*
J: Están indiferentes. Otro más que viene al mundo.
T: *¿Y usted qué siente con eso?*
J: Siento bronca por la actitud de ellos.
T: *Avance un poco más y vaya al quinto mes.*
J: Estoy creciendo. Siempre con las mismas actitudes. A mi madre la dejan sola. No la cuidan.
T: *¿Qué siente cuando pasa todo esto?*
J: Sigo mal porque quisiera otra cosa. Quisiera que hubiera más ternura, más cariño. Siento como un estado de abandono.
T: *Y esto, ¿cómo lo está afectando en su vida actual?*
J: Siento la tremenda necesidad de acariciar y de dar cariño porque no lo recibí en ese momento.
T: *Avance al sexto mes.*
J: Lo mismo. Todo sigue igual.
T: *Avance al séptimo mes.*
J: Mamá está resignada. Tiene que aceptar lo que Dios manda. Se sigue acariciando la panza.
T: *¿Qué siente usted en esos momentos?*
J: Siento pena. Ella quiere a todos sus hijos, pero hubiese preferido no tener tantos.
T: *Avance un poco más y vaya al octavo mes.*
J: Afuera todo sigue igual.
T: *Avance al noveno mes.*
J: Todos siguen indiferentes esperando que yo nazca. Es como si les diera igual.
T: *¿Cómo está su mamá?*
J: Mi madre se está preparando para el parto. Mi padre se acerca y algunos de mis hermanos también.
T: *¿Y usted qué siente?*
J: Yo también siento indiferencia. Me da lo mismo. Tengo que salir porque tengo que venir.

T: *Y hasta aquí, ¿cuál fue el momento más difícil de su vida fetal?*
J: Los primeros meses.
T: *¿Cuál fue la sensación dominante en esos meses?*
J: La resistencia a crecer por no haber sido concebido con amor.
T: *¿Y de qué manera se relaciona esto con sus problemas afectivos en su vida actual?*
J: Es como no encontrar a quién dar lo que mis padres no me dieron. Creo que no hubo amor en el momento de mi gestación. Eso me dejó marcado como una resistencia a sentir o a amar aunque es algo que lo deseo mucho. Creo que me pasan estas cosas por lo que viví en esos momentos. (*Aquí está resumido todo el problema de Jorge.*)
T: *Muy bien. Cuento hasta tres y vaya al momento de su nacimiento. Uno... dos... tres.*
J: Vengo al mundo con indiferencia. Siento murmullos... es como si mis hermanos estuvieran alrededor de mí.
T: *¿Qué experimenta en esos momentos?*
J: Siento bronca porque no se acercaron a darle cariño a mi madre.
T: *¿Cómo está su mamá?*
J: Mi mamá está en actitud pasiva. Ya está.
T: *¿Y su papá?*
J: Mi papá vino, me vio y se fue. Estoy solo. Mis hermanos se retiran y me dejan solo con mi madre.
T: *¿Qué siente cuando pasa todo esto?*
J: Siento bronca. Siento que me están abandonando. Cada uno vuelve a sus tareas.
T: *¿Qué piensa en esos momentos?*
J: Es como que quisiera entrar de vuelta en el vientre de mi mamá.
T: *¿Y cuál fue el momento más difícil de su nacimiento?*
J: Cuando mis hermanos y mis padres se alejaron.
T: *¿Qué experimenta en esos momentos?*
J: Tristeza por la carencia y por la indiferencia.
T: *Y todas estas sensaciones, ¿cómo lo están afectando en su vida actual?*
J: No sé dar afecto. No me enseñaron a darlo y hoy no puedo conseguir lo que tanto deseo.

Para comenzar, un detalle muy importante que nos revela Jorge Juan. En el acto sexual en el que se produce la concepción hay un espectador invisible que está esperando el momento propicio para tomar su lugar. No hay que cohibirse por su presencia ya que hasta es posible que él mismo estimule a sus futuros padres a que cumplan con su parte del trabajo. Pero es necesario tomar conciencia de esta presencia invisible porque ya ahí comienzan a generarse sensaciones e impresiones que se sumarán a las que ya trae el recién llegado. Lo que perturba al ser que va a encarnar no es el acto sexual de sus padres, sino la falta de amor entre ellos. Es una cuestión vibratoria. El amor protege y brinda confianza y seguridad. La indiferencia genera incertidumbre. No es lo mismo llegar a una fiesta con bombos y platillos y fuegos artificiales que entrar en una prisión lúgubre y oscura.

De entrada nomás Jorge comprueba que el asunto no viene bien y ya se instala la resistencia a nacer por no haber sido concebido con amor. Aparecen las reacciones más comunes de este período: la indiferencia, el abandono, la bronca, el rechazo y la incertidumbre. Con esto sólo una persona ya tiene bastante para vivir una vida afectivamente insatisfactoria. Vean el resultado de la indiferencia: "Me da lo mismo nacer que no nacer". Trasladen esto a cualquier situación o proyecto de la vida adulta y verán que muchas personas se encuentran repitiendo más o menos lo mismo. "Me da lo mismo esto que aquello, que me quieran que no me quieran, vivir que morir." Jorge avanza aún más cuando dice: "Quisiera entrar de vuelta en el vientre de mi madre". A cada deseo o afirmación expresado en la vida fetal o en el nacimiento le encontraremos una conducta correspondiente en la vida adulta. Tengan presente este concepto a lo largo de todas las historias, para reflexionar y sacar sus propias conclusiones.

Imagino que se habrán dado cuenta de que el germen de todos los problemas afectivos de Jorge Juan está presente en su vida intrauterina. Jorge describe la situación típica por la que atraviesa el carenciado afectivamente: "No encontrar a quién dar lo que mis padres no me dieron". Allí está la búsqueda permanente de la pareja ideal. Nadie podrá jamás llenar ese vacío afectivo porque es imposible reingresar en el vientre materno aunque eso era lo que deseaba Jorge, pero el origen está allí, en el estadio fetal y su causa es muy precisa: la tristeza por la carencia afectiva primordial y la indiferencia.

Adentrémonos un poco más ahora en la vida fetal.

Alfonso

Tal vez alguno de ustedes que haya leído *Muerte y Espacio entre Vidas* recuerde la experiencia de Alfonso (Cap. 9). Allí, al llegar al bardo,* Alfonso dejó el traje de su personaje anterior y recibió el suyo, el de esta vida. Inmediatamente quiso salir corriendo, pero lo detuvieron diciéndole: "No, hay que ir al punto de partida. Hay que empezar de atrás". Veremos ahora lo que ocurrió en la sesión siguiente cuando le pedí que volviera al punto de partida.

Lunes 6 de agosto de 1990

Terapeuta: *Cuento hasta tres y retrocederás al punto de partida. Uno... dos... tres.*
Alfonso: Veo como un agujero en el espacio. Veo llover y siento voces de chicos. Es un tiempo para pensar, para serenarme.
T: Avanzá al momento en que comienza tu descenso.
A: Es como si estuviese viendo la Tierra desde arriba, como una visión topográfica. Veo árboles... lugares con agua... Sigo dando vueltas en el espacio. Como dando una vuelta alrededor de la Tierra... como buscando algún lugar.
T: Muy bien. Avanzá al momento en que conocés a tus padres, antes de tu concepción.
A: Veo a dos jóvenes. Uno de ellos es una mujer muy joven con aire de princesa. La veo vestida de blanco, como con un traje de novia. El otro es un muchacho joven, al que veo de perfil. A lo lejos veo como un casamiento.
T: ¿Conocés a estos seres?
A: No creo haberlos visto antes.
T: Avanzá entonces al momento de tu concepción.
A: Me da la sensación de que no tengo ganas de que sean mis padres. No encuentro nada en común con estos dos jóvenes. Pero es como si estuviera en un tobogán. Ya emprendí el descenso y no lo puedo parar.
T: ¿Qué esperás aprender con estos padres?
A: No tienen mucho para enseñarme, salvo que yo tengo que valerme por mí mismo. Tengo que tratar de encontrar mi

* Bardo: también llamado *espacio entre vidas*, es el intervalo de conciencia entre una muerte y el renacimiento siguiente. [*N. del A.*]

camino. Ellos no tienen mucho para ayudarme, pero me van a tomar de las manos.

T: *¿Cómo es la relación entre ellos?*
A: No hay una buena relación entre ellos. Son el polo opuesto.
T: *¿Y para qué te va servir la experiencia con estos padres?*
A: Es parte de una misión. Yo tengo que tratar de buscar la unión de las personas. Es difícil poder congeniar con estos dos jóvenes. Cada uno de ellos piensa distinto. Yo tengo que caminar. Mal o bien tengo que seguir adelante.
T: *¿Cómo se produce tu concepción?*
A: Es algo traumática. No fui un hijo buscado.
T: *¿Qué sentís en ese momento?*
A: Siento rechazo.
T: *¿Qué está pasando con ellos?*
A: Hay preocupación en la pareja. Hay recriminaciones. Discuten acerca de si prosiguen o no con el embarazo. Es un embarazo complicado. Mi madre tiene problemas de hígado, de estómago. Tiene muchos vómitos.
T: *Avanzá al primer mes de tu vida fetal. ¿Qué está pasando?*
A: Hay inseguridad por parte de mi madre. Hay temores. Ella tiene un rechazo total. No deseaba quedar embarazada.
T: *¿Qué sentís en ese momento?*
A: Siento rechazo. Percibo que mi padre está enojado. Quiere buscar una solución, pero no la encuentra.
T: *¿Qué solución?*
A: Suspender el embarazo. No hay posibilidades económicas.
T: *Avanzá al segundo mes.*
A: La cosa se complica más. Se confirma el embarazo. Se reprochan el uno al otro, pero dejan todo como está, dejan que el embarazo siga. El embarazo sigue complicado.
T: *¿Qué sentís cuando pasa todo esto, cuando piensan en suspender el embarazo y cuando está todo complicado?*
A: Es como compartir todas las sensaciones de malestar... la incertidumbre... Me sentí atacado. Percibí la sensación de violencia.
T: *Muy bien. Ahora te desprenderás de todas esas sensaciones tomando conciencia de que no te pertenecen. Son sensaciones de tus padres y no tienen nada que ver contigo.*
A: Siento un alivio. Es como sacarme algo de adentro, como si una luna saliera por el pecho.

T: *Muy bien. Avanzá ahora al tercer mes.*
A: Estoy más tranquilo. No recibo sensaciones de malestar.
T: *¿Cómo están tus padres?*
A: Mamá sigue nerviosa. Papá la escucha poco. Estoy sintiendo que otra mujer habla con mi madre. Debe de ser mi abuela. Mi abuela la aconseja mal. Sus palabras no son positivas. Mamá la tolera, pero se siente dominada por mi abuela.
T: *Seguí avanzando y andá al cuarto mes.*
A: Entré en una especie de letargo. Percibo que estoy creciendo. Me veo en la postura en que estoy –adopta la postura fetal–. Me veo medio transparente. Me muevo, me doy vuelta.
T: *Avanzá al quinto mes.*
A: Siento cambios en el crecimiento. Escucho voces que vienen de afuera. Hay cierta resignación en mi madre. Papá tiene muchos problemas. Siento que mi mamá tiene que conformar a una nena, la tiene que ayudar. La lleva de un lado a otro.
T: *¿Quién es esta nena? Fijáte qué le pasa.*
A: Puede ser mi hermana. Hay inseguridad en esa nena. Está desprotegida. Veo con mucha insistencia la presencia de mi abuela. Ella quiere manejar la situación. Se mete en todo.
T: *Avanzá al sexto mes.*
A: En el quinto mes vi como una sala de hospital, como un consultorio. En el sexto mes, lo mismo. Es como una sensación.
T: *¿Cómo están tus padres?*
A: Mamá está tranquila, papá no está. Ahora la veo muy sola a mi mamá.
T: *¿Qué sentís en ese momento?*
A: Siento vacío, soledad. Veo a mi madre caminar por una plaza. Está cruzando una plaza. Es una tarde un poco gris.
T: *Avanzá al séptimo mes.*
A: Veo corredores, pasillos... una sala de espera. Parece el consultorio de un dentista.
T: *¿Qué sentís en esos momentos?*
A: Sigo recibiendo la sensación de soledad. A mi mamá la siento sola.
T: *Y esto, ¿cómo te afecta a vos?*
A: Es como si estuviéramos abandonados los dos. Esa es la soledad que percibo siempre.
T: *Muy bien. Seguí avanzando y andá al octavo mes. ¿Qué está pasando?*

A: Veo un negocio. Yo sigo creciendo y mi madre está incómoda. Sigo viendo a esa nena muy apegada a mi mamá pero no me disgusta. Necesito más compañía.
T: *Avanzá al noveno mes.*
A: Tengo una sensación de malestar estomacal que se manifiesta en algunos momentos de mi vida.
T: *¿Cómo es esta sensación?*
A: Es angustia. Viene de debajo del esternón, como si fuese en el cordón umbilical y tengo que dejar de respirar para que se vaya.
T: *¿Qué cosa está provocando esta angustia?*
A: Estoy sufriendo. Tengo miedo a lo desconocido. En cualquier momento voy a nacer. Estoy llorando en el vientre materno.
T: *Y hasta aquí, ¿cuál fue el momento más difícil de tu vida fetal?*
A: Este tiempo que se está cumpliendo. El miedo a enfrentarme con una nueva vida.
T: *¿Y cuáles son tus reacciones físicas en esos momentos?*
A: Miedo a que se repitan algunas cosas.
T: *¿Y cuáles son tus reacciones emocionales en esos momentos?*
A: Incertidumbre, temor. Tengo miedo.
T: *Y todo esto, ¿qué te hace hacer en tu vida actual?*
A: Me hace volver atrás. Vivo mucho del pasado.
T: *Avanzá ahora al momento de tu nacimiento.*
A: No hay un buen trabajo como para que yo pueda nacer. Mi mamá está sufriendo.
T: *¿Qué hacés en esos momentos?*
A: Es como darme vuelta, como hacer fuerza. Es como estar ubicado en una posición para pasar a través de un túnel que es oscuro, pero que adentro es luminoso. Es de color rojo.
T: *Seguí.*
A: Siento cómo me desplazo; es resbaloso. Veo una pequeña luz.
T: *Seguí.*
A: Estoy saliendo... Veo una gran luz... el color es rojizo, tipo salmón.
T: *Seguí.*
A: Estoy girando la cabeza... Siento miedo... Temor a lo desconocido, a nacer.
T: *¿Y cuál es tu primera impresión al salir?*
A: La sensación de empezar de nuevo. Estoy llorando. Mamá está cansada. Veo varias personas. Hablan mucho. Le hablan a mi mamá. Me separan de ella.

T: ¿Y cuál es la lección que estás tratando de aprender en el momento de tu nacimiento?
A: No resistirme a vivir.
T: Muy bien. ¿Y cuál fue el momento más difícil de tu nacimiento?
A: Al recibir la primera luz. Sentí incertidumbre, miedo a lo desconocido. Hubiese preferido no nacer.
T: Y esto, ¿cómo te está afectando en tu vida actual?
A: Me cuesta enfrentar la vida.
T: Ahora ya estás aquí y todo eso ya no te pertenece. Ahora estás en condiciones de desligarte de todo eso. ¿Cómo te gustaría ser de ahora en adelante?
A: Quiero aprender a amar la vida. Quererme a mí mismo. Todo está en función del amor.

Otra vez el rechazo, el abandono y la incertidumbre. Este es un clima emocional que impide el desarrollo de un yo fuerte, seguro y decidido. El hecho de que sus padres consideraran tan sólo la idea de suspender el embarazo provoca en Alfonso la incertidumbre y la sensación de violencia y de sentirse atacado. Alfonso ya viene con el miedo a enfrentarse a una nueva vida, y estas sensaciones, unidas al clima de recriminaciones entre sus padres, hacen que se vuelva atrás viviendo del pasado tal como le venía sucediendo en su vida adulta. Finalmente sus padres se separaron cuando Alfonso aún no tenía diez años, pero el abandono comenzó antes, cuando todavía estaba dentro del vientre de su madre. Vean cómo describe él mismo las sensaciones compartidas con su madre cuando dice: "Es como si estuviéramos abandonados los dos". Tal como decía Leonardo, una misma alma. Aun así, Alfonso viene con una misión y tiene que hacer su aprendizaje: enfrentar la vida, no resistirse a vivir. Nadie puede evitarle a otra persona la lección que tiene que aprender. Nadie puede hacer el trabajo que el otro tiene que hacer, pero si tomáramos conciencia de que cada ser que llega al mundo trae su lección de vida, podríamos ayudarlo a aprobar su asignatura pendiente y a cumplir con su propósito personal.

Mariela

Mariela es la hija de Alfonso. Tenía diecinueve años cuando vino a verme por su inseguridad y su agresividad. Fue así que vivenció el pasaje por la vida fetal, donde se encontró acompañada por un amigo de quien hablaremos más tarde.

Martes 8 de octubre de 1991

Terapeuta: *Cuento hasta tres y ve al momento en que conoces a quienes serán tus padres en tu vida como Mariela. Uno... dos... tres.*
Mariela: Están mi papá y mi mamá. Los estoy mirando desde arriba. A mi mamá la veo "redulce". A mi papá lo veo raro.
T: ¿Qué tiene de raro?
M: Es como que yo ya lo conozco, pero no es como era antes. Está más malo.
T: ¿Estás sola o acompañada?
M: Me acompaña Willy. Está a mi lado. A mí no me convence mucho mi papá. Es como que estoy en duda. Pero yo quiero que ella sea mi mamá.
T: ¿Qué cosa hace que tengas estos padres? ¿Los elegís vos o hay alguien que los elija por vos?
M: Yo la elijo a ella. El está al lado de ella. Willy dice que me quede tranquila.
T: ¿Cómo es Willy?
M: Willy es como yo; está flotando como yo.
T: ¿Qué cosa te lleva a elegir a este ser como tu mamá?
M: Porque ella es buena y linda y yo la quiero mucho.
T: ¿Y qué cosa venís a hacer con estos padres?
M: A ella vengo a devolverle todo lo que me dio y a él lo vengo a cuidar.
T: Muy bien. Cuento hasta tres y avanzá al momento de tu concepción.
M: Yo estaba muy nerviosa porque no estaba segura si quería que él fuese o no mi papá. Pero yo quería que ella fuese mi mamá. Por eso acepté que él fuese mi papá. Pero igual estaba muy nerviosa. Yo quería que Willy se quedara conmigo, pero él me dijo que se tenía que ir y que me quedara tranquila.
T: ¿En qué momento entrás en tu cuerpo? Fijáte cómo lo hacés.
M: Entro en el momento de la concepción. Me tiro dentro de la panza de mi mamá.
T: ¿Qué sentís cuando entrás en la panza?
M: Siento que estoy nerviosa. Es la inseguridad que tenía. Después estoy más tranquila.
T: ¿Cómo están tus padres en ese momento?
M: Bien, mis padres están contentos. Es como que ella tenía miedo

porque se cuidaba y en un momento se le cruzó por la cabeza que podría estar embarazada y allí ya estaba yo.

T: *Muy bien. Ahora avanzá un poco más y andá al primer mes dentro de la panza de tu mamá.*
M: Lo extraño a Willy, éramos muy amigos.
T: *¿De dónde lo conocés a Willy?*
M: Lo conocía de antes.
T: *Y tu mamá, ¿cómo está?*
M: Ella no se quiere dar cuenta de que está embarazada porque tiene miedo.
T: *Y ese miedo, ¿cómo te afecta a vos?*
M: Primero me pone mal; después le quiero decir que estoy bien, pero ella no me escucha.
T: *Andá al momento en que tu mamá se entera de que está embarazada.*
M: Ella está contenta, pero tiene miedo de volver a perder el bebé. (*La mamá perdió dos embarazos antes de concebir a Mariela*).
T: *Y eso, ¿cómo te afecta?*
M: Me pone mal que ella esté mal, pero no su miedo porque yo estoy segura de que voy a nacer. Quiero nacer. Quiero conocer a mi hermano.
T: *¿Y qué impresión te causó tu hermano?*
M: Primero quería verlo, pero luego me agarró recelo.
T: *¿Y a qué se debe ese recelo?*
M: Yo ya lo había visto antes. El me maltrataba, pero igual tengo ganas de verlo.
T: *Muy bien, avanzá al segundo mes. ¿Qué está pasando?*
M: Mi mamá entra enojada de la calle. Detrás de ella viene mi papá. Parece que hay problemas de trabajo. Mi papá quiere hablarle, pero ella le dice: "Dejáme en paz que me vas a hacer perder este chico".
T: *¿Qué sentís en ese momento?*
M: Yo me quedo dura. No entiendo. Me pone mal. Ellos discuten y eso me pone nerviosa. Yo sabía que iba a nacer igual, pero ella se pone loca y eso a mí me entristece.
T: *Muy bien, avanzá al tercer mes.*
M: Yo quiero que se le note la panza y que todo el mundo se entere de que estoy ahí dentro. Quiero crecer.
T: *¿Cómo está tu mamá?*
M: A mamá se le empiezan a hinchar las manos.

T: *Y vos, ¿cómo estás ahí?*
M: A veces estoy dentro de la panza y a veces estoy afuera.
T: *¿Cómo es eso?*
M: Puedo entrar y salir de la panza.
T: *Avanzá al cuarto mes.*
M: Es de noche y mamá se levanta de la cama. Papá se levanta también y la acompaña a la cocina. Ella se siente mal y él le hace un té.
T: *Y eso, ¿qué te hace a vos?*
M: Me pone mal que ella esté mal. Es como que me quiero ir de la panza de mi mamá. A veces me quedo para que ella no se sienta sola. Otras veces me voy por ahí.
T: *Avanzá al quinto mes y fijáte si hay algo allí que se relacione con tu inseguridad.*
M: Son pocas las veces que papá le toca la panza a mi mamá. A mí me gusta que le toque la panza.
T: *¿Qué sentís cuando tu papá toca la panza de tu mamá?*
M: Siento que es para que mi mamá no se enoje. Mi mamá se acaricia la panza.
T: *¿Qué sentís cuando lo hace?*
M: Es como que me protege.
T: *Avanzá al sexto mes.*
M: Mi mamá compra ropa. Ella quiere comprar ropita de nena pero no sabe qué hacer. Yo le digo: "Soy una nena". Igual no me escucha. No compra ni de nena ni de varón. Compra algo que puedan usarlo los dos.
T: *¿Qué quiere tu mamá, nena o varón?*
M: Mamá quiere una nena, no se resigna a no tener una nena. Papá también. Ella piensa que va a tener un varón porque ya perdió dos nenas. Ella cree que pierde las nenas, pero yo sé que a mí no me va a perder.
T: *¿Qué siente tu mamá con esto?*
M: Ella tiene miedo, pero no dice nada. Mi papá también tiene miedo, pero no se lo dice. Ella se lo guarda para ella. No quiere quemar sus ilusiones.
T: *Muy bien, seguí avanzando y andá al séptimo mes. ¿Qué está pasando?*
M: Ellos discuten siempre. Mi mamá siempre está nerviosa y eso me pone mal.
T: *Y tu hermano, ¿qué hace?*

M: Ahora pregunta más. A veces le pega en la panza a mi mamá. El lo hace en broma, pero igual me sacude. Está jugando y yo me río.
T: *¿Hay alguien más allí?*
M: Hay gente que no está contenta porque mi mamá está embarazada.
T: *¿Quiénes no están contentos?*
M: La hermana de mi papá y eso me pone mal.
T: *Avanzá al octavo mes.*
M: A mi mamá le cuesta caminar ahora. Mi papá siempre viene nervioso de la calle y la altera a ella.
T: *¿Cómo te afecta esto?*
M: Yo me enojo porque estoy tranquila y me vienen a molestar. El siempre le está gritando a mi mamá, pero ella también grita y a mí me dan ganas de estar afuera para decirles que no griten.
T: *Muy bien. Avanzá un poco más y fijáte qué pasa en el noveno mes.*
M: Estoy ansiosa por salir, pero tengo miedo.
T: *¿De qué tenés miedo?*
M: Tengo miedo de que sea como cuando estaba dentro de la panza. Gritos, peleas y discusiones.
T: *Y todo eso, ¿cómo te afecta?*
M: Me altera mucho y me pone de mal humor.
T: *¿Y cuál fue el momento más difícil de tu vida fetal?*
M: Cuando vi quién era mi papá. A mi papá no lo tomo como a mi papá. Es como si fuese un hermano.
T: *Y eso, ¿cómo te está afectando?*
M: No lo trato como a mi papá. Me gustaría que fuese más papá conmigo.
T: *Muy bien. Avanzá un poco más y andá al momento de tu nacimiento.*
M: Willy estaba conmigo y me decía que ya tenía que salir y yo le decía si no podíamos esperar un rato más. Yo tenía miedo de salir. Tenía miedo y no quería. Pero no me quedaba otra que salir y entonces salía.
T: *Muy bien. Experimentá ese momento cuando salís.*
M: Salgo con miedo. Me agarran para que salga.
T: *¿Cómo te agarran?*
M: Me agarran con algo de la cabeza. Me molesta... Son brutos...
T: *Y fijáte, ¿cuál es tu primera impresión al salir?*
M: Que no quería salir, pero tenía que salir igual. No me gustaba

eso y tampoco me gustaba que me agarraran. Pero igual estaba contenta porque iba a ver a mi mamá.
T: *¿Qué sentís cuando la ves?*
M: Está cansada, pero está linda. Papá no estaba ahí.
T: *¿Y cuál fue el momento más difícil de tu nacimiento?*
M: Cuando no quería salir. Tenía miedo de que me gritaran.
T: *Y eso, ¿cómo te está afectando en tu vida como Mariela?*
M: Me hace sentir impotente. Me pone mal, no me gusta. O me quedo callada o contesto mal.

Ya fuera de la regresión Mariela comentó: "Nunca me hubiera imaginado que Willy estuviera conmigo. El me llevó a presentar a mis padres. A papá lo vi envuelto en color negro, mal. No era el que yo había conocido en otra vida".

¿Quién era Willy? Cuando Mariela tenía tres años de edad, hablaba y jugaba con un amigo invisible cuyo nombre era Willy. Sus padres siempre pensaron que se trataba de una fantasía propia de los chicos y nunca le prestaron mayor importancia, aunque los sorprendía el hecho de que pasara el tiempo y Mariela continuara insistiendo en que tenía un amigo que se llamaba Willy. Un día, los padres de Mariela conocieron por casualidad a un matrimonio del cual se hicieron amigos inmediatamente. En una de las primeras visitas a la casa de sus nuevos amigos llevaron a Mariela, quien para ese entonces ya tenía seis años. Cuál no fue su sorpresa cuando, al abrir la puerta, la dueña de casa, al ver a Mariela, exclamó: "¡Por fin te encontré!". Desde hacía tiempo que esta señora veía en sueños a una nena que resultó ser Mariela. Pero las sorpresas no terminaron allí. En el comedor de la casa había fotos de la familia y Mariela resueltamente se dirigió a una de ellas y señalando con el dedo a un chico de unos cinco años dijo: "¡Ese es Willy!". Todos se quedaron boquiabiertos. Con lágrimas en los ojos, la dueña de casa relató entonces que Willy era su sobrino y que había fallecido de leucemia cuando contaba tan sólo con seis años de edad. Esto había ocurrido varios años antes de que naciera Mariela. De modo que al final, la historia de Mariela y de su amigo invisible resultó ser cierta. Willy estaba presente en sus juegos y sólo Mariela podía verlo. ¿De qué otra manera podía haber conocido la existencia de Willy, si cuando él falleció ella aún no había nacido, y sus padres recién conocieron la historia ese mismo día, cuando llevaron a Mariela a la casa de sus amigos? Para Mariela, Willy era un viejo conocido que la acompañó con su presencia cuando ella estaba dentro del vientre materno, pero además reconoció haber visto antes tanto a sus padres como a su hermano. Sin lugar a dudas esto es lo más llamativo de la experiencia de Mariela, pero no dejen de tomar nota también de todas sus sensaciones durante su desarrollo fetal. Por ejemplo, la importancia de que el padre acaricie la panza de la mamá para que el feto se sienta seguro, un pequeño detalle que no siempre tenemos en cuenta. Fíjense también de qué manera Mariela estaba consciente de los problemas de sus padres, de sus discusiones, de sus miedos y cómo, dentro de su inseguridad, estaba segura de que iba a nacer a pesar de los miedos de su madre. Una cosa más antes de seguir adelante. Mariela acaba de ser mamá de un hermoso bebé.

Penélope

Penélope ya es una vieja conocida de los lectores de mis dos primeros libros,* pues ella participa en ambos textos, y no dudo de que lo seguirá haciendo en el futuro. En el transcurso de su dilatado trabajo con su alma Penélope revivió varias veces su vida fetal y su nacimiento. La verdad es que a Penélope no le gustaba trabajar la vida fetal, pero cada tanto su alma la llevaba allí. Esta es una de las ocasiones en que trabajó este período en forma completa durante toda la sesión.

Martes 20 de octubre de 1992

Penélope: Estoy como si estuviera en un recreo. No es así, pero yo se lo voy a contar así.
Terapeuta: *Muy bien, adelante.*
P: Es como si yo estuviera haciendo una ronda en un recreo en un día de sol y me estuviera divirtiendo con otros chicos y es como si de pronto viniera una maestra y me dijera que... que ya tengo que ir a clase. Yo no quiero ir. Yo quiero estar ahí. Pero me dice que tengo que ir y es como que me mandan. Yo siento como que me empujan.

* El autor se refiere a: *Terapia de Vidas Pasadas* y *Muerte y Espacio entre Vidas*, vol. 22 y vol. 25, respectivamente, de esta misma colección. [N. de E.]

T: *Eso es, siga adelante.*
P: Ella me tiene agarrada del hombro y yo le discuto que no quiero ir allí, que se está equivocando, que yo tengo que ir a otro lado. Le digo que yo no quiero volver a la Tierra, que no me gusta la Tierra, que no me gustan los cuerpos que hay en la Tierra.
T: *¿Qué le dice la maestra?*
P: No dice nada. Me escucha y se sonríe. Siento una leve presión y es como que me va empujando y yo no quiero. Le digo que no quiero, que no quiero, y entonces voy a estar siempre mal. Como cuando uno le dice a un chico que haga algo y el chico dice: "Sí, vos querés que lo haga, pero entonces lo voy a hacer a disgusto y voy a hacer algo como para que a vos te afecte". Y al mismo tiempo siento como que nada de lo que yo haga la puede afectar a ella, sino que me va a perjudicar a mí. Y siento que me va empujando, empujando, suavemente, cada vez más lejos del lugar en donde estaba. Y yo veo que se equivoca, que no es allí adonde tengo que ir. No quiero ir allí. Yo quería ir a otro lado.
T: *¿Adónde quería ir?*
P: A un lugar donde no hay cuerpos. A un lugar donde sólo hay espíritus.
T: *¿Y a qué se debe que tiene que ir adonde hay cuerpos?*
P: Me parece que todavía me falta aprender cosas en la Tierra.
T: *¿Qué cosas le falta aprender?*
P: Por ejemplo, esto: no ser caprichosa ni rebelde; aprender a aceptar las cosas. A mí me parece que el cuerpo es un obstáculo. Por eso no quiero ir a la Tierra.
T: *Y la maestra, ¿qué le dice?*
P: Por ahora me trata como a un chico. Que está bien, que voy a llegar, que ya voy a ir a otro lado, que primero tengo que ir acá, que tengo que aprender las lecciones que necesito acá. A mí me parece que en otro lado hay seres con los que yo me quería encontrar, pero a mí me toca seguir acá.
T: *¿Con qué seres se quería encontrar?*
P: Me parece que son otros espíritus que lograron una evolución que yo no logré todavía y que deben de haber estado conmigo en ese recreo, pero que ahora se fueron para otro lado.
T: *¿Y qué es lo que le falta para poder ir a ese otro lugar?*
P: Me falta crecer. Soy muy individualista y muy rebelde. Quiero decidir siempre yo. Por eso no quiero aceptar lo que me dicen. Acá se me aclara por qué quise ser "la maestrita". Es como que

sentí que me mandaban a mí y que yo estaba en situación de alumno, y entonces decidí que me iba a vengar de eso siendo "la maestrita" y mandando yo.
T: *Muy bien, siga adelante.*
P: Siento que me empujan, me empujan y ahora soy una luz, una luz que baja y baja y cobra velocidad, mucha velocidad, hasta que entro en el cuerpo. Pero estoy rabiosa y no logro ubicarme en el cuerpo. Soy como una luz que va y viene, va y viene como buscando salir. Me siento comprimida por las paredes del cuerpo, y le tengo mucha bronca a ese cuerpo y mucha bronca a la mujer que me tiene ahí apresada. Tengo como un sentimiento de venganza. Me quiero vengar de todo; del cuerpo en el que estoy apresada, de la mujer ésta que me tiene encerrada, de la maestra que me mandó. Y me voy a rebelar contra toda autoridad, siempre. Y no me gusta nada que sea símbolo de autoridad.
T: *Fíjese si en ese momento tomó alguna otra decisión que esté afectando su vida como Penélope.*
P: Sí. No integrarme nunca con este cuerpo. Perjudicarlo y estar siempre a disgusto.
T: *¿Y cómo siente a esta mujer que va a ser su mamá?*
P: Más que como a una mujer la siento como si estuviera dentro de una caja, de un cubo de metal. Es muy fría y yo siento mucho frío. No es nada cariñosa.
T: *¿Y qué piensa esta mujer cuando sabe que usted está allí dentro?*
P: Ahora, por primera vez, pienso que a lo mejor me quiere. Me quiere a su manera. Pienso que tiene una forma muy primitiva de querer. No es como una mamá tradicional. Le falta mucho para ser una mamá así.
T: *¿Y qué está tratando de aprender esta mujer al tenerla a usted como hija?*
P: Yo no soy una hija fácil para ella. Es como si ella tuviera que aprender a sentir un poco más. Es como si mi mamá no sintiese nada.
T: *¿Y qué está aprendiendo usted?*
P: Y yo... aprender lo que es no tener una mamá. Aprender a comprender más a la gente.
T: *Muy bien. Ahora avance un poco más hacia el primer mes de su vida intrauterina.*
P: No me gusta estar acá dentro. No me gusta, no me gusta y no me

gusta. Siento bronca y me siento acorralada. Si pudiera, atravesaría el vientre y saldría disparada, tipo Súperman.
T: *Avance al segundo mes.*
P: Esto sigue sin gustarme. Va a ser una experiencia muy difícil. Me siento muy rebelde. Se me ocurre provocarle algún daño a mi cuerpo, pero pienso que después sería peor. Me tocaría una existencia más difícil y entonces me quedo tranquila.
T: *¿Qué piensa su mamá en esos momentos?*
P: Me parece que tiene una confusión espantosa. Siente muchos celos de mi papá porque ella no tuvo padre. Su papá se murió cuando ella era muy chica. Eso la desequilibra mucho.
T: *Y esto, ¿cómo la afecta a usted?*
P: Es como si ella quisiera sacarme a mi papá y yo me siento muy chiquitita.
T: *¿Y qué piensa de su papá?*
P: Que es bueno, pero muy indiferente.
T: *Avance al tercer mes.*
P: Estoy muy agitada. Me estoy moviendo mucho –*sacudiéndose*–. Me quieren matar. Me parece que me quieren matar.
T: *¿Quién la quiere matar?*
P: Mi mamá. Se está pegando en la panza y yo me muevo como si estuviera dentro de una coctelera.
T: *¿Qué está pensando su mamá?*
P: Ma... matarme o que yo me muera. Que no salga. Parece que todavía no me quería tener. Me parece que es que... Me parece que no lo quiere a mi papá.
T: *¿Y qué siente cuando está pasando todo esto?*
P: Y yo siento que me agito y corro por todos lados. Corro, corro, corro. Tengo que vivir escapando, tengo que vivir huyendo. Me veo como una lagartija que trata de escapar y escapar y escapar. Por eso yo no quería venir acá. Esto ya lo viví. Esto pasa acá porque hay cuerpos. En un lugar donde no hay cuerpos esto no pasa, porque lo único que se puede matar es el cuerpo. Por eso no me gusta la Tierra. Porque acá matan a los cuerpos. Acá hay que vivir defendiéndose. Esto es horrible porque hay que vivir huyendo. Por eso le tengo tanto odio al cuerpo... Ahora me tranquilizo. Mi mamá no se anima a hacerme nada.
T: *¿Qué fue lo que la decidió a su mamá a no hacerle nada?*
P: Falta de coraje.
T: *¿Y a qué se debe que su mamá pensó en matarla?*

P: Piensa que un hijo es una complicación en la vida.
T: *Y todo esto, ¿cómo la está afectando en su vida como Penélope?*
P: Esto me marcó para siempre. Soy muy asustadiza y vivo llena de miedos. Muchas veces me siento así con la gente, como una lagartija que trata de escaparse. Mi mamá quiere esconderme, no quiere que nadie se dé cuenta del embarazo y a mí me pasa que muchas veces quiero esconderme. Me escondo al no salir, me escondo bajo la ropa. Siempre estoy tratando de esconder, de tapar, con grasa, con ropa... En invierno me viene bárbaro. Siempre ando con saco y llega la primavera y el verano y yo sigo con sacos hasta que la temperatura supera cierto límite y no tengo más remedio que quitármelos.
T: *Y a todo esto, ¿qué piensa su papá?*
P: Mi papá piensa que mi mamá está loca, pero la quiere mucho.
T: *Muy bien, avance al cuarto mes.*
P: Me hago un propósito. Yo, al cuerpo, no lo quiero, pero voy a tener que hacerme fuerte para que no puedan dañarme. Lo único que esta mujer puede destruirme es el cuerpo. Entonces decido tener un cuerpo fuerte para que no me haga daño.
T: *Y este propósito, ¿qué le hace hacer?*
P: Y... engordar, engordar y engordar.
T: *Y su papá, ¿cómo está?*
P: Ausente. Esto me hace sentir desprotegida y a merced de una madre loca. Tengo una madre imprevisible. Siempre sale con locuras. Una nunca sabe con qué locura va a salir. Todavía sigo esperando que cambie mágicamente, que alguna vez tenga una reacción humana. Pero nunca la va a tener.
T: *Avance al quinto mes.*
P: Estoy más grande. Es como que ahora logro cierta separación. Me siento un poco más independiente. Antes me sentía confusa, como si yo formara parte de su locura. Ahora me siento como que yo estoy acá. Yo soy yo. Pienso: "Tengo que ser más fría, más distante, para que no me afecte la locura de ella".
T: *¿Y cómo está su papá?*
P: Muy contento porque yo voy a nacer, pero es como si estuviera bloqueado afectivamente. De mi cuerpo pienso: "Bueno, me lo tengo que bancar, pero no le voy a dar mucha bolilla. No lo voy a atender mucho".
T: *Muy bien, avance un poco más y vaya al sexto mes. ¿Qué está pasando?*

P: Estoy como estructurando varias cosas. Estoy pensando mucho. Al cuerpo lo voy a castigar; que todo lo afecte: el frío, el calor, el sol...

T: *¿Y qué espera lograr con todo esto?*

P: Nada, embromarme. A ver... ¿cómo puedo explicarle? Es como que voy a ocuparme más de mi espíritu y voy a atender lo elemental del cuerpo. Como que voy a tener una división bastante notable entre el cuerpo y el espíritu.

T: *Avance hacia el séptimo mes.*

P: Ya estoy grande. Pienso que el mundo es muy hostil. Pienso que se pasa mucho frío afuera y que se tiene mucho miedo. Pienso que hay que ponerse una coraza para salir al mundo, que se debe de sufrir bastante, que voy a estar muy sola porque no me van a servir ni mi mamá ni mi papá. En muchas cosas me voy a tener que arreglar sola. Tengo que ser fuerte.

T: *Y esto, ¿cómo la está afectando?*

P: Y... se relaciona con "la maestrita". Como que yo puedo sola. Yo doy ayuda pero no necesito ayuda. Yo doy indicaciones, pero no necesito indicaciones. Yo mando, pero a mí no me mandan, salvo que aparezca la directora, pero en mi clase mando yo.

T: *Muy bien, avance un poco más y vaya al octavo mes.*

P: En este momento siento como que... ¡Aghj! –ahogándose–. Es que mi mamá se siente mal. Siente como una sensación de ahogo. Y siento que me ahogo yo también. Siento como que mi mamá ya no me aguanta más. Es como que, para ella, tenerme es un obstáculo. Soy un impedimento para ella. Se queja de que ya no puede hacer las cosas como antes. Ya no puede limpiar como antes. No se puede mover como antes. Tiene ganas de que nazca, pero no para tenerme sino para sacarme de encima.

T: *Avance al noveno mes.*

P: Mi mamá le está gritando a mi papá que voy a nacer, que no está todo preparado, que se va a poner a limpiar, que espera que le dé tiempo a terminar de limpiar todo. Yo voy a nacer ¡y ella piensa en la casa! No se comunica conmigo.

T: *¿Qué piensa usted en esos momentos?*

P: Que si yo corto la comunicación con ella voy a sufrir menos.

T: *Y esto, ¿cómo la está afectando en su vida actual?*

P: Que yo, en muchas cosas, me mantengo así, distante, para sufrir menos.

T: *Y hasta aquí, ¿cuál fue el momento más difícil de su vida fetal?*

P: Cuando me quisieron matar.
T: *Ahora vea, en ese momento, cuando la quisieron matar, ¿cuáles son sus reacciones físicas?*
P: Achicarme, achicarme para que no me agarren.
T: *¿Y cuáles son sus reacciones emocionales en ese momento?*
P: Angustia, mucha angustia.
T: *¿Y cuáles son sus reacciones mentales en ese momento?*
P: Tengo que huir, tengo que escapar.
T: *Y todo esto, ¿de qué manera la está afectando?*
P: Una cosa más. Empecé a sentir una sensación de vacío, de vacío y de hambre, de hambre, de hambre, de hambre... ¡Ah! Y ella dice que cuando se internó para tenerme no le daban de comer, que la tenían a caldo y que ella tenía hambre, hambre, hambre. Y todavía, es el día de hoy y se sigue quejando.
T: *¿Y cómo la está afectando a usted la sensación de hambre de ella?*
P: Sí, tener que comer, comer y comer para tapar ese hambre.
T: *Muy bien, ahora avance un poco más y vaya al momento de su nacimiento.*
P: Tengo frío, un frío que me muero. Tengo frío y hambre y tiemblo, tiemblo, tiemblo, y es como si cobrara fuerzas y sintiera un envión hacia afuera. Es como que ya no aguanto más esto.
T: *Eso es, adelante.*
P: Voy a salir y me encajo. No salgo. Me queda la cabeza encajada en el canal de parto. Siento que el canal se me cierra y me aprieta la cabeza y yo siento que esto ocurre porque mi mamá no me quiere. Entonces, cuando siento que no me quieren, me duele la cabeza. En lugar de pensar: "Mi mamá hace esto porque no puede hacer otra cosa", yo pienso: "Mi mamá hace esto porque no me quiere". Entonces quedo encajada ahí hasta que tomo conciencia de que yo tengo que querer y siento que me achico y salgo.
T: *¿Qué experimenta al salir?*
P: Alivio, alivio de salir de allí dentro. Ahora estoy un poco encajada de aquí, de los hombros, pero ya es como si sintiera coraje y salgo.
T: *Eso es, experimente eso.*
P: Tengo un frío espantoso. El frío es espantoso y es como que mi mamá no me registra. Se queja y piensa en ella. Es como que le cuesta verme. Lo primero que dice es: "¡Ah! ¡Ah! ¡Ah!". Yo esperaba un recibimiento más cariñoso.

T: *¿Y qué siente cuando percibe este recibimiento?*
P: Recién ahora puedo ver que ella también está muy bloqueada, que no puede sentir otra cosa.
T: *Muy bien. Retroceda al principio de su nacimiento y haga esta experiencia más profundamente, para terminar con todas estas sensaciones.*
P: Me cuesta salir. Es como que se me hinchó la cabeza o se me comprimió el canal de parto. Como si fuera hidrocefálica, con la cabeza grande, porque no paso, no paso, no paso y mi mamá no me ayuda a pasar. Mi mamá me comprime y yo me agrando, y ahí estamos peleando otra vez, como que ella no quiere y yo sí quiero. Y tiene que ganar una de las dos y voy a ganar yo y, de pronto, siento como que la cabeza se me reduce, se me reduce hasta poder pasar y luego me encajo en los hombros, pero ya no va a haber problemas y ya salí.
T: *¿Y cuál fue el momento más difícil del nacimiento?*
P: El recibimiento o el no recibimiento.
T: *¿Y cuáles son sus reacciones físicas en ese momento?*
P: Muevo las piernas.
T: *¿Y cuáles son sus reacciones emocionales en ese momento?*
P: Me dan ganas de moverme toda, de decir: "Aquí estoy".
T: *¿Y cuáles son sus reacciones mentales en esos momentos?*
P: Que no me quieren.
T: *Y todo esto, ¿cómo la está afectando en su vida actual? ¿Qué le hace hacer?*
P: Y... bloquearme yo también.
T: *Ahora recuerde cuál es su lección de vida. ¿Qué vino a aprender?*
P: Que soy una Unidad.
T: *¿Y para qué tiene esta madre?*
P: Para ser fuerte. Tengo que aprender a quererla. También tengo el problema religioso. Tengo que aprender que siempre hay que buscar una salida. Por eso se me van a presentar tantos problemas. Pero siento como que mucho más adelante voy a encontrar una salida final.

Ya desde el vamos, desde antes de su concepción, vemos que Penélope viene con rabia, con furia, y en franca rebeldía con la maestra que la envía, con su madre y con su futuro cuerpo. Como ven, el nuevo ser ya trae su personalidad bien definida. Todas las contingencias que se presentarán de aquí en adelante no determinan la personalidad, sino que actúan sobre ella obligándola a introducir las modificaciones necesarias para su evolución. Todos los conflictos presentes en la vida actual de Penélope venían de otras vidas, pero allí, en el vientre de su madre, se reactivaron casi todos ellos porque, justamente, eso era lo que ella tenía que resolver y ése es el motivo por el cual la mandaron a ocupar un cuerpo.

Repasemos algunas de las decisiones que tomó Penélope, producto de su furia, de su rebeldía y de su disgusto por estar en un lugar donde no quería estar.

* Me voy a rebelar siempre contra toda autoridad.
* Voy a castigar el cuerpo.
* Tengo que vivir escapando. (Una antigua sensación de Penélope.)
* Acá hay que vivir defendiéndose.
* Decido tener un cuerpo fuerte y engordar.
* Tengo que ser más fría y distante.
* Hay que ponerse una coraza para salir al mundo.
* Tengo que ser fuerte.
* Si yo corto la comunicación con ella (su madre) voy a sufrir menos.

Ahora olvídense de la carga del pasado, olvídense de los mandatos maternos y familiares, dejen de lado el proceso de socialización y la influencia del entorno social y reflexionen sobre cada una de estas determinaciones e imaginen sus consecuencias en la vida de una persona. ¿Adónde nos puede llevar una programación así? ¿Qué cosas nos obligaría a hacer? Ahora recuerden que todas estas determinaciones son tomadas dentro de la matriz, muchas de ellas en la etapa embrionaria cuando ni siquiera se han formado los órganos del futuro bebé. ¿Se dan cuenta de lo que esto significa? Ese bebé desvalido, que puede morirse inmediatamente al nacer si no es atendido, tiene la tremenda capacidad de arruinarse la vida cuando todavía no es más que un conjunto de células microscópicas. Unamos, por ejemplo, dos de estas decisiones: comer para tapar el hambre y engordar para tener un cuerpo fuerte. ¿Se imaginan el resultado? Pues bien, éste era uno de los problemas de Penélope.

Otro hecho para destacar son sus reacciones ante el intento de su madre de matarla: achicarse y huir. Una vez que esta reacción se graba en el feto, el mecanismo de defensa se reproducirá automáticamente en la vida adulta sin que la persona pueda hacer nada para evitarlo. En muchas actitudes o respuestas de la vida cotidiana de una persona adulta están presentes las reacciones fetales de supervivencia.

Otro punto interesante es que la competencia por la figura del padre ya comienza también allí y la pelea de Penélope con su madre continúa en el nacimiento, algo que suele ocurrir frecuentemente. Como era de esperarse, la relación entre Penélope y su madre siempre fue bastante difícil. No olvidemos que además Penélope decidió cortar la comunicación para sufrir menos. Aun así había algo que aprender. Siempre hay algo que aprender. A continuación veremos una experiencia más donde también hay una pelea entre madre e hija.

Alejandra

Alejandra es médica y en su profesión trabaja con la muerte, acompañando a morir a sus pacientes para que no tengan miedo. A pesar de esto, tenía temor al castigo porque Alejandra se sentía mala. "Siempre pienso que me van a castigar porque soy mala", decía en su primera entrevista. Por esta culpa y por este miedo que arrastraba desde chica Alejandra vivió siempre para los demás. Trabajando con esta culpa, se encontró con una vida terrible en la que ella fue un monje que mandó matar a mucha gente. Como esa vida está directamente relacionada con su concepción y nacimiento, vamos a ver parte de esta secuencia para comprender mejor el destino de Alejandra.

Martes 10 de septiembre de 1996

Alejandra: Estoy hablando con un viejo de túnica y barba blancas. El viejo es como ese anciano que aparece en tu libro. Me está mostrando un libro, pero no puedo ver lo que dice.
Terapeuta: ¿Dónde es este encuentro?
A: Parece una capilla antigua con bancos rústicos. Ahí soy gordo, pelado en la coronilla. Soy un religioso, pero soy malo. Parece que maté gente. Maté a los negros, a los pobres, a los marginales, a todos los que ahora quiero. Pero no me veo matándolos, me veo

como si estuviera recordando todo eso. Me veo sentada con el viejo. Me está mostrando el libro. ¿Adónde me está mandando?
T: *Fijáte.*
A: Voy a un monasterio donde hay cuevas. Soy un monje corrupto. Hago cosas malas que no me permite la religión. Robo la comida, tengo sexo con los otros, que son hombres también, y hago conspiraciones para sacar al otro. Quiero el poder. Lo meten al otro en una celda. Lo van a quemar... ¡Ay, no! ¡No puede ser!
T: *¿Qué está pasando?*
A: ¡El otro es Pedro!* ¡Yo mandé quemar a Pedro cuando yo era fraile porque no me quería! ¡Ay, no! ¡No pude haber hecho eso! –*llorando*–. ¡Por favor! ¡Decíme que yo no hice eso! ¡Eso es mentira de mi cabeza! ¡Yo no pude haber matado a alguien! ¡Es un horror! ¿Cómo voy a vivir ahora pensando que maté a alguien?
T: *Eso es, dejá salir todo eso y avanzá al momento de tu muerte para terminar con todo eso.*
A: Me voy a morir. ¡Qué suerte! Me muero sentado. ¡Por fin! Me estoy yendo lejos. Cuando era chica hacía cosas como el fraile. Por eso no tengo plata. Por eso no quiero el poder porque si no sería como el fraile. Detesto el poder. Si lo tuviera, sería mala.
T: *Muy bien. Ahora vas a dejar todo eso y, cuando cuente hasta tres, irás al instante previo a tu concepción, cuando te preparás para venir a esta vida como Alejandra. Uno... dos... tres.*
A: Me parece que está el viejito. Me dice adónde tengo que ir. Veo este puente... Es un puente donde abajo están esas cosas que ya las había leído en tu libro y que yo las vi. Hay enfermos, es como en la película *La Peste*. El viejito me dice adónde tengo que ir.
T: *Seguí.*
A: Voy caminando por el puente. Es todo de metal, sin tornillos. Estoy mirando, hay nubes al costado y abajo hay cosas. Ahí está el mundo, hay hospitales. Camino por ahí y veo todo. El viejito se quedó atrás. Yo voy caminando con otra gente. Es como en la película de Eliseo Subiela,** pero el puente es angosto. Es de chapa con tornillos y tiene barandas y abajo está el mundo, están las cosas que pasan, pero todo es sufrimiento. No quiero ir ahí, pero sé que tengo que ir. Tengo que ir a reparar eso que hice. Tengo que ir, ya sé que tengo que ir.

* Pedro era un amigo de Alejandra que murió en un accidente. [*N. del A.*]
** *No te mueras sin decirme adónde vas.*

T: *Seguí adelante.*
A: Estoy viendo hospitales, camas, guerras. No me gusta este mundo, me parece horrible. Es horrible. Quiero seguir caminando eternamente. No me gusta lo que veo. No quiero vivir. No sé cómo me dicen que me meta en esa panza. No puedo ver.
T: *Seguí adelante, ¿cómo es esto?*
A: Están mi mamá y mi papá. Son asquerosos, no me gustan. No me gustan para nada, pero tengo que entrar igual. A un costado del puente hay como otro puente y ahí me adentro en otra puerta. Ahí paso por la puerta y... ¿qué hay detrás de la puerta?
T: *Lo estás haciendo muy bien, seguí adelante.*
A: No hay nada, está todo oscuro. ¡Ay! ¡Qué asquerosa esa mujer que me va a tocar como madre! ¡No quiero esta vida que voy a tener ahora! No quiero, no quiero, se pelean. ¡Pobre! Por otro lado me da lástima. Me parece que se pelean mucho.
T: *Seguí adelante.*
A: Ahí adentro está todo bien. Es calentito. No tengo que respirar y estoy creciendo. Veo como una lucecita. Me acuerdo de que lo maté a Pedro. ¿Será verdad esto? Me acuerdo de eso.
T: *¿Qué pensás cuando te acordás de eso?*
A: Me agarra como una tristeza. No lo voy a olvidar nunca. Me parece que mi mamá se cae, pero eso me lo contó ella. Se cae y yo me doy vuelta porque quiero estar calentita un rato más. Me quisiera chupar el dedo. Me encanta chuparme el dedo. A veces es grande el dedo y a veces sueño con dedos grandes, gigantes.
T: *Seguí.*
A: ¡Ay! ¡No quiero nacer! ¡No quiero nacer! No quiero volver a ser fraile. No quiero estar caminando por el puente. No quiero nacer. No sé dónde quiero estar. ¡No hay ningún lugar para mí! –llorando–. ¿Por qué no quiero venir a esta vida? Porque yo ya sé lo que me va a pasar.
T: *¿Qué cosa sabés?*
A: Que voy a sufrir. Voy a sufrir mucho. Yo sé que tengo que nacer porque ya es el tiempo. Odio el tiempo. Pero por otro lado quiero que pase rápido. Voy a nacer y me va a dar frío. ¡No quiero nacer! No voy a nacer.
T: *¿Y entonces qué hacés?*
A: No me puedo quedar acá. Podría, ¿no? No sé si Pedro no es un ángel. Porque él vino a esta vida conmigo y se murió cuando tenía veinticuatro años. ¿A qué vino él? ¿Y a qué vine yo?
T: *Y si supieras, ¿a qué venís?*

A: Y... vine a reparar eso que hice. Vine a aprender, a curar a la gente, a ayudarlos a morir. Ahora no estoy tan mal. Estaba mal cuando era chica. Me quería morir. No sé, tengo que nacer. ¡Ay, no quiero nacer! ¡Ay! ¡Qué gasto de energía que es nacer!
T: *Muy bien. Cuento hasta tres y andá entonces al momento de tu nacimiento. Uno... dos... tres. Andá al momento de tu nacimiento.*
A: No, no voy a nacer. ¡Ja, ja, ja!!! Que esa tarada haga la fuerza. Yo no voy a nacer. ¡Ja, ja, ja! Total, si me muero, después voy a venir a otro lugar, con otra gente. No voy a nacer, ¡ja, ja, ja! –*desternillándose de risa.*
T: *Eso es, seguí.*
A: Hace tanta fuerza, hace tanta fuerza... Hace mucha fuerza, pero yo voy a esperar hasta último momento. No voy a nacer... ¡Ay! ¡Qué cosa horrible! Estoy toda marrón. ¡Ay! ¡Qué horrible! ¡Toda chiquita! ¡Ay, qué asquerosa! ¡Tengo todos los genitales y la cola negra de la fuerza que hizo esa guacha! ¡Ah! ¡Me estoy congelando! ¡Qué gente tan extraña! ¡Ja, ja!
T: *Seguí.*
A: No sé quiénes son. No los veo bien. Mi mamá está agotada. ¡Pobre! Se agotó para hacerme nacer. Están subiendo la escalera, esos. ¡Ja, ja, ja! Esperarían un varón. ¡Ja, ja, ja! ¡Ay! No sé qué me causa gracia. ¡Ja, ja, ja! No sé, tal vez sean todas esas caras de estúpidos. ¡Humm!... No veo a mi abuela.
T: *¿Y cuál fue el momento más marcante de tu nacimiento?*
A: Me parece que no quería salir.
T: *Y en ese momento, cuando no querías salir, ¿cuáles son tus reacciones físicas?*
A: ¡Hago fuerza, fuerza, fuerza para que esa guacha no me saque de ahí! Pero tiene más fuerza que yo.
T: *¿Y cuáles son tus reacciones emocionales en ese momento?*
A: Es una lucha contra ella. La odio, porque ella es más grande y puede.
T: *¿Y cuáles son tus reacciones mentales en esos momentos?*
A: Mejor me hubiese muerto. Mejor me hubiese muerto así venía con otra gente. ¿Qué habrá hecho que no lograra morirme ni en ese momento ni cuando tuve los paros cardíacos? *
T: *Muy bien. Cuento hasta tres y experimentarás más profundamen-*

---

* Alejandra tuvo dos paros cardíacos de los que se recuperó sin secuelas. [N. del A.]

te tu nacimiento para terminar con todas estas sensaciones. Uno... dos... tres.
A: Yo no quiero salir y hago fuerza para arriba. Hago fuerza y ella me chupa, me chupa, me chupa y me saca. ¡Ay! –llorando–. ¡Ay! Me agota, me agota. Me quiero dormir un ratito más.
T: ¿Dónde estás cuando te agotás?
A: Dentro de la panza de mi mamá. Me agoto, me agoto. ¡Aaah! ¡Otra vez va a hacer fuerza! ¡Aaah! –apretando los dientes–. ¡Y yo voy a hacer fuerza para el otro lado porque yo voy a poder! ¡Aaah! ¡Aaah! –gritando–. ¡Ja, ja, ja! ¡Hago más fuerza que cuando nacieron mis hijos! ¡Aaah! ¡Otra vez va a volver a hacer fuerza y yo ya no doy más! No quiero más hacer fuerza. ¡No quiero más! ¡No quiero más! –llorando–. No quiero más.
T: Eso es, seguí.
A: ¡Ay! ¡Otra vez va a venir a hacer fuerza! –con la voz cansada.
T: ¿Cómo viene eso?
A: ¡Ay! ¡Como cuando tenía a mis hijos! ¡Aaah! –apretando los dientes y haciendo fuerza como en un parto–. ¡Ayyyyy!!! ¡Me voy a ahogar! ¡Ayyyyy!!! ¡Me voy a ahogar!!! ¡No, no, no! ¿Qué es, un juego? ¿Qué es esto? ¡Ay, qué lío! ¡Me estoy ahogando! Si no nazco me voy a ahogar y me voy a morir ahogada. Pero no quiero nacer. Ya sé que me voy a morir ahogada. Me voy a morir ahogada y, si no, toda deformada por esas cosas que le van a meter.
T: Eso es, seguí.
A: ¡Ay! Voy a tener que nacer. ¡Voy a tener que nacer! ¡Ay, no! No tengo más fuerza. No quiero más esto. No quiero jugar más a esto. ¡No quiero jugar más! ¡Quiero despertarme! ¡Quiero estar en mi casa! –llorando–. ¡Y yo me metí en esto! Yo me metí o me metieron. Me metieron ellos. No sé quiénes son. No sé quién dirige esto. ¿Dios?
T: Eso es, seguí avanzando un poco más y completá tu nacimiento.
A: ¡Otra vez! No quiero hacer más fuerza. ¡Ya te dije! ¡Ayyyyy! ¡Ayyyyy! ¡Ay! ¡Me parece que ahí nací! Me parece que sí. ¡Ay, por favor! Estoy toda ahogada, ¿qué me está pasando? ¡Aaah! Estoy agotada, me duele todo.
T: ¿Dónde estás cuando estás agotada?
A: Estoy en una camita, me van a bañar, parece. ¡Ay! ¡Qué agotamiento! Es tremendo esto de nacer.
T: Y fijáte, todo esto de hacer fuerza, de luchar contra ella, pero ella

tiene más fuerza, de odiarla, mejor me hubiese muerto; todo esto, ¿qué te hace hacer en tu vida como Alejandra?
A: Toda mi vida es así. Ella tiene más fuerza. Es renga, no sirve para nada, no hace nada, depende de mí. Sin embargo, tiene más fuerza. Igual que mi marido. Yo lo mantengo, mantengo a mis hijos, todo lo hago yo. Pero él tiene más fuerza. Tiene algo en el espíritu que me doblega. Y todo eso me hace ser buena, querer dar, dar, dar, dar a todo el mundo lo que quiere. Y no le puedo poner el límite a mis hijos. Estoy llena de culpas.
T: *Y todo esto, ¿qué te impide hacer?*
A: Creo que tengo que dar mucho más de lo que debo dar para que me quieran y, si no, no me van a querer. ¿Y si me descubren lo del fraile? ¿Te imaginás ahora? Yo sabía que no quería ver eso porque entonces ahora nadie me va a querer. ¡Ah! Pero yo no le voy a contar a nadie lo del fraile.
T: *Y todo esto, ¿qué te impide hacer?*
A: Hacer las cosas con ganas. Todo lo que hago es porque si no, no me van a querer. No sé ni lo quiero hacer por mí misma porque siempre estoy haciendo algo para los otros. Es como que tengo un peso en la espalda.
T: *Muy bien. Ahora fijáte, en el momento de tu nacimiento, ¿cuál es la lección de vida que venís a aprender? ¿Qué estás tratando de aprender en ese nacimiento?*
A: Aprender a dar espontáneamente, de corazón. No por una utilidad o por miedo al castigo. Creo que vine a aprender a eso.
T: *Muy bien. Entonces, quiero que tomes conciencia de eso. Que viniste a aprender a dar espontáneamente, de corazón.*
A: ¡Qué lindo que parece! Pero no sé si podré.
T: *Bueno, estás aquí justamente para aprender eso. No naciste sabiendo. Eso es parte de tu trabajo en esta vida.*

La experiencia de Alejandra fue intensa y dramática. Ella misma se horrorizaba ante su pasado y con desesperación me pedía que le dijera que todo eso era mentira. Pero era imposible mentir; lo estaba vivenciando y no podía hacer nada por evitarlo. Cuando se encontraba en la lucha por no nacer era sorprendente ver cómo pasaba del llanto y los gritos a las carcajadas. En los momentos en que sus fuerzas se lo permitían retrasaba el parto y realmente se divertía. Pero a cada pujo de su madre se iba acercando a la salida y allí gritaba y lloraba desesperadamente.

Esta fue una pulseada y una pelea mucho mayor que la que tuvo Penélope con su madre. Durante la regresión, Alejandra empleó toda su fuerza para evitar el nacimiento y finalmente quedó agotada tanto allí como aquí. Vean qué tremendo que es esto de nacer empleando sus mismas palabras. Lo que puede la determinación del feto para no nacer.

Aquí comprendimos el porqué de los sentimientos de culpa de Alejandra desde que era niña. Si uno viera a un niño en estas condiciones cabría preguntarse: ¿de qué puede ser culpable un niño para sentirse así? Ahora sabemos que es la impronta del pasado que se hace sentir con toda su fuerza desde el alma. Fíjense que Alejandra estaba dentro del vientre materno y se acordaba de que había matado a Pedro y eso se le hacía insostenible. Esto es muy importante, porque en la etapa fetal, el alma todavía conserva la memoria del pasado y, aunque luego del nacimiento sobrevendrá el manto del olvido, en algún lugar de la conciencia queda la impronta de que algo no está bien. En Alejandra, ese recuerdo quedó focalizado en la culpa y en el rechazo del poder y, aunque no conociera el origen de esa culpa, ésta era lo suficientemente fuerte como para no repetir errores.

Alejandra venía programada para reparar el daño que había hecho en su vida como fraile y la culpa le sirvió para cumplir con ese propósito, pero como consecuencia de esa misma culpa terminó dando más de lo que debía para hacerse querer y que no descubrieran su crimen. Al final Alejandra se dio cuenta de que todo era mucho más sencillo. Sólo tenía que aprender a dar espontáneamente.

Volveremos sobre la vida fetal un poco más adelante. Ahora nos concentraremos más específicamente en la vivencia del nacimiento.

Capítulo V

La experiencia del nacimiento

El nacimiento puede llegar a ser la experiencia más estresante y difícil de nuestra vida. Claro que normalmente no tenemos recuerdo de ese momento. Tanto es así que ni siquiera lo contamos como experiencia porque no tenemos registro consciente de ella. A lo sumo nos enteramos por boca de nuestros padres de algún detalle de ese instante pero no podemos sentirlo como algo vivido realmente. Hasta casi parece un cuento que alguna vez hayamos nacido. Sin embargo, esa experiencia existió y todos atravesamos por ella, sólo que en el momento de nacer o poco tiempo después se cierra la memoria del pasado, incluyendo vidas anteriores, vida intrauterina y el nacimiento en sí mismo. Es la ley del olvido en acción para que podamos comenzar de cero una nueva oportunidad. No obstante, debo decir que he conocido personas que recuerdan alguna imagen de su nacimiento o un episodio de su vida fetal aunque eso es algo excepcional.

Ahora bien, así como el pasaje por la matriz deja sus improntas emocionales en el feto, de la misma manera el nacimiento deja una marca grabada a fuego en el alma, en lo que de allí en adelante se llamará subconsciente debido al velo del olvido. Pero todo está allí y no precisamente como un recuerdo más olvidado en el desván, sino que cada impresión, cada emoción, permanece activa reaccionando con vehemencia ante cualquier situación que evoque alguna similitud con ese momento. Cierren los ojos e imagínense por un instante como si estuvieran dentro del vientre de su madre. Vienen de existencias anteriores donde les pasó de todo, traen la mochila del alma cargada hasta el tope, arriba les dieron un programa para estudiar y cumplir, ya en el vientre de su madre se dan cuenta de que esta vida no va a resultar nada fácil, ahora una fuerza inaudita los empuja a meterse en ese túnel oscuro y estrecho y los impele a salir y encima allí afuera hay ruidos extraños y gente desconocida que habla, grita, se pone frenética y hasta amenaza con utilizar medios más violentos para sacarlos porque ustedes se están tomando su tiempo y están pensando que tal vez sea mejor no nacer o quizás prefieran quedarse adentro un poco más. ¿Se imaginan ese momento?

El acto de nacer puede convertirse en la instancia más terrible de nuestra vida. Es la pauta básica de sobrevivencia, yo diría la exigencia máxima en la lucha por sobrevivir y, a lo largo de nuestra vida, repetiremos esa pauta de sobrevivencia no sólo frente a cada situación límite que tengamos que enfrentar sino también en nuestro accionar cotidiano.

A continuación veremos algunos ejemplos de nacimientos complicados. Les recuerdo que también hay nacimientos apacibles y gozosos pero ésos son los menos. Por eso estamos aquí, en este momento, para tomar conciencia de esta realidad y procurar que todos los nacimientos sean un canto de bienvenida para el recién llegado.

"¿Qué es esto? ¿Dónde estoy?"

Alicia sabía que había nacido con circular de cordón y que había estado en incubadora un par de días. Su motivo de consulta era muy puntual: "Necesito encontrarme a mí misma y saber dónde estoy. Estoy perdida y no me encuentro". En su primera y única regresión Alicia se encontró directamente dentro del vientre materno en posición fetal.

Viernes 12 de marzo de 1993

Alicia: Está todo negro. Es un lugar de paredes negras y yo estoy llorando, en cuclillas, con la cabeza entre las manos, en posición fetal. Estoy dentro del útero y quiero salir.
Terapeuta: ¿Qué tiempo tenés cuando estás allí?

A: Cuatro o cinco meses. Estoy golpeando, pataleando.
T: *¿Qué está pasando que estás pataleando?*
A: Mi mamá no me quiere. Ellos se pelean. Quiero salir y no puedo. Entonces me encierro y se pone todo negro.
T: *Avanzá un poco más. ¿Qué está pasando?*
A: Me veo más grande. Estoy golpeando, gritando y pataleando. ¡Ay! ¡Ayudáme! Mamá mira la panza. Me ve gritar y no hace nada. Me mira enojada.
T: *¿Y qué te dice cuando te mira enojada?*
A: Me dice que me calle, que no grite.
T: *¿Y qué hacés cuando te dice todo eso?*
A: Me vuelvo a encerrar. Veo todo negro. Se están peleando y me encierro más. Ahora no quiero salir.
T: *Muy bien. Avanzá un poco más y andá al último mes de tu vida fetal. ¿Qué estás experimentando?*
A: Es como si estuviera nadando. Estoy en agua. Doy vueltas y me enrosco.
T: *¿A qué se debe que das vueltas y te enroscás?*
A: Es una manifestación de rebeldía. ¡Me quiero ahogar! ¡No puede ser! –llorando–. No me quieren y yo me sigo enroscando, dando vueltas. ¡No me quiero! ¡No quiero nacer!
T: *Eso es. Dejá salir todo eso. ¿Qué más estás experimentando?*
A: Me estoy rasguñando la cara. Siento mucha bronca y no quiero nacer.
T: *Muy bien. Cuento hasta tres e irás al momento de tu nacimiento. Uno... dos... tres.*
A: Me están empujando. Me achican el lugar. Yo me agarro del cordón. No quiero salir.
T: *¿Cómo hacés para no salir?*
A: Uso las piernas contra las paredes de la salida. Tengo el cordón en mis manos. Me empujan. Yo hago fuerza y no quiero salir. Pero me achican cada vez más el lugar.
T: *Seguí avanzando y experimentá tu nacimiento paso a paso.*
A: Me sacan primero las piernas y yo me sigo agarrando. Es como si estuviera colgada de una soga y cada vez se aprieta más. No quiero salir. No me suelto y estoy gritando.
T: *Seguí.*
A: Me sacan todo el cuerpo menos la cabeza y yo no me suelto.
T: *Seguí.*
A: Ya me sacaron. Se cortó la soga. Se cortó todo. Estoy boca

arriba, moviéndome toda. Tengo el cordón en el cuello y estoy gritando y mi mamá está diciendo: "¡Calláte!"

T: *Y fijáte, ¿cuál es tu primera impresión al salir al exterior?*
A: No abro los ojos. Estoy moviéndome para ver dónde estoy y la única manera de ver es abrir los ojos y yo no los abro.
T: *¿Y a qué se debe que no abrís los ojos?*
A: No quiero ver dónde estoy. (*Las primeras dos frases que Alicia pronunció en su primera entrevista fueron: "No logro ver la solución" y "No sé dónde estoy parada".*)
T: *Muy bien, seguí adelante, ¿qué más?*
A: Me están sacando la soga del cuello, pero yo cerré la boca. No quiero respirar.
T: *¿Cómo lo hacés?*
A: Aprieto fuerte la boca, pero me sacuden más fuerte. Me ponen boca abajo y me pegan. Tengo ganas de gritar, pero no grito. Cierro la boca para no gritar y no grito y me siguen pegando. Me zamarrean de nuevo y me llevan corriendo a un lugar.
T: *¿Y tu mamá dónde está?*
A: Mi mamá está llorando. Está sentada y quiere levantarse y la tiran hacia atrás.
T: *¿Y vos dónde estás?*
A: No sé dónde estoy. Estoy sola. Tengo ganas de gritar, pero no grito. Quiero llamar a mi mamá, pero no la llamo. ¡Me meten algo por la nariz! ¡No me gusta! ¡No conozco a nadie! ¡Llamo a mi mamá y mi mamá no viene! –*llorando*.
T: *Seguí adelante.*
A: ¡Me pincharon el brazo! Me duele y ella no viene. ¡Me encerraron!
T: *¿Dónde te encerraron?*
A: Es algo que arriba tiene como un cristal –*sigue llorando*–. Ahí viene mi papá. Pone la mano sobre el vidrio. ¡Está llorando! ¡Papá! ¡Sacáme de acá! –*llorando y gritando*.
T: *Eso es, dejá salir todo eso. ¿Qué más?*
A: Lo sacan a mi papá. Me están poniendo cosas encima.
T: *¿Qué cosas?*
A: Aparatos. ¡Me hacen saltar! ¡Me están shockeando! –*sacudiéndose fuertemente*–. ¿Qué es esto? ¡¿Dónde estoy?!
T: *Eso es, seguí un poco más.*
A: Me siguen shockeando. No quiero responder al impulso. Me quedo tranquila y dejo que hagan lo que quieran. Mi papá me está hablando. Pone la mano arriba del cristal.

T: *¿Qué te dice tu papá?*
A: "¡Despertáte! ¡Despertáte!", y lo sacan de nuevo y me levanto para gritar. ¡Papá!!! Y empiezo a llorar porque se lo llevan.
T: *Seguí un poco más.*
A: Estoy sentada, gritando "¡papá!" y me agarran, me tiran para atrás, me acuestan. Me están acariciando con guantes. Dejo de gritar y me calmo. Pero me callo, no es que me calmo. Lloro en silencio. Estoy triste. Me encierro y vuelvo a la posición fetal.
T: *Muy bien. Y fijáte, ¿cuál fue el momento más difícil de esta experiencia?*
A: Cuando mi papá y mi mamá no estaban ahí.
T: *Y fijáte, ¿cuáles son tus reacciones físicas en esos momentos?*
A: Me pongo en posición fetal sin hacer nada.
T: *¿Y cuáles son tus reacciones emocionales en esos momentos cuando tu mamá y tu papá no estaban ahí?*
A: Me quiero encerrar de nuevo.
T: *¿Y cuáles son tus reacciones mentales en esos momentos?*
A: Que me ayuden.
T: *Y esto de quedarte en posición fetal, sin hacer nada y encerrarte de nuevo, ¿cómo te está afectando en tu vida cotidiana?*
A: Me encierro en mí misma, me retraigo. No veo la salida. Veo todo negro.
T: *Muy bien. Quiero que veas que ya no estás más allí, todo eso ya pasó. ¿Cómo te gustaría verte a vos misma de ahora en adelante?*
A: Feliz, abriendo los ojos a la realidad. Sabiendo con exactitud dónde me encuentro.

Vean ustedes todo lo que puede pasar en el momento del nacimiento y de qué manera el feto puede llegar a complicar las cosas en su rebeldía y en su empeñinamiento por no nacer. Alicia sujeta el cordón con sus manos y se enrosca en él a propósito. Esta es una maniobra muy común, que me han descripto muchas personas en regresión. Hay ocasiones en que esto los divierte sabiendo que van a complicar las cosas. Es como si fuera un pequeño desquite por sentirse obligados a nacer cuando no querían venir a esta vida o no querían tener estos padres. En este caso la negativa de Alicia es tan tenaz, que una vez afuera se niega a abrir los ojos (lo que justamente constituía su motivo de consulta: "Estoy perdida. No sé dónde estoy parada"). Todo lo que hace Alicia en su rebeldía es algo así como un manual básico sobre cómo resistirse a vivir. Enroscarse en el cordón, hacer fuerza con las piernas, cerrar los ojos, negarse a respirar y dejar que los otros hagan lo que quieran, entre otras cosas. He encontrado estos mismos recursos en decenas de personas que se negaron a nacer, como si todas ellas hubieran estudiado del mismo manual, y puedo asegurarles que estas reacciones del momento del nacimiento se reproducen en las circunstancias claves de la vida, como a la hora de tomar decisiones vitales, de emprender proyectos o cambiar de trabajo.

Vean, además, el drama que se desencadena por la desesperación de los médicos para que Alicia reaccione y su posterior internación en una incubadora. Esto es muy importante porque, si ya hay problemas en la comunicación entre la madre y el feto, y luego el parto se complica y el recién nacido debe ser reanimado y colocado en incubadora para que sobreviva, no hay lugar para que se establezca el vínculo madre-hijo que ya viene deteriorado. No es lo mismo que la madre vea a su bebé saliendo de ella misma y que tome contacto con él antes de que se corte el cordón umbilical, que verlo un par de días después. Casi es como si fuese un extraño. Se perdió la magia del primer momento, del primer encuentro. Eso es algo irrecuperable que incidirá en la comunicación y en el vínculo madre-hijo para toda la vida. Alicia nunca tuvo una gran comunicación con su mamá. No era una relación conflictiva, simplemente era distante. Observen también que Alicia sólo reacciona cuando su papá coloca su mano sobre la tapa de la incubadora. Este es otro hito fundamental que demuestra la importancia de la presencia del padre en el momento del nacimiento y, principalmente, el contacto de ambos progenitores con el recién nacido cuando surgen complicaciones de esta naturaleza.

Para Alicia la experiencia fue un shock. No salía de su asombro. Sin embargo, antes de irse me dijo: "Me llevo la impresión de que tengo que abrir los ojos. Ahora ya empiezo a saber dónde estoy parada". Años después me confesaría que ese día salió despavorida del consultorio. Su madre se quedó muy asombrada con los comentarios que le hizo Alicia sobre su nacimiento ya que nunca se lo había contado a nadie. Confirmó que había nacido ahorcada por el cordón umbilical y que al nacer no la entregaron a su madre, sino que se la llevaron sin que ella supiera adónde. Por su parte su padre le dijo: "Tu nacimiento fue la situación más difícil que viviste en tu vida".

Nacimiento con pentotal

Montserrat arrastraba desde los siete años un dolor en la espalda, como un cansancio permanente, con deseos de estar siempre tirada en una cama. De niña, cuando volvía del jardín de infantes, llegaba a su casa y se acostaba. Ya adulta, estando en la oficina, pensaba en llegar a su casa para tirarse en la cama. "Quiero estar muerta para descansar", decía Montserrat. "Lo único que quiero es descansar. Dormir me calma." Había nacido en España y todo lo que sabía de su nacimiento era que a su mamá la durmieron con pentotal. Obviamente, su mamá no pudo contarle ningún detalle sobre su nacimiento.

Jueves 12 de diciembre de 1996

Montserrat revive primero una muerte en una playa a la que llegó después de un naufragio. Luego de vivenciar esta muerte va al vientre de su madre en esta vida.

Montserrat: Yo sé que me voy a morir acá. No puedo mover las piernas. No quiero pensar más. Quiero descansar y no pensar en nada. Quiero dormir. No quiero pensar en nada. Quiero dormirme –*llorando*–. ¡Ah! Hay una luz blanca. Ya me puedo mover. Ahora estoy bien.
Terapeuta: *¿Dónde estás?*
M: Estoy acá arriba. ¡Ah! ¡Qué paz! ¡Qué luz! ¡Qué lindo! No me quiero ir de acá.
T: *Muy bien. Avanzá un poco más.*
M: Me tengo que ir... ¡Ay! Sé que me tengo que ir a otro lado, pero no quiero. Yo quiero quedarme acá. No quiero ir a ningún lado, quiero descansar acá... acá no siento el cuerpo. Acá no me duele nada. ¡Ah! No quiero... ¡Otra vez a la panza no quiero ir! Quiero descansar, nada más. ¡Otra vez empezar, no! Estoy cansada.
T: *¿Qué está pasando?*
M: ¡Me tengo que ir! ¡Ay! Todavía no quiero pensar en esto. ¡Ay, no!
T: *Seguí.*
M: Mi mamá me canta. Está triste. ¡Ay! ¡Yo te quiero, mamá! –*llorando*–. Ella me canta. Mi mamá me quiere. Me acaricia. Mi papá no está, la deja sola a mi mamá. Está con los amigos. Mi mamá tiene ganas de charlar con una amiga, pero todas están lejos. Acá no son iguales. Mamá no sabe para qué se vino tan lejos.

T: *Y esto, ¿cómo te afecta a vos?*
M: Estamos lejos de mi abuelo. Mi mamá lo quiere mucho... Estamos acostadas en la cama, descansando.
T: *Muy bien, cuento hasta tres y avanzá al próximo hecho significativo en la panza de tu mamá. Uno... dos... tres.*
M: Hay un ataque al corazón. A mi mamá no la siento. ¡Ay! ¡Me quedé sola acá dentro! ¡Ay! ¡Mamá! –*llorando*–. ¡No quiero salir! ¡Me quiero morir acá! ¡Ay! ¡Me dejó sola! Ya no me habla. ¡Ay! ¡Tengo miedo! ¡Mamá! ¡Mamá! ¿Qué le pasa a mi mamá?
T: *¿Qué le pasa a tu mamá?*
M: ¡Está dormida! ¡Tengo miedo de que se haya muerto y me haya dejado! ¡Está dormida!
T: *¿Qué está pasando que está dormida?*
M: No sé, oigo voces... Voy a tener que salir –*llorando*–. Hay una luz...¡Ah! ¡Uh! Está enojado pero yo no quiero salir ahora.
T: *¿Quién está enojado?*
M: Es un médico. No entiendo nada. ¡Ay! ¡La luz otra vez! Mi mamá no me ayuda. ¡Quiero descansar! ¡Ay! ¡Mamá! ¡Ayudáme, mamá! ¡Está dormida! Me podría haber ayudado. No la siento a mi mamá, está dormida. ¡Ay, la cabeza! ¡Ay!
T: *¿Qué está pasando?*
M: ¡Ay! ¡Me tira de la cabeza! ¡Qué bestia! ¡Ay! ¡Me tira! ¡No quiero! ¡Quiero descansar! ¡Ay! ¡Me tiene muy fuerte de la cabeza! ¡Ay, me tira! ¡Ay! ¡Mamá, ayudáme! ¡No puedo sola! ¡No puedo sola! ¡Ay! ¿Por qué está dormida? –*llorando*.
T: *Eso es, seguí.*
M: ¡Ay! ¿Por qué está dormida? ¡Ayudáme! Veo a mi papá. No sé, está ahí. Estoy en la cunita. Estoy cansada. ¡Ay, qué cansancio! Me duele acá, el hombro derecho. ¡Ay! ¿Qué tengo acá en la espalda? ¡Ay, un hueso! ¡Me molesta! ¡Ah! Mi mamá sigue durmiendo. ¡Ah! Ahí vienen mi papá y mi abuela. Mi abuela quería que yo fuese un varón para que no sufriera, porque ella sufrió mucho. ¡Ay! ¡Qué frío!
T: *Muy bien. Ahora fijáte, ¿cuál fue el momento más traumático de tu nacimiento?*
M: Quiero que mi mamá se despierte y vuelva a hablar.
T: *¿Y cuáles son tus reacciones físicas en ese momento?*
M: Tengo frío. Quiero dormirme... que ella se despierte.
T: *¿Y cuáles son tus reacciones emocionales en esos momentos?*
M: No quiero pensar en nada, quiero dormirme.

T: *Y esto de que quiero dormirme y no quiero pensar en nada, ¿cómo está afectando tu vida como Montserrat?*
M: Es una manera de sentirme bien, de estar protegida.
T: *Y todo esto, ¿qué te impide hacer?*
M: Me impide hacer todas las cosas que quiero hacer. Quiero ser más activa, quiero hacer deportes. Quiero estar despierta.
T: *Muy bien, avanzá entonces al momento en que te encontrás con tu mamá.*
M: ¡Ah! –*llorando*–. ¡La extrañaba! Yo siento que ella me quiere. Quiero dormir acá, a upa. Tenéme siempre así, mamá. No me sueltes. No te duermas.

El problema básico que nos plantea la experiencia de Montserrat son las consecuencias del empleo de anestesia general en el nacimiento ya sea que se trate de un parto o de una cesárea, hecho que afortunadamente hoy es excepcional. El efecto inmediato es la desconexión. Hasta el momento en el que se desencadena el trabajo de parto madre y feto vienen unidos mentalmente y, de pronto, el feto se encuentra solo con toda su carga emocional y a merced de los desconocidos que esperan afuera. Vean qué fuerte fue esta sensación para Montserrat que creyó que su mamá había tenido un ataque al corazón cosa que no fue así. Este es el punto, la desconexión. La madre no sabe qué pasa con su hijo, no lo ve nacer, no lo siente salir de su vientre y entonces ya no es lo mismo. Otra vez se pierde el momento mágico, el instante de mirarse a los ojos y de reconocerse. Este es un segundo fundamental porque allí, al mirarse a los ojos, se restablece la conexión que se había generado dentro del útero. Por eso es tan importante que el recién nacido permanezca junto a su madre desde el instante de nacer, porque el primer momento y las horas que le siguen son fundamentales para la calidad del futuro vínculo. Esa conexión que se establece con la mirada se continúa durante el amamantamiento, cuando madre e hijo siguen en contacto mental y energético mirándose mutuamente a los ojos.* El contacto visual es fundamental en la comunica-

---

* "[...] los hijos de los hombres, cuando maman, fijan su tranquila mirada más allá del pecho materno, como si tuvieran dos existencias distintas al mismo tiempo y al recibir ese sustento vital se alimentaran de algún recuerdo ultraterreno."

Melville, *Moby Dick*.

ción. Cualquiera puede comprobarlo. No es lo mismo hablarle a una persona mirándola a los ojos que mirando hacia otro lado. Para el recién nacido ese primer contacto visual y de piel con su madre es determinante para sentirse seguro y establecer una comunicación íntima con ella de allí en adelante. El uso de la anestesia general impide que se establezca esa conexión y sus efectos se harán sentir para siempre. Helen Wambach dice que ya de por sí estar vivo en un cuerpo físico es estar solo y desconectado. Agréguenle al momento del nacimiento una madre dormida por efecto de la anestesia y el sentimiento de soledad será devastador.

Luego de esta única regresión pasaron dos años hasta que volví a ver a Montserrat. El cansancio, la necesidad de dormir y el dolor de espalda mejoraron al principio, pero luego volvieron a instalarse igual que antes. Sin embargo, ocurrió algo importante. Se reafirmó el vínculo de amor con su mamá. Montserrat rescató para sí misma la sensación de amor y protección que experimentó cuando su mamá la tomó en brazos por primera vez. En cuanto al cansancio y la necesidad de dormir el origen quedó develado en la segunda regresión que Montserrat hizo conmigo. Aunque pueda parecer descabellado estas sensaciones se debían a que un familiar ya fallecido de Montserrat se había instalado en su aura o campo energético provocándole estas sensaciones. Les prometo que en el próximo libro me dedicaré a tratar este tema.

Nacimiento con fórceps

El nacimiento de Alicia S. no fue nada fácil. Con cuatro kilos y medio fue necesario utilizar fórceps y en la maniobra le quebraron una clavícula, aunque ella nunca supo de qué lado era. Sabía que había sido vendada inmediatamente luego de nacer y que el vendaje original tuvo que ser cambiado porque se había puesto morada. En su primera regresión, antes de pasar por el nacimiento, experimentó dos muertes en las que también había sido vendada.

Jueves 18 de febrero de 1999

Terapeuta: *Cuento hasta tres y vaya al momento de su nacimiento en su vida como Alicia. Uno... dos... tres. ¿Qué está experimentando?*
Alicia S: Es como si tuviera que salir y no quiero. Estaba bien ahí

y no quiero. Es un lugar muy chiquito para pasar. Siento que mi cuerpo se atasca. Siento mucha presión. ¡Oh! ¡Pobre mi mamá! ¡Fue feísimo! Le empujaron la panza para que yo saliera. Se rompe este hueso, ¿ves? –*señalándome la clavícula derecha*.

T: *¿Cómo es que se rompe el hueso?*
A: Me aprietan con la pinza y el hueso se quebró. Fue muy doloroso. Estoy toda sucia. Están preocupados porque me quebraron el hueso. No tengo nada de pelo. Me ponen algo en la espalda. Es algo frío, feo, sobre la espalda y me atan desde acá, ¿ves? –*tocándose la boca del estómago*–. De acá para arriba. Pero el hueso está mal ubicado. Es como si se hubiese corrido cuando me ataron. Me duele, ¿ves? El brazo está oscuro. Es éste –*señala el brazo derecho*– y me duele. Mi mamá está preocupada porque yo lloro y lloro.

T: *¿Qué está pasando?*
A: Siento opresión en todas partes... Me falta el aire. Me han vendado muy fuerte y el hueso me está pinchando porque está mal puesto... ¿Habré estado por morirme ahí?

T: *¿Qué le hace pensar eso?*
A: ¡Me veo desde arriba! Una cuna de hierro... ¡Ah! Esa sensación de entrar en el cuerpo como un ¡zac! Ahora estoy bien, me aflojaron la venda.

T: *¿Y cuál fue el momento más difícil de su nacimiento?*
A: No quería salir.

T: *¿Y cuáles son sus reacciones físicas en ese momento?*
A: Miedo de pasar.

T: *¿Y cuáles son sus reacciones emocionales?*
A: Es como si no quisiera nacer. ¿Por qué no querría nacer?

T: *¿Y si supiera?*
A: No quería sufrir, ¿sería eso? No quería pasar por la experiencia. Hay algo ahí. Es como que me empujaron a venir y yo no quería.

T: *Muy bien, cuento hasta tres, retroceda al principio y vea a qué se debe que no quiere nacer. Uno... dos... tres.*
A: No sé por qué. No quiero bajar. Es como que estoy cómoda. Tengo que hacerlo y no quiero. Es como que me toca. ¿Qué vine a hacer? ¿Qué me mandaron a hacer que no quise venir? No sé qué me mandaron a hacer. No quiero bajar, estoy cómoda. No quiero nacer tampoco... Es como si tuviera que pasar por una lección.

T: *¿Qué lección?*

A: Tengo que descorrer... destapar lo que ya sé y no me entienden. Por eso no quiero salir. Creo que mi tarea es mostrar que se puede vivir de otra forma, en otro cuerpo. Que el cuerpo físico es solamente un vehículo. Yo lo sé, pero no me entienden.
T: *¿Quiénes no la entienden?*
A: Mis padres no me entienden. Pero ellos me muestran lo correcto. Lo que no necesita de nada. Para ser correcto no necesitás nada.
T: *Muy bien. Ahora vea, ¿de qué manera estas sensaciones del nacimiento están afectando su vida como Alicia? ¿Todo esto qué le hace hacer?*
A: No quiero vivir la experiencia por miedo.
T: *Y esto, ¿qué le impide hacer?*
A: No puedo manifestar lo que sé.

Más tarde, Alicia agregó que también la empujaron para entrar en el vientre: "Te obliga a hacer la experiencia".

¡Cuántas peripecias para nacer! Alicia no quería venir; la obligaron a hacer su experiencia y encima, al salir, le quebraron la clavícula. Parece que en el primer vendaje que le hicieron Alicia tuvo un atisbo de una muerte anterior, en la cual la vendaron y la enterraron viva. Es probable que el vendaje de la clavícula le comprimiera el tórax dificultándole la expansión pulmonar. Su madre le contó que se había puesto morada y, en la experiencia, Alicia sintió que le faltaba el aire y pensó que podría haber muerto allí, porque se vio fuera del cuerpo igual que cuando la enterraron viva. En seguida nos referiremos a estas reminiscencias.

El uso de fórceps y de otros instrumentos extraños como las ventosas, traen consigo no sólo el riesgo de accidentes obstétricos, sino también la posibilidad de que ante su presencia el alma recuerde antiguas escenas traumáticas, como podría ser, por ejemplo, una sala de torturas. Es claro que el profesional actuante no tiene nada que ver con esto, pero es bueno saberlo para comprender lo que está pasando por la mente del bebé en el instante de nacer.

Durante la regresión Alicia me decía en varias ocasiones: "¿ves?", como si yo pudiera ver lo que ella estaba vivenciando. Un detalle más que nos indica que en ciertos casos el paciente está efectivamente en otro tiempo y en otro lugar.

Nacimientos que recuerdan muertes anteriores

Ya sabemos que en el momento del nacimiento se renuevan las impresiones de vidas pasadas, pero además, los sufrimientos del recién nacido reactivan aquellas sensaciones de una o varias agonías precedentes. Si el parto es difícil o traumático, el bebé en tren de nacer puede recordar una muerte traumática anterior, y una vez más surge el peligro de morir. Un nacimiento puede reactivar por analogía la memoria de una agonía dolorosa y de la muerte subsecuente, reactualizando en la vida que se inicia todas las sensaciones y emociones de esa experiencia bajo la forma de síntomas, que pueden ir desde molestias menores hasta provocar una fobia o una enfermedad psicosomática. Prácticamente no hay nacimiento donde no se reactive alguna impresión de vida pasada. Ahora veremos en particular tres experiencias en las cuales, en el momento del nacimiento, hay uno o varios detalles que desencadenan la memoria de una muerte anterior.

Un cordón asesino

Cuando Marina tenía unos diez años de edad su hermano mayor intentó abusar sexualmente de ella. Aparentemente este incidente fue el que determinó su relación afectiva posterior con el hombre. Soltera a los cincuenta y cuatro años nunca le interesó el matrimonio y nunca encontró a la persona adecuada para ella para formar una pareja. Por otro lado, siempre tuvo terror a quedar embarazada y a tener un hijo. Nunca tuvo claro si era indiferente al sexo o si fue este temor lo que la detuvo para formar una pareja afectiva. Entre otros síntomas, tenía ahogos y una sensación extraña como si algo le tirara de la garganta. Marina comenzó la siguiente regresión con una escena de su infancia, en donde su hermano mayor la persigue para pegarle, y de allí pasó a una vivencia de vida pasada.

Lunes 31 de octubre de 1988

Marina: Hay un puente de hierro, viejo. Hay gente del otro lado, me están esperando. No me van a dejar pasar. Son unos encapuchados, como si tuvieran capotes. Debajo del puente hay unos pilones. Me escondo allí. Estoy debajo del puente. Parece que estoy mojada. ¡Ay, ay, ay! ¡Están encima de mí!

Terapeuta: *¿Qué está pasando?*
M: ¡Ay! ¡Mi hermano me atacó! Me tapó con una colcha y me quería asfixiar.
T: *¿Dónde la atacó? ¿En ésta vida o en otra vida?*
M: En esta vida, cuando tenía once años. Me quería asfixiar con algo en el cuello.
T: *¿Y cómo se relaciona la escena del puente con su hermano?*
M: Los encapuchados. Alguien me aprieta el cuello, me violan.
T: *¿Puede verles las caras?*
M: No, tienen capuchas, pero mi hermano tiene que haber sido un fraile. Uno de ellos es gordo, tiene un cordón anudado a la cintura y se parece a mi hermano.
T: *Muy bien. Ahora cuento hasta tres y retrocederá al principio de esta experiencia. Uno... dos... tres.*
M: Yo estoy saliendo de un convento, escapando de ese gordo. Corro por la calle, llego al puente y veo que no puedo pasar. Ese gordo me persigue, quiere violarme, ¡quiere violarme!
T: *Siga adelante.*
M: Está lloviendo. Hay un empedrado donde golpea la lluvia. Es como si fuera corriendo por ahí y voy a pasar un puente. Allí están los encapuchados y parece que estuviera la cara de mi hermano, los ojos. Parece que me han golpeado la cabeza. Es como si hubiera una zanja. Creo que me arrastraron hasta ahí. ¡Ay, no sé! Estoy mareada, está todo oscuro. Parece que hubiera un cuerpo en la zanja... Creo que me violaron...
T: *Muy bien. Contaré nuevamente hasta tres y retrocederá una vez más un poco antes de llegar al puente. Uno... dos... tres.*
M: Hay un paredón muy alto, una puerta muy alta. Para poder cruzar hay que pasar por un puente de madera. Yo venía por una calle empedrada. Parece que hubiera adoquines y que no hubiera vereda. Hay un grupo esperando. Yo iba caminando y al cruzar el puente salieron de esa puerta grande. Tienen vestimentas oscuras, son encapuchados.
T: *¿Qué siente cuando ve a esos encapuchados?*
M: Tengo miedo pero tengo que avanzar. Tengo que caminar y cruzar el puente y es por sorpresa que se echan encima.
T: *Siga adelante.*
M: Yo voy descalza y estoy mojada y, de pronto, es como si me hubieran dado un mazazo en la cabeza. Se me echaron encima. Es como si se hubieran levantado las faldas. Tienen unos

cordones atados con nudos. Algunos han corrido, van hacia la puerta. Es como si me hubieran arrastrado hasta el agua. Se oye el agua y está barroso. Es como si me hubieran arrastrado con el cordón o con la soga.

T: *Siga adelante, no importa lo que sea.*

M: Varias personas han corrido, pero uno de ellos se queda y me arrastra con un cinturón que está lleno de nudos. Me arrastra hacia la zanja. Me parece que abusaron de mí. Los otros han huido, se han escapado, pero hay uno o dos que me arrastran hacia la zanja. Todo es muy confuso, hay mucho barro. Veo una cara blanca con ojos oscuros, un poco pelado. Tiene manos regordetas, brazos cortos y es la persona que me arrastra a la zanja.

T: *¿Conoce a esta persona?*

M: Parece que es mi hermano. ¡Ay! Me dan ganas de vomitar, me arrastró con la soga.

T: *¿Dónde le puso la soga?*

M: En el cuello. Creo que está asustado por lo que ha hecho. Le tiemblan las manos como cuando mi hermano me quería llevar a la cama. Creo que me apretó el cuello y yo me agarré de sus ropas, por eso se le cayó el cinturón. Tenía un crucifijo y yo se lo arranqué. Los otros corren hacia esa puerta grande. Lo están esperando porque es el último que se quedó. ¡Aghj! ¡Me ahoga! ¡Me ahoga! Estoy debajo del agua, como si estuviera ahogada. Yo veo mi cuerpo ahí tirado en el piso. Parece que estoy en las nubes.

T: *Muy bien. Ahora vaya al momento de su nacimiento y vea qué relación hay con esa vida pasada. Uno... dos... tres. ¿Qué está pasando?*

M: Mi madre sufre. Siente muchos problemas, no tiene protección. No es una cosa linda el parto. Es como una grasa, mucha sangre. Creo que tengo una sensación fea en el cuello. Mi madre tiene mucha vergüenza porque hay muchas personas.

T: *Eso es, siga adelante.*

M: Parece como si de golpe algo me empujara a salir y es como que uno cae en un vacío, en un ambiente diferente. Como que a uno lo recibiera algo frío, caliente. Es una sensación muy rara. Es como si a uno lo revolcara una ola y tuviera que tragar agua, respirar, moverse, salir, defenderse. Son muchas cosas a la vez.

T: *¿Qué relación hay con todo esto que vivió en el nacimiento con esa vida anterior?*

M: En esa vida anterior yo iba muy confiada por un camino y, de repente, todo se terminó, se cortó de cuajo. En el nacimiento, es como haber vivido en un ambiente donde para poder ubicarme tuve que pasar por un momento especial. Es como si fuera una energía que pasa de un estado a otro y que se ubica en un ambiente donde hay un proceso de conexión con un ser o vehículo, que lo va a ir alimentando de una manera especial y, después de haberse acomodado en ese lugar, sale y se encuentra de repente con la atmósfera de afuera contra la que choca.

T: *Muy bien. Retroceda al principio de su nacimiento y permítase hacer esta experiencia más profundamente.*

M: ¡Ay! No me gusta tener que imaginar eso. Me da impresión.

T: *Deje salir todo eso.*

M: No me gusta ver sangre. Es todo muy sucio, me da asco. Todo está sucio de sangre y me da impresión ver.

T: *Siga, continúe adelante.*

M: Mi mamá está asustada. Yo no quiero salir. Hay gente. Son médicos, están de blanco. Siento algo en la garganta, siento que me ahogo. Me parece que estoy saliendo. Siento una cosa rara en el cuello.

T: *¿Qué pasa con el cuello?*

M: ¡Ay, no sé! ¡Estoy torcida! ¡Ay! Es como una gelatina fea, sucia, ¡qué feo! ¡Ay! Mi madre está muy cansada. Le han atado las piernas y los brazos también. ¡Ay! ¡Ay! ¡Ay! ¡Me tiran de la cabeza! Hay algo en el cuello.

T: *¿Qué cosa hay en el cuello?*

M: Es una cosa blanca. Es algo blando como si me envolviera. Esto se parece al cordón que había en el suelo. Es parecido a este otro cordón. Me da asco.

T: *Siga adelante.*

M: Es como si ese cordón fuera gelatina, sangre. Parece que fuera ese cordón también. Es un cordón gris, todo sucio. Me da asco. Me cuesta respirar, estoy torcida, ¡ay! Alguien me tira de la cabeza. ¡Ay! ¡Me ahogo! ¡Me ahogo! Voy a salir, voy a salir por una cavidad. ¡Ay! Me parece que estoy llorando. (*El cordón y el ahogo, exactamente igual que la muerte a manos del fraile.*)

T: *¿Y qué pasó con la cosa en el cuello?*

M: Me la sacaron, me parece que me lo han cortado. Soy muy pequeña. Me lavan y ahora me han atado con una faja. Me llevan

por unos pasillos. Estoy sola, en una cuna. Parece que hay otros chicos porque oigo llorar.
T: *Y ahora vea, ¿de qué manera esta experiencia de su nacimiento está afectando su vida actual?*
M: Todo viene de un mismo proceso, todo viene de un proceso sexual.
T: *Y esto, ¿cómo la está afectando?*
M: Puede ser que al unirse un hombre y una mujer tengan que tener hijos. Es como haber dejado todo eso para un futuro, cuando ya no pudiera haber hijos.

Como habrán podido apreciar, en Marina las reminiscencias del pasado comienzan desde el primer momento de la regresión. Observen cómo, por la similitud en las sensaciones, salta espontáneamente de una escena en una vida pasada a una situación con su hermano en la pubertad. Esto ocurre permanentemente cuando se trabaja con la regresión. Ahora, esto que sucede en la regresión, también ocurre a nivel subconsciente, aunque no nos demos cuenta de ello. Frente a una situación del presente, sin saberlo podemos estar reviviendo una experiencia de otra vida. En el caso de Marina, los episodios que reactivaron la memoria del pasado van más allá del nacimiento y de la primera infancia, como acaban de comprobarlo. El intento de violación por parte de su hermano no fue el trauma determinante de sus dificultades sexuales posteriores, sino el factor que reforzó lo que ya se había reactivado en el nacimiento. El hecho de que si el fraile era o no era su hermano de esta vida es irrelevante. Para el subconsciente es lo mismo. Una misma actitud, una figura parecida y una situación similar son suficientes para reactivar el pasado.

Lo más importante aquí es ver cómo, en el momento del nacimiento, están presentes las mismas sensaciones y los mismos detalles de la muerte bajo el puente. Obviamente, el elemento principal es el cordón umbilical, que es lo que desencadena las impresiones pasadas y que Marina asocia inmediatamente con el cordón con nudos de los frailes. Pero además, vean esto: en el puente, había gente esperándola; aquí, la esperaban los médicos; allá, estaban encapuchados; aquí, estaban de blanco y probablemente con sus gorros; allá, estaba barroso y había agua; aquí, también había agua y estaba todo sucio de sangre y gelatina. Y finalmente el ahogo, presente en una y otra experiencia. Exactamente igual en la muerte que en el nacimiento. Por eso tengan siempre presente que, en el momento de nacer, el bebé puede estar reviviendo la agonía de una muerte anterior y, ahora, una vez más se enfrenta al peligro de morir. Para él esto significa el riesgo de morir y reaccionará a su manera para sobrevivir o aprovechará la circunstancia que se le presenta para morir. De hecho, en otra regresión, Marina confesó que ella misma se enroscó en el cordón para no salir. Sea como sea, el resultado es el mismo: una pauta de sobrevivencia que se pondrá de manifiesto en cada acto del futuro adulto frente a la vida. Marina puso el énfasis en el proceso sexual. La muerte, el nacimiento y los hijos vienen de lo mismo. Ella decidió dejar la relación de pareja para más adelante, hasta llegar al momento en que ya no pudiera tener hijos.

Vean, además, de qué manera precisa describe Marina el trance terrible de nacer. Hay que tragar agua, respirar, moverse, salir, defenderse y encima, el choque con la atmósfera del mundo exterior. Imagínense ahora, con su edad actual, teniendo que enfrentarse a la misma situación. ¿Qué harían? ¿Cómo lo harían? ¿Podrían hacerlo? Tal vez iniciarían una nueva pauta de sobrevivencia o quién sabe, quizás dejarían de sobrevivir para comenzar a vivir. De esto se trata al revivir el nacimiento, ya sea con la regresión o con *rebirthing*.* Desprenderse de las sensaciones y de las reacciones emocionales grabadas en el subconsciente y comenzar a vivir.

"¡De vuelta los azulejos!"

Roberto tenía cuarenta años cuando me consultó por su miedo a las inyecciones y objetos cortantes. Había nacido por cesárea con anestesia general pesando cuatro kilos. Al nacer estaba cianótico y fue necesario colocarlo en carpa de oxígeno. Antes de pasar por la experiencia del nacimiento revivió primero una vida lejana, donde fue torturado por sus creencias y le amputaron los miembros con un objeto cortante de metal. Luego atraviesa nuevamente por la tortura, esta vez en un campo de concentración. A

---

* *Rebirthing:* Método sencillo de respiración consciente y conectada que une la exhalación con la inhalación y que permite desbloquear nuestro poder natural de sanación física y mental. Se utilizan también afirmaciones para cambiar pensamientos y creencias limitantes. [*N. del A.*]

continuación veremos brevemente la secuencia de ambas muertes y su nacimiento en esta vida.

Miércoles 25 de septiembre de 1991

Roberto: Siento como si estuviera fajado, atado a una madera. Siento un cosquilleo en la mano derecha. Hay una soga al cuello. Tengo la sensación de que hay alguien burlándose.
Terapeuta: *¿Quién está burlándose?*
R: Un monje capuchino. Tiene algo sanguinolento en sus manos. Es mi pierna izquierda... la cortó. Son mis creencias las que me traen problemas.
T: *Cuento hasta tres y retrocedé al principio de esta experiencia. Uno... dos... tres.*
R: Es un pueblito, estoy en el mercado. De pronto, me agarran por detrás. La gente me mira y no hace nada. Me agarran de los brazos y me llevan a una casa. Hay un personaje allí. Tiene autoridad sobre los que me agarraron. Me llevan a otro cuarto donde está el otro personaje. Parece una especie de capuchino. Está vestido de marrón y tiene una capucha.
T: *Seguí adelante, no importa lo que sea.*
R: Hay una tabla, me atan ahí y me abren los brazos en cruz. El tipo se acerca con un objeto de metal caliente y... ¡me abre!!! ¡Me corta los brazos! ¡Me tiran de la cabeza! ¡Me cortan la pierna izquierda debajo de la rodilla! (*Retorciéndose en el suelo y hablando con gran dificultad.*)
T: *Seguí hasta terminar con todo eso.*
R: Es como que la tabla se inclinara hacia atrás y ahora intentaran ahogarme. ¡Qué bestias!
T: *Seguí un poco más.*
R: Se confunde todo. El cuerpo está muerto. Estoy en un cajón y es como si me incorporara. Me siento mejor, pero hay enojo y furia.
T: *Eso es. ¿Qué estás sintiendo en ese momento?*
R: Dolor, furia, impotencia. Me han traicionado.
T: *Muy bien. Ahora, contaré hasta tres e irás a la siguiente experiencia relacionada con estas sensaciones. Uno... dos... tres.*
R: Me siento incómodo, como si estuviera en un laboratorio. Están experimentando. ¡Otra vez! Es un laboratorio antiguo, hay azulejos en las paredes. Me están inyectando en el brazo. ¡Basta! ¡No aguanto más! El que me hace esto se ríe. Es un hombre

vestido de blanco, pero no es médico. Hay una enfermera impávida, fría.

R: Después me llevan unos guardias. Esto es un campo de concentración, pero yo no soy judío. Quise ayudar a la gente, por eso estoy ahí.

T: *Avanzá un poco más, ¿qué está pasando?*

R: ¿Puede ser una cámara de gas? Creo que es eso. Hay como bombillas colgando del techo, mucha gente, todos aplastados. Cierran la puerta. ¡Ahgj! ¡No puedo respirar! ¡Basta! ¡Basta! Me siento agotado. Veo los cuerpos apilados. Los revolean como si fueran basura. Ahora me voy elevando sin entender por qué tanta maldad.

T: *Y fijáte, ¿qué es lo más terrible de esta experiencia?*

R: La injusticia.

T: *¿Y qué cosa estás arrastrando de esa experiencia?*

R: El terror al médico. No sacrificarme por otros.

T: *Muy bien. Ahora contaré hasta tres y andá al momento de tu nacimiento en tu vida como Roberto. Uno... dos... tres.*

R: ¡Aghj! ¡El corte! ¡La luz! ¡Me arrancan! ¡El gas! ¡No quiero vivir! ¡Quiero volver! ¡De vuelta vestidos de blanco! ¡De vuelta los azulejos! ¡Basta! ¡Basta!

T: *Retrocedé al principio de tu nacimiento. ¿Qué está pasando?*

R: Estoy comprimido, no paso, no hay lugar.

T: *¿Qué sentís en ese momento?*

R: Angustia. Estoy indefenso, no la quiero a mi mamá, la rechazo. Es por culpa de ella que yo estoy sufriendo así.

T: *Seguí avanzando, ¿qué está pasando?*

R: Se rompe el techo del lugar donde estoy.

T: *¿Qué sentís en ese momento?*

R: Ruptura, miedo. No sé lo que sigue.

T: *¿Y qué es lo que sigue?*

R: Manos que me agarran y me sacan. Sangre por todos lados. Esto es un asco. No quiero estar en este planeta. No quiero vivir. Me quiero ir de vuelta a la estrella.

T: *Y entonces, ¿qué pasa?*

R: Entonces no respiro. Si no respiro, no nazco. Pero me revolean, me meten algo en la cara, un caño, una máscara. Me alejan de mi madre y tengo frío. ¡Me pinchan el brazo! ¡Basta! ¡Soy chiquito! ¡Así no se trata a un nene!

T: *Y todo esto, ¿cómo se relaciona con tu problema actual?*

R: Es todo el maltrato. No quiero nacer. Me arrepentí, volví muy pronto.

T: *¿Cómo es eso?*

R: Quise volver pronto. Quise encontrar a alguien, quise terminar algo. Me arrepentí tarde. Creo que arriba me aconsejaron no volver tan temprano, pero yo quise encontrarme con mi actual mujer. Por eso quise volver. Es todo muy complejo. Quiero dejar acá.

Tres detalles fueron suficientes para recordarle a Roberto de dónde venía. El gas de la anestesia, los azulejos y el uniforme blanco de los médicos.

En una situación como ésta la primera impresión para el recién nacido es como si fuese una pesadilla. ¿Cómo puede ser? ¡Otra vez en el mismo lugar! Es imposible de creer. Es como volver a pasar por el mismo terror y Roberto reacciona en consecuencia. Se niega a respirar pero, en lugar de morir, eso no hace más que empeorar las cosas, porque ahora sigue la tortura de las maniobras de reanimación. Y otra vez los pinchazos en los brazos reactivando los recuerdos de la sala de torturas y del laboratorio de experimentación y la burla de sus torturadores, en uno y otro caso. Ahora son los médicos quienes, ignorando el drama que se ha desencadenado, reencarnan la imagen de la tortura y de la burla. En un par de segundos ya está instalada la fobia a las agujas, a los objetos cortantes y, por supuesto, a los médicos también. No se olviden que además, debido a su condición crítica al nacer, Roberto fue colocado en carpa de oxígeno, lo que generó a su vez mayor estrés, aislamiento y falta de contacto físico con su madre. Los abrazos fueron muy escasos en su infancia.

Un detalle que adquiere significación después de la regresión: cuando Roberto era chico tenía una profesora de idioma, que iba a su casa, que había logrado salvarse de los campos de concentración. Con ella Roberto aprendió a hablar el inglés y el alemán. ¿Coincidencia? ¿Destino? ¿Se habrán conocido en la vida anterior de Roberto?

"¡No quiero que me toquen los pies!"

Sonia (32) regresa a una vida pasada en la que ella era gitana y curaba con las manos. Por causa de esto, unos hombres la persiguen con perros hasta que la alcanzan. Uno de ellos la sujeta de los pies, la viola y la mata. En su vida actual, Sonia nació de pie, en presentación podálica, con la pierna derecha flexionada. Al revivir su nacimiento, los médicos la toman de los pies y Sonia siente que la van a matar.

Lunes 25 de enero de 1999

Sonia: Estoy corriendo mucho y ya estoy cansada. No puedo correr más. Siento como si tuviese mil años encima. Me están rodeando... viene un hombre de frente... Me doy vuelta y otro me agarra del tobillo y me caigo... y me toca los pies. No me gusta que me toquen los pies. Me sube la pollera y... ¡abusa de mí! Siento mucho asco y siento mucha lástima por ellos porque son muy pobres... Tengo un cuchillo clavado en el estómago.
Terapeuta: *Retrocedé un instante antes de que te clave el cuchillo.*
S: Forcejeamos y me lo clava acá –señalando el estómago–. Siento angustia y ganas de decirle todo lo que siento. No me tengo que callar porque yo sé que los voy a encontrar. Le digo que lo voy a encontrar. "Te voy a encontrar otra vez y no va a ser lo mismo. Esta vez voy a estar con más ventaja y me voy a preparar". Pero siento el cuchillo ahí.
T: *Eso es, seguí adelante.*
S: El tiene una camisa blanca con unas mangas muy grandes; trato de aferrarme de las mangas para llegar a su oído y decirle que no lo odio, que me da mucha lástima porque tiene un alma muy pequeña, muy bebé, está comiendo papilla... Y me voy yendo. Yo ya había elegido este final. Yo ya sabía que me iba a pasar esto.
T: *¿Y para qué necesitabas que te pasara esto?*
S: No sé si yo lo elegí. Tenía que ayudar a la gente y arriesgarme. Pero la próxima vez no me voy a poner en evidencia. No lo voy a volver a hacer.
T: *Y esto ¿cómo está influyendo en tu vida como Sonia?*
S: Creo que me partí en dos. No llego a saber quién soy. Me confundió demasiado. Me oculto y no digo a nadie lo que puedo llegar a hacer. Me cuesta hablar con la gente. Me cuesta entregarme a la gente.
T: *Fijáte cómo dejás ese cuerpo.*
S: Es como si me escapara por un agujero de la cabeza y me vuelvo

a ver otra vez como cuando me vi en el sanatorio. Me veo otra vez arriba.*

T: Cuento hasta tres e irás a la siguiente experiencia que tu alma necesita trabajar. Uno... dos... tres. ¿Qué está pasando?

S: Estoy como en un tubo y estoy triste porque yo no quiero volver. Alguien vino y sin pronunciar palabras me dijo que tengo que volver. Me está obligando. Tengo que volver porque es como si no hubiese servido lo que hice. Porque me estanqué. Esa vida no me sirvió. No pude crecer.

T: ¿Qué tenías que aprender en esa vida? ¿Qué te falta aprender?

S: Tengo que aprender a ser solidaria con la gente, a ayudarla. Como si tuviese que hablar de Dios, del poder... Me niego a volver y a hablar de eso porque la humanidad no está preparada para que uno se arriesgue por ella. No vale la pena. Eso es lo que pasa. Te dicen loca o te queman o te matan... o te violan. Son bárbaros y no quiero pasar por eso.

T: Y entonces, ¿qué ocurre?

S: No, no, no quiero volver. Insisten y yo sé que tengo que ir, que no me puedo negar. No me entienden, no me escuchan. Son como cinco, como si me acompañaran y me escoltaran hacia el umbral de una puerta... y me la cierran. ¡Me echaron! ¡Ay, Dios! ¿Y ahora qué hago?

T: Eso es, seguí.

S: Siento mucha tristeza. No me quieren tener. Mi mamá está grande y no me quiere tener. Yo sabía que no tenía que volver. ¡Me van a volver a matar! ¡Ahora me va a matar una mujer!

T: ¿Cómo te va a matar?

S: Me quiere sacar de dentro de ella.

T: ¿Quién es esa mujer que te quiere sacar?

S: Es mi mamá. Llora mucho y me pone mal. Está triste y no puedo hacerla feliz. No tengo lugar para moverme acá. No tengo lugar para estar ahí –llorando–. No sé cómo entré. Se escuchan muchas voces ahí dentro.

T: ¿Qué está pasando?

S: Hay discusiones. Una mujer le dice: "¿Por qué no te cuidaste?". Y mi mamá dice: "Ya estoy grande". Creo que ya debo de tener unos cuatro meses ahí dentro. Ya estoy vieja para volver a nacer.

* Sonia tuvo una experiencia fuera del cuerpo durante la cesárea de su segundo hijo. [N. del A.]

Ya no quiero nacer otra vez. No quiero empezar otra vez. ¿Cuántas veces más? No voy a salir.
T: *¿Cómo es eso de que no vas a salir?*
S: No voy a salir. Me voy a quedar ahí dentro.
T: *¿Y qué hacés para quedarte ahí dentro?*
S: Voy a complicar todo el parto. No voy a salir. No me voy a dar vuelta, no me voy a mover. No quiero que entren en mi mundo y así voy a estar esperando. Me duele el estómago. Se escuchan voces de afuera. Es como si yo estuviese dentro de una burbuja debajo del agua y... ¡Ja, ja! Me quieren enderezar y no me encuentran un pie.
T: *¿Quién te quiere enderezar?*
S: Una mano... y no me vas a sacar. No me puede sacar... y... ahora me estoy ahogando ahí dentro. ¿Qué pasó? Se está acabando todo el aire ahí dentro.
T: *¿Qué está pasando ahí dentro?*
S: Hay algo que se fue. Algún líquido se fue. Algo pasó que me quedé sin aire y... me están lastimando. Me agarran otra vez de los pies (*igual que en la muerte anterior*). ¡No quiero que me toquen los pies! ¡Y me tira de un pie y me lo agarra y yo no quiero porque cuando salga me va a matar! ¡Y me saca! ¡Y me tira! ¡Y me da vueltas! ¡Me está lastimando! ¡Me está lastimando el tobillo! ¡Y siento un dolor en el estómago y me estoy quedando sin aire! ¡Y ahora no me quiero morir!
T: *Seguí.*
S: Ahora veo una mujer. Está ahí en una camilla y está perdiendo mucha sangre. Es mi mamá. Yo estoy en una mesa y me muevo y yo quiero estar con ella y me envuelven como si fuera un matambre. Ella está ahí y parece que está mal. Me muestran a mi mamá, pero mi mamá está dormida. Me da lástima, ¡pobre! Se nota que está cansada. Hice mucho lío. Una mujer grandota me agarra y me pesa y me toca. Me toca los pies y me pone una cinta. Y estoy con el apellido de mi mamá. Me puso S... Está peleada con mi papá. No tengo el apellido de mi papá ahí. Ahora estoy bien. También estoy cansada. Trabajé mucho.
T: *Muy bien. Retrocedé al principio de tu nacimiento y te vas a permitir experimentar tu nacimiento más profundamente. Uno... dos... tres.*
S: No puedo entender lo que me están diciendo. Es como si me estuvieran dando instrucciones de cómo me tengo que poner.

T: ¿Quién da las instrucciones?
S: Alguien que está afuera, un hombre. Me dice: "Vamos, bebé, ponéte para aquel lado. Sé una buena nena". Y me tira del pie y... ahí siento que me falta una pierna y no me falta ninguna pierna. Simplemente que no quise nacer, nada más. Pero no puedo hablar. Estoy muy cansada. Hace mucho tiempo que estoy ahí haciendo todo esto. No puedo estar encerrada así en un lugar tanto tiempo.
T: Eso es, seguí.
S: Y... me dan vuelta y me quieren empujar y lo hacen mal y me lastima. Es un hombre el que me lastima. Los hombres siempre te lastiman. (*Otro mandato producto de la experiencia anterior.*) Es común, es un denominador común. Me sacan despacio, como si fuese una babosa. Pero todavía no puedo respirar bien. Estoy muy cansada y me meten unas gomas y me sacan no sé qué y me dan vuelta y... me envuelven y me dejan ahí arriba de una mesada. ¡Qué horrible que es nacer!
T: ¿Y cuál es el momento más terrible de tu nacimiento?
S: El más terrible es no querer salir.
T: ¿Y cuáles son tus reacciones físicas en ese momento?
S: ¡No quiero que me toquen los pies! ¡Me están jalando de los pies! ¡Y me van a matar! (*¡Ahí está otra vez!*)
T: ¿Y cuáles son tus reacciones emocionales en ese momento?
S: Estoy luchando y quiero estar con ella.
T: ¿Y cuáles son tus reacciones mentales en ese momento?
S: Estoy muy arisca.
T: Y todas estas sensaciones, ¿qué te hacen hacer en tu vida como Sonia?
S: No me permito entregarme definitivamente a nadie y tampoco puedo tener una buena relación sexual porque no me entrego. Es como si estuviese haciendo guardia.
T: Y ahora fijáte, ¿cómo se relaciona la experiencia de tu nacimiento con aquella experiencia cuando te violaron y te agarraron de los pies? ¿Qué cosa te hizo recordar?
S: Cuando me jalaron de los pies. ¡Era como que me iban a matar otra vez! ¡No quiero que me vuelvan a matar! Porque si no, otra vez no va a tener sentido esta vida. Y no quiero volver a este mundo. Hay otros mundos donde yo puedo estar mejor. No quiero pasar por esta escuela otra vez.
T: ¿Y qué cosa te trae otra vez a esta escuela? ¿Qué venís a aprender a esta escuela?

S: Tengo que volver para ayudar a la gente. Tengo que dar amor.
T: *Muy bien. Ahora quiero que tomes conciencia de que en el momento del nacimiento los médicos te jalaron de los pies porque vos misma complicaste el nacimiento. No fue culpa de ellos. Tuvieron que tirarte de los pies porque no te acomodaste y no te enderezaste y los médicos no tienen nada que ver con esos hombres de esa otra vida. Estos hombres te están ayudando a salir y a nacer. Ellos te ayudaron a salir. No hay ningún peligro ahí. Nadie te va a hacer nada. Nadie te va a matar. Ahora, vas a experimentar el momento en que cortan el cordón umbilical, para que cortes con ese momento y te separes definitivamente de tu mamá y de los problemas de tu mamá. Eso no tiene nada que ver con vos. Yo voy a colocar mi mano sobre tu abdomen y vas a experimentar ese momento. Cuando cuente hasta tres voy a cortar ese cordón para que nazcas a una nueva vida. Uno... dos... tres. Quiero que veas eso. Quiero que veas la separación de tu mamá. Estás naciendo a una nueva vida. Viniste a amar y a dar amor.*
S: Sí. Vine a dar amor.

Si bien aquí estamos hablando de las reminiscencias de muertes anteriores, no pierdan de vista todo el contenido de la regresión de Sonia porque es un muestrario de todo el drama que a veces significa volver a encarnar en un cuerpo.

En el momento de su muerte anterior Sonia toma la decisión que influirá directamente en su vida actual: ocultarse y no ponerse en evidencia. Eso era exactamente lo que estaba sucediendo en el presente. Luego aparecen los maestros empujándola a una nueva vida y, como si eso no bastara, la echan y cierran la puerta detrás de ella. Y no es que sean impiadosos; son soberanamente justos. Simplemente se hace lo que se tiene que hacer.

Ya en el vientre de su madre surge la primera reminiscencia. Todavía está fresco el recuerdo de la muerte anterior y, ante el rechazo inicial de su madre, lo primero que piensa Sonia es que la van a volver a matar, sólo que esta vez será una mujer. Tengan esto siempre presente. Para el feto el rechazo implica el peligro de muerte inminente. Así las cosas, Sonia decide no salir y lo dice tajantemente: "Voy a complicar el parto". Por favor, créanme que esto es así porque he escuchado esta frase muchísimas veces. En todo parto complicado hay que sospechar siempre la intencionalidad del feto para provocar dicha complicación. Esto es muy importante, porque la situación puede revertirse si uno se toma el tiempo de hablar con el feto sin temor a hacer el ridículo y logra hacer las paces con el bebé y la madre.

Todo lo que ocurre después es producto de la propia obstinación de Sonia. Sin darse cuenta, ella misma se pone en el trance que la llevará a repetir la experiencia de la muerte anterior. El médico no tiene más remedio que tomarla del pie y allí se desencadena todo el drama posterior. Instantáneamente Sonia piensa que en cuanto salga la van a volver a matar igual que antes y, además, ya está convencida de que los hombres siempre la van a lastimar, de modo que ya no se permitirá entregarse totalmente a nadie. Piensen ustedes que, en este mismo momento, esta misma escena se puede estar recreando en algún nacimiento, en cualquier lugar del mundo. ¿Cuántos años pasarán y quién sabe qué conflictos tendrá que soportar esa persona hasta llegar al momento de darse cuenta de que el origen de su problema está allí, en el preciso instante de su nacimiento?

Finalmente Sonia decidió que tenía que vivir. Esta vida era muy importante como para dejarla pasar sin sentido. Se jugaba el pasaporte a otros mundos mejores que éste. No se olviden que, en definitiva, estamos acá para hacer los deberes que no hicimos anteriormente.

Luego de la regresión Sonia recordó que cierta vez, jugando, su marido la sujetó de los pies. Reaccionó muy mal sin saber por qué y le gritó: "No me toques nunca más los pies". Sonia se quedó muy resentida con su marido por ese episodio. Vean cómo un juego íntimo puede provocar inesperadamente un conflicto en la pareja en forma totalmente extemporánea y sin que podamos darle una explicación racional. Ahora sabemos por qué.

Estos han sido sólo algunos ejemplos de nacimientos que recrean la vivencia de muertes anteriores. Recuerden que cualquier detalle por mínimo que sea o por intranscendente que parezca a nuestros ojos puede reactivar la memoria de una agonía anterior. ¿A quién se le ocurriría pensar que los azulejos de un quirófano podrían desencadenar una fobia? Para el profesional actuante en el momento del parto hay miles de cosas que son parte de las contingencias cotidianas de su profesión. Sin embargo, para el bebé a punto de nacer, cada uno de esos detalles puede tener una connotación dramática y espeluznante, como ustedes han podido comprobar a través de estas historias.

Capítulo VI
Un virus infiltrado

El motivo principal por el que me consultó Marisa (27) fue su dificultad para rendir exámenes. Llevaba siete años estudiando ingeniería y en los últimos dos años sólo había aprobado cuatro materias y aún le faltaban tres para graduarse. Marisa sentía que hiciese lo que hiciese siempre metía la pata. Se quejaba, además, de cefaleas recurrentes, temblores, ahogos y vómitos cuando se ponía nerviosa. Y algo muy importante; Marisa había nacido con una anomalía en sus manos, de origen hereditario, transmitida por la vía materna, y temía que esta anomalía se transmitiera a su vez a su futura descendencia.

Durante su gestación su mamá estaba muy nerviosa. Tenía terror de que el bebé naciera con defectos. No toleraba el tictac del reloj ni el olor de los perfumes, algo que también le sucedía a Marisa. El parto fue inducido y en el momento del nacimiento le produjeron una herida lineal en la cabeza. Como su mamá no tenía leche le dio de mamar una señora desconocida. El rechazo fue instantáneo. Marisa vomitó todo y a partir de allí, tanto en los viajes como cuando se ponía nerviosa siempre vomitaba.

Marisa efectuó en total ocho regresiones trabajando en cuatro de ellas con el nacimiento y la vida fetal. Sus experiencias son una síntesis de todo lo que hemos hablado hasta ahora. Aquí encontrarán la revivencia de la muerte anterior en el trance del nacimiento, una descripción interesante del momento de la concepción, los vaivenes de la vida fetal y la aparición sorpresiva de un cuarto personaje.

Lunes 18 de diciembre de 1989

Marisa: Siento olor. Es un perfume de mujer. Es muy fuerte y me da arcadas. ¡Ahgj!
Terapeuta: *¿Quién es esta mujer?*
M: Es una mujer gorda, con vestido a lunares, de pelo negro. Me tiene alzada y me está dando de mamar.
T: *¿Qué estás sintiendo mientras te da de mamar?*
M: Siento arcadas, el gusto de la leche es feo. Tengo ganas de rasguñarla, de morderle la teta para que me deje. Es una intrusa. ¡Ahgj! ¡Me ahogo!
T: *¿Qué está pasando?*
M: La leche... me atraganté. Estoy vomitando. Ya estoy mejor. Ya largué esa porquería.
T: *Y esto, ¿cómo te está afectando en tu vida de adulta?*
M: Que no me gusta la leche. No quiero que me recuerde nada que se relacione con ella.
T: *¿Y cuál es el momento más difícil de esta situación?*
M: Cuando tengo las arcadas.
T: *¿Qué estás sintiendo en ese momento?*
M: Me ahogo... me ponía colorada, no podía respirar. Pensaba que me iba a estallar la cabeza.
T: *Y esto, ¿cómo está influyendo en tu vida?*
M: Lo que influye es el ahogo. No puedo respirar. Cuando me pasa algo que no me gusta me falta el aire. Yo no tenía ganas de tomar la leche. Me tendría que haber quedado con mi mamá, pero ella está nerviosa. (*Vean cómo en pocos minutos de regresión y sin ir a una vida pasada ya están todos los síntomas que aquejan a Marisa.*)
T: *Muy bien, seguí adelante.*
M: Yo tenía que estar en otro lugar.
T: *¿En qué otro lugar?*
M: En la panza de mi mamá. Vinieron a interrumpirme el sueño.
T: *¿Cómo es esto?*
M: Faltaban dos días para que naciera. Se equivocaron los médicos.
T: *¿Y qué estás sintiendo en esos momentos?*
M: Siento que me apuran a hacer las cosas que no quiero y entonces las cosas salen mal.
T: *Muy bien. Ahora contaré hasta tres y retrocederás al primer*

trimestre de tu vida fetal. Uno... dos... tres. ¿Qué estás experimentando?
M: Siento latidos. Me muevo para todos lados. Mamá está contenta. Está pensando cómo seré.
T: *¿Y tu papá?*
M: A mi papá mucho no lo convence que esté embarazada. Mi mamá no sabe que él no quería tener un hijo tan pronto.
T: *Y vos, ¿qué pensás?*
M: Que otra vez se apuró. Tendría que haber estado más tiempo sola con mi papá.
T: *Avanzá al cuarto mes dentro de la panza de tu mamá. ¿Qué está pasando?*
M: Le empieza a molestar la panza a mi mamá. No puede dormir bien. A papá ya no le gusta tanto. No habla.
T: *Avanzá hacia el quinto mes.*
M: Yo los molesto. La panza es muy grande.
T: *¿Qué está pasando?*
M: Pasa cualquier cosa. Siento que estoy de más, que estoy en el medio.
T: *Avanzá hacia el sexto mes.*
M: Se va acercando la fecha y se ponen más nerviosos. Yo estoy bien. Me muevo un poco más, de un lado para otro. Me late más fuerte el corazón. Mis padres están preparando las cosas.
T: *Avanzá hacia el séptimo mes.*
M: Hay mucha agua. Estoy sumergida. Me ahogo un poco. No puedo decirle nada a nadie. Quiero sacar la cabeza afuera.
T: *¿Qué estás sintiendo en esos momentos?*
M: Siento que me falta el aire. Me siento impotente.
T: *Avanzá un poco más hasta llegar al noveno mes.*
M: Nadie se puede acercar a mi mamá. Es una pólvora.
T: *¿Qué le está pasando a tu mamá?*
M: Tiene miedo. Se está acercando la fecha. Tiene miedo de que le pase algo. Yo sé que no va a pasar nada.
T: *Y hasta aquí, ¿cuál fue el momento más difícil de tu vida intrauterina?*
M: Cuando me ahogaba.
T: *Y fijáte, en esos momentos, ¿cuáles son tus pensamientos?*
M: No le puedo hablar a nadie. Nadie me escucha. Si me muero, nadie se da cuenta.
T: *Muy bien. Avanzá al momento de tu nacimiento.*

M: Mi mamá está muy dura. Se contrae y entonces yo no puedo salir. Pero yo estoy cómoda, no tengo ganas de salir. Me quedo quietita para que no le duela nada, pero ese médico está encaprichado en que tengo que salir.
T: *Eso es, seguí adelante.*
M: Mi mamá está llorando, la llevan en una camilla. ¡Casi me matan!
T: *¿Qué está pasando?*
M: Me metieron una aguja y casi me rajan la cabeza. Una aguja así de grande –*gesticulando con las manos*–. Menos mal que me quedé quietita. Me salvé por un milímetro. Eso le pasa por apurado. Ese médico es una bestia, no sabe nada.
T: *Seguí adelante.*
M: Ahora me quieren sacar a la fuerza. ¡Ja! No me pueden agarrar.
T: *¿Cómo es que no te pueden agarrar?*
M: Me escondo. Me voy para arriba y los esquivo. Pero ahora meten unas palas y ya no tengo lugar en donde esconderme.
T: *Y entonces, ¿qué hacés?*
M: No tengo más remedio que entregarme. Le pongo la cabeza. ¡La bestia casi me saca el ojo!
T: *¿Qué pasó?*
M: Se le escapó la pala y con eso me rajó. ¡Ni con eso sabe!
T: *Seguí adelante.*
M: Ahí me están sacando, como con una ventosa. Me sacan, hay otro aire, más limpio. Se respira mejor.
T: *¿Cómo está tu mamá?*
M: Mi mamá está dormida. Me están limpiando. Estoy muy mojada. Ahora me llevan con mi mamá. Estoy más decente. Mamá se puso a llorar un poco, porque las manos no estaban bien.
T: *¿Y cuál fue el momento más difícil de todo esto?*
M: Cuando me querían agarrar.
T: *¿Y cuáles son los pensamientos que te vienen a la mente en esos momentos?*
M: Que los demás siempre quieren hacer la suya y yo no puedo decir nada y al final termino aceptando. Salí porque no tenía otro remedio.
T: *Y todo esto, ¿cómo se relaciona con tu vida actual?*
M: Todo lo que me fuerzan a hacer me pone nerviosa mientras lo hago. Me fuerzan para que me reciba. Todos me interrogan.
T: *Muy bien. Ya saliste del vientre de tu madre. Ahora podrías tomar una decisión para cambiar todo esto. ¿Cómo lo dirías?*

M: Voy a decir lo que yo quiero hacer y quiero tener valor para decirlo. Quiero ser libre.

Después de esta regresión, que fue la primera de su serie de ocho, Marisa aprobó una de las materias que le faltaban. Hablé con su mamá, quien recordó que le habían efectuado una episiotomía con la consecuente inyección para la anestesia y nunca se lo había comentado a Marisa. De modo que lo de la aguja era verdad. También era cierto que no la podían agarrar. La gorda era realmente gorda y tenía pelo negro, tal como la describió Marisa. Y también el padre aseguraba que faltaban dos días cuando el médico decidió inducir el parto. Marisa dijo que el médico utilizó unas palas para sacarla. ¿Serían fórceps? Según su mamá no fueron utilizados en el parto. Más adelante veremos cómo se aclara esta duda.

En las dos siguientes regresiones Marisa experimentó dos muertes por ahogo. En una, murió abandonada en un sótano y en la otra, se ahorcó con una soga. Luego de estas sesiones se tomó vacaciones y cuando volvió para su cuarta regresión había aprobado otra materia. En el ínterin se quedó encerrada en un ascensor y el ahogo que experimentó le duró todo un día. La cuarta regresión comienza con una vivencia de vida pasada, que veremos brevemente porque tiene relación con los ahogos y las "metidas de pata" de Marisa.

Jueves 12 de abril de 1990

Marisa: Estoy picando una pared. Soy hombre, de unos cuarenta años. Es una mina de carbón. De pronto se viene la pared abajo. Quedamos atrapados. ¡Nos estamos ahogando! ¡Nos vamos a morir asfixiados!
Terapeuta: ¿Qué estás experimentando cuando estás ahí?
M: Desesperación, locura, gritos. Estoy ahí sin saber qué hacer. Pienso que la culpa fue mía. Yo estaba picando y no sé qué cosa piqué y se cayó todo.
T: Retrocedé un poco y fijáte cómo ocurre eso.
M: Estoy pensando que a mí no me gusta hacer esto. Me distraigo y meto la pata. (*Igual que ahora.*) Es un segundo. Mi cuerpo sigue haciendo lo mismo y entonces fallé. Quedamos atrapados, nos vamos ahogando y nos morimos. Siempre me equivoco en algo. (*Otro mandato para su vida actual.*)
T: Muy bien. Experimentá esa muerte.

M: ¡Ahgj! ¡Me ahogo! ¡No puedo respirar! *–poniéndose tensa, morada y sin respirar–*. Mi cuerpo está muerto. Ya estoy afuera y me siento mejor. No tengo forma. Soy una luz.
T: Eso es. Muy bien. Ahora, contaré hasta tres e irás al comienzo de tu vida intrauterina como Marisa. Uno… dos… tres.
M: Estoy investigando el nuevo lugar. Me impresiona bien. Estoy cómoda. Mi mamá todavía no sabe que estoy aquí dentro. Me costó un poco meterme.
T: *¿Cómo es eso?*
M: Tenía que esperar el momento preciso y llegué un poco tarde. Hubo una descompensación cuando me tenían que hacer mis padres.
T: *Muy bien. Retrocedé a ese momento. ¿Qué está pasando?*
M: Mi mamá se atrasa, no llegan los dos al mismo tiempo y yo no sé en qué momento meterme. Mamá tenía que aflojarse.
T: *Explicáme cómo es esto.*
M: Los dos tienen que llegar al mismo tiempo. Mi mamá se reprimió justo cuando yo me tenía que meter y entonces ahí me rechazó y llegué un poco más tarde. Yo me tenía que meter igual, así que cuando se descuidó, me metí en el mismo momento, pero un poco después.
T: *Y esto, ¿qué cosa te produjo?*
M: Me hizo requerir más esfuerzo del que tenía que hacer. La energía que tenía destinada para desarrollarme bien tuve que utilizarla para meterme. Ahí no me pude defender de ese virus.
T: *¿Qué virus?*
M: Un infiltrado… humm… Por culpa de él me quedaron las manos así. Me agarró justo en el momento en que estaba débil e indefensa y se metió dentro de mí. Me quiero sacar ese virus.
T: *¿Cómo es ese virus?*
M: Es como una sustancia que sale de los genitales cuando se va a fecundar. Está mezclada con la sustancia de los genitales, pero es más oscura. Como si fuese una bolita más oscura. Hay que destruirlo, tendría que ser eliminado.
T: *¿Y cómo podría ser eliminado?*
M: A lo mejor el mismo cuerpo podría llegar a eliminarlo. Hay que obligarlo a que salga y sacarlo en ese mismo momento.

Apenas cinco días más tarde, Marisa volvió a experimentar la muerte en la mina de carbón. Esta vez, las sensaciones fueron más intensas y experimentó el ahogo todavía más profundamente. Su cuerpo adquirió una rigidez tal que se colocó en hiperextensión, en la posición que se denomina *opistótonos*. Nuevamente enrojeció y quedó en apnea –sin respirar– por prolongados segundos. Luego de desprenderse de ese cuerpo, le pedí que fuera nuevamente al momento de su concepción.

Martes 17 de abril de 1990

Terapeuta: *Ve al momento en que conoces a quienes serán tus padres. ¿Cómo te impresionan?*
Marisa: Es una familia normal. Es un buen hogar.
T: *¿Qué piensas de quien será tu madre?*
M: Es miedosa.
T: *¿Y tu padre?*
M: Es machista.
T: *Muy bien. Avanzá ahora al momento de tu concepción. ¿Cómo es tu concepción?*
M: Para mi mamá es como un sacrificio. Tiene temor. Para ella es una tortura tener relaciones. A mi papá lo veo bien, pero no se da cuenta de lo que está pasando. Tiene una actitud egoísta.
T: *Y esto, ¿cómo te está afectando en tu vida actual?*
M: Para hacer las cosas así, mejor no hacerlo.
T: *Muy bien, seguí avanzando y fijáte, ¿cómo entrás en el óvulo fecundado?*
M: Me metí, tuve que hacer un esfuerzo grande. Estoy cansada.
T: *¿Qué pasa con el virus?*
M: Es algo que se mete justo conmigo. Son como dos cosas que se van a unir y yo tengo que entrar en el medio y justo ahí se mete el virus, de color negro.
T: *Y si no hubieras gastado tus energías, ¿qué hubiera sucedido?*
M: El virus hubiera entrado igual, pero me podría haber defendido. Pero como perdí tiempo y estaba cansada... me descuidé. Si no, lo podría haber neutralizado.
T: *¿Qué aprendizaje podrías hacer de todo esto para el futuro?*
M: La pérdida de energía se produce porque uno está más atrasado que el otro. En ese tiempo que se pierde en recuperar la energía es cuando se mete el virus. Llegando los dos al mismo tiempo se evitaría la entrada del virus, porque entonces la unión es más rápida y por ahí el otro no llega a meterse. (*¡Qué explicación!*)

T: ¿Y cómo podría hacerse para que la unión fuese más rápida?
M: Es mejor que uno espere al otro.
T: Muy bien. Ahora contaré hasta tres y avanzarás a un hecho significativo en el primer trimestre de tu vida intrauterina. Uno... dos... tres.
M: Hay mucha agua. No me puedo quedar en un lugar. El agua me mueve para todos lados. Me gustaría quedarme quieta.
T: ¿Cómo están tus padres?
M: Mamá se siente inflamada, rara. Papá no se preocupa.
T: Avanzá un poco más, al segundo trimestre.
M: No puedo respirar bien. Me estoy ahogando. Hay mucha agua. Me escapé de donde respiraba.
T: ¿Qué pasó?
M: Un sacudón, un movimiento del cuerpo de mi mamá, como si fuese a vomitar. Me sacó de donde respiraba. Estoy luchando para volver adonde estaba antes. Ya estoy bien.
T: ¿En qué mes estás?
M: En el sexto.
T: Muy bien, avanzá al séptimo mes.
M: No pasa nada.
T: Avanzá al octavo entonces.
M: Mi mamá ya se está poniendo nerviosa. Grita por cualquier cosa.
T: Seguí hacia el noveno mes.
M: Mamá está bastante nerviosa. No ve la hora de que termine todo. Yo estoy tranquila.
T: Muy bien. Avanzá ahora una vez más al momento de tu nacimiento para terminar con todas estas sensaciones.
M: Me quieren hacer salir. Yo no tengo ganas. Todavía no quiero salir. Quiero esperar unos días más. Me quieren obligar a salir. Me quieren agarrar.
T: Eso es, seguí.
M: Yo me echo para atrás para que no me agarren. Me empujan y yo me echo para atrás, pero me vuelven a empujar.
T: Seguí adelante.
M: Es el mismo movimiento. Meto la cabeza para salir. Me empiezan a agarrar. Me agarran la cabeza.
T: ¿Cómo te agarran la cabeza?
M: Hacen presión con las manos, como si fueran dos palas. (*Ahora*

se aclara lo de las palas.) Ahí es cuando me lastiman. Al salir me lastiman. Me sacan muy rápido.

T: *¿Cómo está tu mamá?*

M: Mamá está llorando. Pienso que no le gusto.

T: *¿Y cuál fue el momento más difícil del nacimiento?*

M: Cuando me querían agarrar y obligarme a salir. Sentí que no me dejaban estar donde yo quería. Es como que siempre me rechazan.

T: *Y esto, ¿cómo te está afectando?*

M: Cualquier cosa hace que me sienta rechazada.

T: *¿Y cuál fue el momento más difícil de tu vida intrauterina?*

M: El ahogo. Pensé que otra vez iba a morir asfixiada. (*Ahí está la revivencia de la agonía en la mina de carbón.*)

T: *Y fijáte, después del nacimiento, ¿qué cosa desencadenó el ahogo?*

M: Cuando la gorda me da de mamar. Me ahogo con la leche. ¡Ahgj! –*su rostro adquiere un tinte morado y le vienen arcadas una vez más.*– Sentí otra vez el mismo ahogo.

T: *Muy bien. Ahora ya estás en condiciones de desprenderte de todo eso. Ya no estás más ahí. Todo eso ya pasó. Todo eso ya quedó atrás, muy lejos. Ahora vas a desprenderte de todo eso y lentamente vas a regresar aquí, a este día martes, diecisiete de abril de 1990.*

Cuando abrió los ojos Marisa dijo: "Mi mamá está siempre en el noveno mes".

La experiencia de Marisa tiene varios aspectos interesantes para destacar. Como siempre, están presentes los diversos mandatos y afirmaciones que ustedes mismos pueden identificar. Por otra parte hay episodios traumáticos y otros graciosos. Al igual que Mariela, a pesar de que su mamá tiene miedo, Marisa no tiene ninguna duda de que va a nacer. Por momentos se manifiesta con cierto tono condescendiente con sus padres, como si ella pudiera ver más allá del alcance de ellos. De hecho, conoce sus pensamientos más íntimos, lo que demuestra que al feto no se le escapa nada.

Aquí tenemos otro ejemplo de la revivencia de la muerte anterior con el episodio de la mina de carbón que se reactiva en la etapa fetal y se refuerza una vez más cuando la mujer gorda le da el pecho. Vean qué efecto tremendo puede tener un incidente que por lo demás sólo es una contingencia normal en todo recién nacido. ¡Qué lejos estamos de imaginar lo que está aconteciendo en ese momento en la psiquis del bebé! Sin embargo, para Marisa el ahogo significa el peligro inminente de muerte. Ella lo dice con todas las letras: "Pensé que otra vez iba a morir asfixiada". Ese "otra vez" es una expresión típica y repetida en todas las personas que en el trance del nacimiento recuerdan una muerte anterior.

Sin lugar a dudas, lo más interesante de esta experiencia es la explicación que nos da Marisa de cómo se acopla en el momento de la concepción y de qué manera el retraso de su madre la perjudicó, al requerirle un mayor esfuerzo en términos de energía vital. Allí es cuando aparece este convidado de piedra que Marisa describe como un virus que sería el causante de su problema genético. A mí nunca se me hubiera ocurrido una cosa semejante. Tampoco hay forma de comprobar que esto sea así, al menos por ahora. Sin embargo, lo que plantea Marisa es coherente ya que, si necesitó utilizar más energía de la prevista para acoplarse al ovocito (óvulo fecundado), es lógico pensar que en ese momento fuera más vulnerable al accionar de una energía intrusa, porque en definitiva el virus también es una energía. Según Marisa, es el tiempo que se pierde para recuperar la energía lo que facilita la entrada del virus. Marisa avanza todavía más porque nos da pautas para prevenir la entrada de este intruso. Los trabajos que se desarrollan actualmente con la ingeniería genética hacen que este planteo de Marisa no sea tan descabellado. Como terapeuta creo que la experiencia de Marisa fue tal como ella la vivió. Como científico tomaría su descripción del momento de la concepción y de la intrusión de este virus como una hipótesis a investigar en el laboratorio.

Les cuento que finalmente Marisa dio con el origen de su problema para rendir exámenes en una vida pasada, en donde un maestro le pegaba con un látigo porque no cumplía con sus tareas. "Me pega porque no hago lo que él quiere y yo lo hago rabiar no dándole el gusto en lo que él quiere", decía Marisa. Descubrió que en realidad no quería darle el gusto a los demás y que un examen era sinónimo de obligación. Marisa se recibió después de esta regresión, en julio de 1990.

Capítulo VII
Cesáreas

Una vez más imagínense dentro del vientre materno. Ya saben todo lo que implica llegar hasta aquí. Saben también que no queda otra alternativa que salir, de modo que han tomado coraje y se disponen a hacerlo, pero se encuentran con que el canal es estrecho, que su cabeza choca contra algo duro y que no pueden pasar. Es posible también que decidieran quedarse un tiempo más o quizás resolvieran resistirse y presentar batalla complicando el nacimiento. O tal vez algo grave está pasando con su madre y... de pronto, ¡zas! Un crujido, un corte, un rayo de luz intempestivo y una mano gigante que los atrapa y los arranca de su guarida elevándolos en el aire cual águila con su presa. En un instante pasaron bruscamente de la contención de las paredes del útero a quedar suspendidos en el vacío, sin ningún punto de referencia, impotentes e indefensos en las manos de un extraño. ¿Se imaginan la situación? ¿Cómo se sentirían? Tan sólo esta sensación de no tener ningún punto de referencia puede generar problemas de orientación, de no saber dónde ubicarse, de encontrarse perdido en espacios grandes o la necesidad permanente de contacto físico o de aferrarse a algo o a una persona.

Si ya de por sí es difícil nacer, la cesárea le agrega una cuota de dramatismo mayor y nuevas consecuencias para el recién nacido. No es lo mismo nacer por vía natural que por la vía quirúrgica. En el parto natural, al salir del útero, el bebé entra en contacto con la mucosa del canal vaginal. A medida que va recorriendo el canal del parto siente el masaje que le proveen las paredes vaginales y va estableciendo palmo a palmo su primer contacto físico con su mamá. Este pasaje es de una trascendencia impresionante, porque nunca más habrá ocasión de establecer un contacto de semejante intimidad. Lo que se pierde ahora se pierde para siempre. Si este pasaje se desarrolla en un estado de relajación y de alegría puede llegar a ser una experiencia orgásmica tanto para la madre como para el bebé. En el parto por vía vaginal, antes de llegar a las manos del obstetra, el recién nacido ya ha sentido y ha hecho contacto íntimo con su mamá y la transición del universo cerrado del útero a la atmósfera exterior no es tan violenta.

En la cesárea no hay transición. El paso de un estado a otro es intempestivo y las manos del obstetra serán las primeras en hacer contacto con el recién nacido. De cómo se conduzca el obstetra en ese momento y de la reacción del bebé ante esas manos dependerán algunas de sus actitudes. Si puede ver esas manos como una ayuda para salir de una situación difícil, le será fácil pedir y recibir ayuda del mundo que lo rodea. Si, por el contrario, ese contacto inicial es vivido como una agresión, el mundo exterior será considerado a priori como un peligro potencial. Por otro lado, el pasaje por el canal vaginal es de fundamental importancia para la maduración sexual del futuro adulto. El masaje producido por las paredes de la vagina sobre el cuerpo del bebé provoca reacciones sensuales en éste, quien pasa alternativamente del dolor al placer extremo. Estas sensaciones preanuncian el desarrollo de la sexualidad adulta. El individuo nacido por la vía quirúrgica no puede compensar jamás esa pérdida. Al mismo tiempo, otra vez podemos estar ante problemas futuros en la comunicación madre-hijo. Ni qué hablar si la cesárea fue realizada con anestesia general porque entonces allí la desconexión es total, como lo veremos en seguida. Yo diría que una cesárea más anestesia general es una combinación letal que anula completamente la posibilidad de establecer un vínculo íntimo entre la madre y el recién nacido. Recuerden que ese instante es irrecuperable. No importan los esfuerzos voluntariosos ni las elaboraciones terapéuticas que se hagan años después. Ese vacío estará siempre allí y sus consecuencias también. Afortunadamente hoy podemos liberarnos, al menos, de la presión emocional provocada por esa carencia, a través de la revivencia de la experiencia del nacimiento por medio de la regresión, el *rebirthing* o la hiperventilación.*

A continuación veremos tres ejemplos de cesáreas. Dos de ellas con anestesia general y la tercera con peridural.

Atrapada y sin espacio

Elena llevaba ocho meses de gestación cuando su mamá comenzó con contracciones. Tras dos días de trabajo de parto infructuoso su mamá estaba agotada y el obstetra decidió hacer una cesárea. Cuentan que apenas hizo la incisión en el útero, asomó la cabeza de Elena. La cesárea se efectuó con anestesia general y debido a una complicación quirúrgica su mamá fue internada en terapia intensiva. Por ese motivo no pudo amamantar a Elena, quien además se pasó dos semanas en la nursery. Elena volvió a su casa antes que su mamá y en el ínterin estuvo al cuidado de su abuela. Ahora sumen ustedes: cesárea, más anestesia general, más separación obligada, más la falta de contacto con el pecho materno. La consecuencia directa fue una relación complicada entre Elena y su mamá.

La regresión en la que Elena trabajó con su nacimiento comenzó espontáneamente en el vientre materno. Al activarse la memoria del pasado, ella salta a una experiencia de vida pasada para luego regresar a la vida intrauterina.

Miércoles 14 de junio de 1995

Elena: Hay una luz muy fuerte, como si fuera una lámpara redonda con muchas luces. Veo una cara, me está mirando desde arriba.
Terapeuta: Muy bien, adelante. ¿Qué estás experimentando?
E: Siento frío. Siento que me están agarrando de las piernas, con los pies hacia arriba y yo estoy desnuda, asustada, hace frío y me siento indefensa. Es como si me trataran como a una cosa.
T: Muy bien. Cuento hasta tres y retrocederás un poco antes de estar allí. Uno... dos... tres.

---

* Técnica respiratoria procedente del yoga que consiste en forzar la ventilación incrementando la eliminación del anhídrido carbónico. Esto provoca un estado modificado de conciencia que es utilizado con fines terapéuticos. [*N. del A.*]

E: Primero vi una luz que me transportaba y me ponía en esa panza. Pero estaba muy apretada. Mi mamá está muy tensa, asustada. Mamá es un susto de la panza para abajo. Es como si no me terminara de registrar.

T: *Eso es, seguí adelante. ¿Qué estás sintiendo?*

E: Temblor... me están persiguiendo.

T: *¿Dónde estás cuando te están persiguiendo?*

E: Adentro de una gruta, acurrucada, me están buscando.

T: *¿Quiénes te están buscando?*

E: Son unos hombres barbudos, tienen mirada feroz y llevan palos en las manos.

T: *Muy bien, seguí adelante.*

E: Estoy atrapada entre ellos y la pared. Me pegan con los palos. Siento un golpe muy fuerte en la nuca... Me morí.

T: *Y si supieras, ¿qué fue lo que te llevó a esa situación?*

E: Soy una mujer y maté a un hombre. Eso era inconcebible y se condenaba con la muerte.

T: *¿Y cuál fue el momento más difícil de esta experiencia?*

E: El miedo, sentirme encerrada.

T: *¿Y cuáles son tus reacciones físicas y emocionales en esos momentos?*

E: Me escondo, estoy asustada y no me puedo defender. Y siento culpa. Veo las cosas terribles que puedo llegar a hacer con mis impulsos.

T: *Y esto, ¿cómo te está afectando en tu vida como Elena?*

E: No me puedo permitir los impulsos, porque si no, puedo hacer cosas terribles.

T: *Muy bien, avanzá un poco más hasta dejar ese cuerpo.*

E: Ahora veo como una luz amarilla, como una ranura en la gruta, como una ranura luminosa arriba y me voy.

T: *Muy bien. Ahora contaré hasta tres y volverás al primer trimestre de tu vida fetal como Elena. Uno... dos... tres.*

E: Lo primero que veo es un punto luminoso. Veo mucho espacio. Me llega mucho la mirada de mi papá a través de la panza. Mamá está orgullosa, pero cuando papá me mira me traspasa y me siento protegida.

T: *Muy bien, avanzá un poco más hacia el segundo trimestre.*

E: Ahora el lugar es azul. Estoy tranquila, me estoy chupando el dedo.

T: *¿Cómo está tu mamá?*

E: Mamá está desatenta, está preocupada. Tiene la mirada puesta del cuello para arriba. Como si no pudiera ocuparse del cuerpo.
T: *¿Qué le está pasando a tu mamá?*
E: Es como si estuviera ocupada en su mamá, en su relación de chica con ella. Como si estuviera atormentada.
T: *Y esto, ¿cómo te está afectando?*
E: Me siento insegura en la panza, siento vacío. Me siento insegura y sola.
T: *Cuento hasta tres y avanzá un poco más, al tercer trimestre de tu vida intrauterina. Uno... dos... tres.*
E: Tengo la sensación de encierro. Estoy muy apretada.
T: *¿Cómo estás ahí?*
E: Me veo con la cabeza para arriba. A mi mamá la siento muy tensa. Los músculos de su panza están duros y la vagina está totalmente cerrada. Estoy apretada y no tengo espacio.
T: *¿Qué estás experimentando cuando estás apretada?*
E: Me siento atrapada *(igual que en la gruta)*, no me da posibilidad de salir. Alguien está gritando alrededor de la panza. Es Roxana, mi hermana. Está revoloteando y gritando.
T: *¿Y qué sentís cuando tu hermana está gritando alrededor de la panza de tu mamá?*
E: Es como si ella chupara toda la energía. Como si me quitara todo el espacio y todo el aire. Siento la sensación de estar apretada. Estoy atrapada, quisiera gritar y no puedo.
T: *Eso es, ¿qué más estás experimentando?*
E: Estoy desesperada, confundida. Lo que quiero es espacio. Quiero que mi mamá se relaje. Que afloje la panza.
T: *Y hasta aquí, ¿cuál fue el momento más difícil de tu experiencia en la panza de tu mamá?*
E: Todo fue una confusión. Como si yo hubiera necesitado una cosa y me hubieran dado otra.
T: *¿Y cuáles son tus reacciones físicas en esos momentos?*
E: Siento rabia en la boca del estómago y en la mandíbula.
T: *Sentí esa rabia y fijáte, ¿cuáles son tus reacciones emocionales en esos momentos?*
E: Me siento insegura.
T: *¿Y cuáles son tus reacciones mentales en esos momentos?*
E: No sé cómo decir lo que siento.
T: *Muy bien. Ahora contaré hasta tres y avanzarás al momento de tu nacimiento. Uno... dos... tres.*

E: La veo a mi mamá dormida y es horrible. Está blanca.
T: *¿Dónde estás?*
E: Estoy ahí, colgando de las patas y la veo a mi mamá lejos.
T: *¿Cómo es que estás colgando de las patas?*
E: Veo a un señor con guantes que me tiene de las piernas y yo tengo mucho frío, mucho miedo. Hay mucha luz y es muy feo. La veo a mi mamá tan lejos...
T: *¿Qué sentís, qué pensás cuando ves a tu mamá?*
E: Es como si no fuera mi mamá. Me dejaron sola. Me siento abandonada –*rompe a llorar.*
T: *Eso es, dejá salir todo eso. ¿Qué más?*
E: No sé qué hacer. No sé por qué se llegó a esa situación. Yo sólo buscaba un poco de espacio.
T: *Muy bien. Ahora contaré hasta tres y al llegar a tres retrocederás un instante antes de tu nacimiento y te permitirás hacer esta experiencia más profundamente. Uno... dos... tres.*
E: Siento mucho ruido. Mucho movimiento. Mi mamá está muy asustada. Siento que no está conmigo. Está con la mente ocupada con su mamá. Sólo se asusta y no me escucha y yo trato de que ella me escuche.
T: *¿Qué hacés para que ella te escuche?*
E: Me muevo, pateo. Le pateo el cuello del útero, pero está muy cerrado.
T: *Muy bien, seguí un poco más.*
E: Siento que todo es una confusión y que se complica cada vez más. ¡Quiero salir! ¡Necesito espacio! Mi mamá no se conecta conmigo. Todo es una confusión. Los médicos no la escuchan a mi mamá y mi mamá no me escucha a mí. Todo es un lío terrible.
T: *Muy bien, seguí adelante.*
E: Es como si mi mamá hubiese querido estar dormida cuando yo nací. Como si no pudiera hacerse cargo de eso.
T: *¿Qué le está pasando a tu mamá?*
E: Mamá está atrapada por alguien. Es como si le chuparan la atención desde atrás. Tengo una imagen...
T: *¿Sííí?*
E: Su mamá. Siento que la odio a mi abuela.
T: *Muy bien. Seguí avanzando un poco más y experimentá tu nacimiento.*
E: Mi mamá ya está dormida. Está fría. Siento mucho miedo.
T: *Seguí.*

E: Siento que abren la panza. Tengo miedo de que me corten. Estoy muy pegada a la piel de mi mamá.
T: *Eso es, seguí adelante.*
E: Veo esa luz blanca, fea. Veo una cara deformada con la luz atrás. Tiene la boca tapada.
T: *Eso es, seguí un poco más.*
E: Me agarran... los ojos son amables, pero yo tengo miedo igual. Me siento sola y asustada. Tengo mucho frío, está esa luz y no sé qué me va a pasar.
T: *Eso es, seguí un poco más.*
E: ¡Me agarran de las piernas! ¡Me tratan como a una cosa! Me llevan, pero yo no sé adónde. Me siento muy asustada y siento mucho frío. Todo es un lío. Yo no entiendo nada.
T: *Seguí un poco más.*
E: Me veo en una cuna. Una sala muy blanca. Alrededor hay otras cunas, vacías. Estoy en una punta de la sala.
T: *¿Y qué sentís cuando estás allí?*
E: Me siento abandonada. Como si estuviera más allá de las lágrimas.
T: *Y fijáte, ¿cuál fue el momento más traumático de tu nacimiento?*
E: Verla a mi mamá dormida y fría.
T: *¿Y cuáles son tus reacciones físicas en esos momentos?*
E: El grito se me queda atascado en la panza.
T: *¿Y cuáles son tus reacciones emocionales en esos momentos?*
E: Resignación. No me queda nada por hacer.
T: *¿Y cuáles son tus reacciones mentales en esos momentos?*
E: No podía hacer nada por defenderme.
T: *Y entonces, ¿qué hiciste?*
E: Decidí no pedir ayuda nunca más. Me encerré.
T: *Y esto, ¿qué te hace hacer en tu vida como Elena?*
E: Me hace ser soberbia. A veces me siento celosa y no lo puedo decir. Cuando me siento incomprendida todo se desmorona.

Otra vez la memoria del alma en acción. Por analogía entre el vientre materno y la gruta espontáneamente irrumpe la escena del pasado. Si esto ocurre durante la regresión, ¿no ocurrirá lo mismo durante la gestación? ¿No recordará el feto y revisará algunas de sus experiencias de vidas pasadas mientras se encuentra en el vientre materno? Les cuento que durante la gestación el alma no está totalmente encarnada. Por eso Mariela decía que podía entrar y salir de la panza de su mamá, lo que implica que el alma todavía goza de todas sus facultades, entre ellas la memoria del pasado, que sólo se cerrará en el momento del nacimiento. Es como si durante los nueve meses de vida intrauterina el feto estuviera en un estado expandido de conciencia permanente, a veces en regresión, revisando sus experiencias pasadas y siempre grabando todo lo que ocurre tanto dentro como fuera del vientre materno, como así también los pensamientos de quienes lo rodean.

Aquí Elena vuelve a encontrarse atrapada contra las paredes del útero como en la gruta. Su mamá está más preocupada con la relación con su propia madre y sus músculos tensionados aprietan cada vez más a Elena, que se queda sola y sin espacio. Todo lo que pide Elena es que su mamá se relaje y afloje la panza. Es probable que esta necesidad de espacio por parte de Elena haya desencadenado el trabajo de parto antes de tiempo. De hecho ella misma dice que le patea el cuello del útero. Así llegamos al momento del nacimiento, que parece un pandemónium. Nadie escucha a nadie y el caos es total. Por supuesto que ni los médicos ni la madre de Elena pueden imaginar lo que está pasando allí, dentro del útero. En el medio de la confusión y suspendida en el aire, Elena reconoce que los ojos del médico que la sujetan son amables, pero ella está muerta de miedo y la visión de su madre dormida es horrible. Lo que está ocurriendo es demasiado para alguien que viene de morir a garrotazos atrapada en una gruta. Una vez más está indefensa, sola y abandonada. No entiende nada; ella sólo quería un poco más de espacio y ¡vean lo que ocurrió! Paradójicamente ahora elegirá encerrarse para sobrevivir y eso traerá a su vez otras consecuencias en su vida de relación.

Elena comentaba que la relación con su mamá siempre fue complicada aunque no conflictiva. Según Elena, su madre fue una mujer muy dedicada a sus hijos. Lo que ocurría es que no había una intimidad profunda. Había un punto más allá del cual Elena no la dejaba llegar a su mamá, como si no pudiera confiar plenamente en ella. Ahora se explica el porqué de esta dificultad. Si ustedes repasan la experiencia, verán que la falta de intimidad comienza dentro de la matriz, cuando su mamá está preocupada revisando el vínculo y sus conflictos con su propia madre probablemente reactivados por el embarazo. Lo cierto es que su mamá tiene su energía y su atención puestas en sus propios problemas y Elena se siente sola y abandonada. Este punto es muy importante. Ya sea que se trate de problemas de pareja, económicos, familiares, cambio de domicilio, proyectos personales o los propios conflictos emocionales de la madre que no están resueltos y que requieren toda su atención, la consecuencia es siempre la misma. El feto experimenta la falta de atención y de energía de su madre como si ésta se alejara y lo dejara abandonado. Aquí esto se agrava porque luego vienen la cesárea, la anestesia y la separación física obligada, y cuando finalmente Elena se reúne con su madre, han pasado dos semanas. Ya es tarde. Es como si fueran dos extraños. Elena lo dice claramente, cuando suspendida en el aire por el médico observa a su mamá dormida: "Es como si no fuera mi mamá".

Todo lo contrario ocurrió en la relación con su papá, que siempre fue muy próxima. Su papá era "el lugar" donde Elena se refugiaba. Pero, claro, Elena ya se sentía protegida por él cuando estaba en el vientre de su mamá. Allí fue que sintió que la mirada de su papá la traspasaba. Una evidencia más que nos señala la importancia de la presencia del padre durante la gestación. No se trata de un rol pasivo. Por lo que relatan Elena y otras personas, para el feto son muy importantes la presencia, la voz, la mirada y las caricias del padre mientras él está allí dentro. Lo que nos demuestra que el poder de la madre sobre el feto no es absoluto, a pesar de la simbiosis a la cual están obligados. Es necesaria la presencia de ambas energías, masculina y femenina, para el desarrollo de un yo fuerte, maduro y seguro.

El vínculo entre Elena y su mamá mejoró, más que nada por la evolución personal de las dos, pero está ese punto más allá del cual Elena no se puede entregar. La necesidad de espacio de Elena también sigue inamovible. Al fin y al cabo, eso fue lo que dio origen a esta historia.

Desconectada y atascada

Magdalena tenía la sensación de estar atascada y sin energía. "No voy ni para atrás ni para adelante", decía en la charla previa a la regresión. "Esto viene desde hace mucho tiempo, pero llegó a nivel físico cuando comencé el curso –*se refiere al curso de terapeutas*–. Lo siento en los intestinos, los tengo inflamados, me duelen y siempre estoy constipada. La primera vez que me di cuenta de estar atascada fue cuando tenía cuatro o cinco años. Hice un bolo fecal y mi mamá y yo lloramos juntas en el baño para poder sacarlo".

Siempre que una persona atraviesa por una situación de atascamiento en la vida, inmediatamente hay que pensar que puede estar reproduciendo una dificultad en el momento del nacimiento. De hecho, ésta es una situación típica del canal del parto, lo cual no quiere decir que éste sea el único origen del atascamiento. De modo que aunque no le dije nada a Magdalena, antes de comenzar la regresión yo ya sabía que en algún momento tenía que llevarla a vivenciar su nacimiento.

La regresión de Magdalena comenzó en forma bastante extraña. Al principio sintió que formaba parte de la lava de un volcán. Luego se vio arrastrándose dentro de un túnel y más tarde se vio nadando en una playa de Brasil durante unas vacaciones. Una misma sensación se repetía en cada experiencia. La sensación de formar parte de todo, de mirar todo desde afuera, de no sentir nada, y el deseo de no querer ir a ninguna parte y quedarse siempre en el mismo lugar. El atascamiento ya se estaba anunciando. Entonces le pedí que fuera al vientre de su madre en esta vida.

Miércoles 25 de junio de 1997

Terapeuta: *... y al contar a tres irás al vientre de tu madre, un poco antes de nacer. Uno... dos... tres. Andá al vientre de tu madre. ¿Cómo es la sensación de estar allí dentro?*
Magdalena: Es rojo... No siento nada. ¿Por qué no siento nada? ¿Cómo puede ser que no sienta nada? –*con fastidio.*
T: *¿Qué está sucediendo que no sentís nada?*
M: ¡Ah! ¡Pero es una locura!
T: *Dejá salir esa locura.*
M: ¿Me estoy poniendo el cordón en el cuello... o me lo estoy sacando? –*con tono de sorpresa–.* No sé lo que estoy haciendo.
T: *Fijáte, ¿qué estás haciendo?*
M: ¡Me enrosco! Giro, giro, giro –*girando sobre sí misma–.* Pero esto que te voy a decir es una locura.
T: *Muy bien, dejálo salir. No importa que sea una locura.*
M: Me divierte –*riéndose–.* Eso me divierte, ¡ja, ja! ¡Es loco! ¡Me divierte! ¡Ja, ja, ja!
T: *¿Y qué esperás lograr con esto?*
M: Les voy a complicar las cosas así. ¡Cómo me divertí con esto! Pero a mí me divierte. ¡Ja, ja, ja! ¡Qué estupidez! Pero hay algo

más... Es una sensación en el cuerpo, tenso. Me late el corazón, pero yo no sé si es ahora o ahí....
T: *¿Síí?*
M: ... Se acabó la diversión, se acabó la diversión –*comienza a llorar*–. ¿Por qué se acabó la diversión? No puedo controlar las cosas. Hay luz.
T: *¿Dónde estás ahora?*
M: En una sala. Mamá mira, no dice nada. Pero se me mezclan las cosas. No sé dónde estoy ni con quién estoy. No sé si me lo imagino.
T: *Dejá salir lo que sea, ¿qué está pasando que no sabés dónde estás ni con quién estás?*
M: Me están echando agua en la cabeza, pero siempre estoy observando desde afuera. ¡Siempre estoy afuera! No quiero estar ahí. ¿Por qué no quiero estar ahí? ¿Está mi tía ahí? –*sorprendida*.
T: *Fijáte.*
M: Es mi tía la que está ahí. ¡Es mi tía de verdad! Me está acomodando.
T: *Muy bien. Contaré hasta tres y retrocederás un instante antes de nacer y te permitirás experimentar profundamente las contracciones uterinas y el pasaje por el canal vaginal. Uno...*
M: No hubo nada de eso.
T: *¿Qué pasó?*
M: Fue de repente.
T: *Muy bien. Retrocedé un instante y experimentá eso. Experimentá tu salida.*
M: Eso fue. Yo me estaba divirtiendo y sentí el ruido. Hizo ruido. ¡Ah! ¡Pero es una locura! Hizo ruido el corte –*susurrando*.
T: *¿Qué corte?*
M: Cuando la abrieron. Hizo ruido, el ruido ese.
T: *¿Cómo es ese ruido?*
M: Como cuando se corta un tejido con una tijera. Hace un ruido especial... ¡Ah! Yo siempre le tuve miedo a ese ruido. ¡Ah! ¡Me sacaron! ¡Violentamente!
T: *Eso es, ¿cómo te sacan?*
M: De debajo de los brazos, es muy rápido. No sentí nada. Mi mamá tampoco.
T: *¿Y cuál fue el momento más traumático, más difícil, de tu nacimiento?*

M: Cuando me puse tensa.
T: *¿Y cuáles son tus reacciones físicas en ese momento?*
M: Mi cuerpo está temblando y el corazón está latiendo fuerte. Rígido, duro. No me quiero mover. ¡No me puedo mover así!
T: *¿Y cuáles son tus reacciones emocionales en esos momentos?*
M: Como que no siento nada. Cuando estoy así no siento nada.
T: *¿Y cuáles son tus reacciones mentales en esos momentos?*
M: Es mejor así. No siento nada.
T: *¿Y de qué manera todo esto está afectando tu vida como Magdalena? Todo esto, ¿qué te hace hacer?*
M: Estoy desconectada. ¡Estoy desconectada! Así me sentía ahí. ¡Desconectada!
T: *Y esto, ¿qué te impide hacer?*
M: Que si yo estoy desde afuera no puedo hacer nada. Yo me la paso mirando desde afuera.
T: *Y fijáte, si en ese momento, cuando estás naciendo, estuvieras tratando de aprender algo, ¿cuál sería la lección de vida en la que estás trabajando? ¿Qué estás tratando de aprender en ese momento?*
M: Tengo que aceptar. No sé qué. Tengo que aceptar, eso es lo que me viene. ¡Tengo que aceptar! ¿Tengo que aceptar lo que venga?... Tengo que aceptar lo que venga. Pero no puedo aceptar lo que venga. ¿Cómo hago para aceptar lo que venga, si no siento nada? Primero tengo que poder sentir, después tengo que aceptar. No puedo aceptar si no siento.
T: *¿Y qué necesitarías para sentir?*
M: Y... estar en alguna parte. Tengo que formar parte de algo, ¡si no formé parte de nada! ¿Cómo voy a decir esto?! Si soy todas las cosas, ¿cómo voy a sentir? Esa es la sensación. Soy parte de todo, pero no soy nada. Así es. Estoy en todas partes, pero no estoy en ninguna en concreto. Pero me tengo que poner en alguna parte, ¿no? Tengo que estar en algún lado. ¿Dónde me meto?
T: *Podrías probar meterte en tu cuerpo.*
M: ¿Cuándo? ¿Ahí, cuando lo están metiendo debajo del chorro?
T: *Volvé al momento de tu nacimiento y esta vez lo experimentarás desde dentro del cuerpo. Cuento hasta tres y experimentá tu nacimiento desde dentro del cuerpo. Uno... dos... tres.*
M: Estoy girando, ¡ah!... me quiero quedar así. Me tengo que quedar ahí, ¿no? En el cuerpo, ¿no? Me están sacando, ya me sacaron.

T: *Adelante.*
M: Mi mamá sigue mirando. ¿Cómo está mirando mi mamá? ¿Cómo hace para mirar? ¡Si está dormida! ¡No puede estar mirando! ¡Mi mamá está dormida! ¿Cómo la voy a ver mirando? No está mirando. ¡Está dormida! Mi mamá está dormida.
T: *Eso es. ¿Qué está pasando que tu mamá está dormida?*
M: ¿La anestesiaron? ¡Qué sé yo qué le hicieron!
T: *Y esto de que tu mamá está dormida, ¿cómo te está afectando a vos? ¿Qué experimentás cuando ves que tu mamá está dormida?*
M: Ella está dormida. ¡Qué sé yo! ¡No se siente nada! Era como si estuviera...
T: *¿Cómo si estuvieras qué?*
M: ¡Uf! Como si estuviera sola, como que ella no me acompaña. Está dormida, no sabe lo que está pasando.
T: *Eso es.*
M: No pudo participar, pobre. Está tan quieta ahí... Si hubiese estado despierta hubiera sabido que yo me divertía. Y tal vez no hubiera permitido que yo naciera ahí, ¡antes de tiempo! ¡Ay, ay, ay! ¡Yo todavía me tenía que quedar! ¡Ah! Yo no sabía lo que iba a pasar... –*llorando y con la voz entrecortada.*
T: *Eso es, dejá salir todo eso.*
M: Yo sabía lo que iba a pasar. Yo tenía que haber estado más tiempo. Creo que por eso yo no estaba ahí. Por eso miraba cuando bañaban el cuerpo. Yo no sentía el agua. Estaba mirando a un costado. No sé en qué momento fue. Ahora, ¿qué hago afuera? ¿Y ahora? ¿Cómo hago? ¿Me voy a quedar mirando? ¿Cómo vuelvo ahora? ¿Cómo vuelvo adentro del cuerpo?
T: *¿De cuál cuerpo?*
M: De los dos. ¡Ah! –*llorando.*
T: *Eso es.*
M: No sé qué hago ahora. Ando dando vueltas por ahí. Mi mamá duerme. Mi tía se ocupa de mí, pero yo doy vueltas por ahí. ¿Y ahora?
T: *Y todo eso, ¿cómo te está afectando en tu vida como Magdalena?*
M: No sé adónde ir.
T: *¿Te gustaría cambiar esto?*
M: Tengo que estar en alguna parte.
T: *Muy bien. Ahora podés hacerlo. Ya no podés volver al vientre de tu mamá, pero podés aceptar tu cuerpo y entrar en él. Ahora buscarás un color. El color cuya energía necesités para entrar en tu cuerpo.*

M: ¿Y dónde me pongo? ¿Dónde es dónde? No sé dónde.
T: *Fijáte. Podés hacerlo allí, o en el momento de tu nacimiento, o tal vez encontrés otro momento más fácil, como cuando estabas nadando en Brasil y sentías que formabas parte de todo. Elegí el momento más adecuado para vos. Tu alma sabe.*
M: Estoy adentro. El problema no es entrar en el cuerpo... El problema es quedarme. Me tengo que quedar y aceptar que me tengo que quedar. ¡Ay! ¿Cómo hago para quedarme?
T: *Muy bien. Elegí entonces un color para quedarte, tomando conciencia de que esto es parte de tu experiencia en tu vida como Magdalena. Aprender a quedarte en el cuerpo, a experimentar desde dentro del cuerpo y lo harás en la medida en que puedas. ¿Qué color necesitarías?*
M: El rojo.
T: *Muy bien, entonces, te envolverás completamente en el color rojo y envuelta en el color rojo proyectarás una imagen de ti misma, en donde te verás en la forma en que te gustaría verte de hoy en adelante. ¿Cómo te gustaría verte?*
M: Me gustaría verme feliz, pero más que eso. Integrada, no sé cómo es. Integrada, en contacto, formando parte. Creo que eso me haría feliz. Tranquila, relajada... suelta.
T: *Muy bien, entonces podrías imaginarte a vos misma tranquila, relajada, suelta, más integrada y en contacto y, lentamente, regresarás aquí, a este día miércoles, veinticinco de junio de 1997.*

Apenas se incorporó Magdalena dijo:
–¡Qué sensación extraña! Parece mentira. La verdad es que no se me hubiera ocurrido nada. Hay cosas que yo no sé. Las voy a preguntar. Tenía la sensación de que estaba diciendo pavadas. Y ahora que abrí los ojos me doy cuenta de que no estaba acá. ¡Me olvidé de todos ustedes! (*Se refiere a sus compañeros de curso.*) Me parece que nací veinte o veinticinco días antes. En la facultad nunca tuve problemas con nada. La primera vez que me descompuse fue cuando asistí a un parto y escuché el ruido de la tijera al hacer la episiotomía. Me tuve que ir. Toda mi vida tuve esta sensación de estar desconectada de mi mamá. Con mis hijos siempre estoy conectada. Yo nunca quise que me hicieran cesárea. Se lo planteé al obstetra en la primera entrevista. Le dije: cesárea, no; anestesia, tampoco. Bajo ninguna condición. A mí me aterrorizaba la idea de que me hicieran cesárea.

Yo sabía que todavía quedaban cosas por trabajar en el nacimiento de Magdalena. Un mes más tarde, al trabajar una sensación de tristeza y de sentirse en falta y enojada con su mamá, espontáneamente Magdalena se vio una vez más en la sala de partos.

Miércoles 6 de agosto de 1997

Magdalena: No sé por qué, pero me veo otra vez en la sala de partos... y yo estaba a mitad de camino entre mi mamá y mi tía. Tengo que decidir adónde tengo que ir. No sé qué hacer. Mi tía me lava, me tiene que vestir. Del otro lado está mi mamá, en la camilla. No sé adónde tengo que ir y dónde estoy yo y dónde está ella. ¡No sé adónde tengo que ir! No sé adónde tengo que ir –*llorando*.
Terapeuta: *Eso es, dejá salir todo eso. ¿Qué está pasando?*
M: Estoy ahí sin poder decidir, pero tengo que ir a uno de los dos lugares. Se supone que tengo que ir adonde estoy yo –*llorando*– y... ¿por qué se supone que tengo que ir adonde está ella? No sé por qué siento que tengo que ir adonde está ella, pero tengo que ir adonde estoy yo.
T: *¿Y dónde estás vos?*
M: Con mi tía –*llorando*–. No puedo decidir. No entiendo por qué no puedo reunirme con mi cuerpo.
T: *¿Qué está pasando que no te podés reunir con tu cuerpo? ¿Dónde estás?*
M: Estoy como parada en una puerta; en la camilla está mi mamá y allá está mi tía, vistiéndome... y yo estoy ahí y tengo frío –*llorando*.
T: *Eso es, seguí.*
M: No entiendo por qué pienso que tengo que ir con ella. No entiendo eso.
T: *¿Y de dónde te viene eso de que tenés que ir con ella?*
M: Porque está ahí sola y si yo salí de ella, ¿no tengo que ir con ella? Pero está dormida, le pusieron anestesia y está dormida. Ni siquiera sabe lo que está pasando. No veo a nadie más.
T: *Y esto de que tu mamá no sabe lo que está pasando, ¿de qué manera la está afectando a ella?*
M: Ella no está en contacto conmigo.
T: *Y eso, ¿cómo está afectando tu vida como Magdalena?*

M: No tenemos comunicación. Si el cuerpo hubiera estado con ella, yo no hubiera tenido que decidir adónde tenía que ir. Hubiera sido más simple. Yo iba adonde estaba el cuerpo, adonde estaba ella. Si hubiera estado todo junto, no hubiese tenido que decidir si tenía que ir para un lado o para el otro –llorando–. Pero así está todo separado y yo tengo que decidir.

T: *Y fijáte, esto de no saber adónde ir y tener que decidir, ¿cómo está influyendo en tu vida como Magdalena? ¿Qué te hace hacer?*

M: Siempre siento que no tengo ningún lugar. Es lo mismo que me pasa ahora.

T: *Muy bien. Ahora quiero que veas algo muy importante. ¿Podía hacer otra cosa tu mamá cuando estaba ahí dormida?*

M: No.

T: *Muy bien. Quiero que veas eso. Nada de eso tiene que ver con vos. Eso fue una decisión de los médicos y, al dormirla a tu mamá, la privaron de la sensación de tenerte y recibirte en cuanto saliste de su vientre. Ella estaba dormida y no podía tener contacto con vos. Ahora, retrocederás un poco antes de nacer, cuando todavía estabas en la panza de tu mamá, para que vuelvas a experimentar ese contacto y terminar con todas las sensaciones y emociones que están perturbando tu vida como Magdalena. ¿Qué estás experimentando?*

M: Está muy oscuro. Yo estoy tranquila. Pareciera que mamá está bien.

T: *¿Qué está pensando tu mamá?*

M: Me parece que piensa que no va a poder con el parto.

T: *¿Qué le está pasando que piensa que no va a poder con el parto?*

M: Me parece que tiene ideas preconcebidas, que no va a poder porque es chiquita, como que ella no va a poder. Me parece que no está demasiado contenta. Me parece que no se siente muy feliz con el embarazo. Me parece que no está muy conforme con el matrimonio.

T: *Eso es, ¿qué está pasando con el matrimonio?*

M: No se ponen de acuerdo. Mi papá sí está contento; ella no está muy segura.

T: *Fijáte una cosa, ¿no está contenta con el embarazo o no está contenta con su matrimonio?*

M: Me parece que las dos cosas. Como que ella no esperaba quedar embarazada tan pronto.

T: *¿Y qué sentís cuando ella siente eso?*

M: No me agrada, ella es un poco áspera.
T: *Y ahora fijáte, ¿qué venís a aprender con la experiencia de tener a estos padres?*
M: Me parece que tengo que aprender a quererla.
T: *Muy bien. Cuento hasta tres y avanzá al momento de tu nacimiento y te permitirás experimentar paso a paso tu nacimiento. Uno... dos... tres.*
M: Me parece que ella se está descomponiendo. Algo está pasando pero yo no estoy dispuesta a nacer. Me parece que es mejor que me quede ahí –susurrando–.
T: *Eso es, seguí, dejá salir eso.*
M: Creo que me quiero morir –llorando–. No salgo. Es mejor dejarme estar.
T: *Eso es, seguí adelante, no te detengas.*
M: Yo estoy sentada. Mamá está descompuesta y parece que está sola, que tiene que llamar a alguien. Ahora está mi papá. Me parece que ella está vomitando. En realidad, yo no quiero enterarme. Que hagan lo que quieran, yo no quiero enterarme. En lo que yo pueda, ahí me voy a quedar.
T: *Muy bien, adelante.*
M: Que hagan lo que quieran. Yo me quedo así como estoy. Se la están llevando en una camilla, en el sanatorio y mis tías van con ella. No sé dónde está mi papá, pero a ella se la llevan.
T: *Eso es. Seguí avanzando.*
M: Mi tía discute con el obstetra porque el obstetra dice que va a usar ventosas. ¿Ventosas? No sé, ¿así se llaman? Y mi tía dice que así no me va a sacar. De ninguna manera. Entonces hay que hacer una cesárea porque mi tía dijo que así no me va a sacar.
T: *Muy bien, seguí adelante.*
M: Y a ella la duermen... una máscara, ¿le pueden haber puesto una máscara? La durmieron.
T: *¿Y qué experimentás vos cuando la duermen? ¿Qué pasa con vos?*
M: Silencio, está todo muy quieto. Yo pierdo esa energía que tenía para no salir. Me quedo así. Estoy a merced de lo que ellos hagan. Ya abrieron y me sacaron.
T: *¿Cómo te sacan?*
M: De debajo de los brazos, me tienen que dar vuelta porque tengo una circular de cordón. No una, sino dos. Una en el cuello y otra cruzada, en bandolera. Hace frío, pero yo estoy entregada. Ni siquiera me acercan a mi mamá. Paso directamente de las

manos del médico a las manos de mi tía. Ella me envuelve en algo de color blanco y me lleva hacia un costado. La voz y la cara de ella es agradable.

T: *Muy bien, seguí.*

M: Estoy envuelta. Ella me habla con palabras cariñosas, me mete debajo del agua y ahora estoy ahí, debajo del agua. Ella me viste y me dice que soy muy chiquita.

T: *Muy bien. Y hasta aquí, ¿cuál fue el momento más terrible de toda esta experiencia?*

M: Cuando me di cuenta de que lo que yo quería no contaba, porque iba a ser lo que tenía que ser. Cuando salieron de mi casa y yo me di cuenta de que por más que me resistiera se iba a hacer.

T: *Y fijáte, ¿cuáles son tus reacciones físicas en ese momento?*

M: Es como si el cuerpo no contara para nada.

T: *¿Y cuáles son tus reacciones emocionales en esos momentos?*

M: Me resigno.

T: *¿Y cuáles son tus reacciones mentales?*

M: ¿Para qué voy a luchar o resistirme, si va a ser lo que tenga que ser?

T: *Y ahora fijáte, ¿de qué manera todo esto está afectando tu vida como Magdalena? Todo esto de que me quiero morir, no quiero enterarme, que hagan lo que quieran, estoy a merced de lo que ellos hagan, esto de resignarme y para qué voy a luchar... Todo esto, ¿qué te hace hacer?*

M: Quedarme como a un costado. Dejar que las cosas pasen sin intervenir con cuerpo y alma.

T: *Y todo esto, ¿qué te impide hacer?*

M: Me impide tener objetivos propios y cumplirlos porque yo los quiero así. Me hace ver todo de una manera negra, total los acontecimientos van a ser lo que tengan que ser. Haga lo que haga va a ser lo que tenga que ser.

T: *Muy bien. Ahora avanzá al momento en que te encontrás con tu mamá después de haber nacido. Fijáte cómo es ese momento.*

M: Yo no me entrego. Ella está despierta, pero todavía está bajo el efecto de la anestesia. Me recibe bien, pero yo intuyo una cosa que no sé qué es.

T: *¿Qué cosa?*

M: Hay algo que nos separa, que hace que yo me mantenga a distancia. Es como si yo no pudiera confiar plenamente en ella.

T: *¿Y de dónde viene esto? ¿Es de esta vida o de otra vida?*

M: No estoy segura, no sé si no viene de antes.
T: *Muy bien. Dejarás eso para trabajarlo en otro momento y ahora quiero que veas una cosa más. En el momento de tu nacimiento, ¿qué estás tratando de aprender? ¿Cuál es la lección de vida que estás tratando de aprender?*
M: Me parece que tengo que tener alegría. Tengo que poder desde la alegría, a pesar de que las cosas no sean como yo quiero que sean.

Creo que sólo con el nacimiento de Magdalena alcanzaría para escribir un tratado. Aquí tenemos todo el repertorio posible de contingencias, dificultades y complicaciones que pueden ocurrir en este trance. Al mismo tiempo la experiencia de Magdalena adquiere otra significación por el hecho de ser médica y porque ignoraba muchos detalles de su nacimiento, que ella descubrió en regresión y que más tarde pudo confirmar. Por ejemplo, ella no sabía que se había utilizado anestesia general. Siempre pensó que la cesárea había sido con peridural. Siendo médica fue sorprendente que en la regresión desconociera la denominación y el uso de instrumentos tales como la ventosa o la máscara que le colocaron a su mamá. No quedaba duda de la espontaneidad y la veracidad de su experiencia. Por otra parte, yo no había interrogado a Magdalena previamente sobre su nacimiento y por lo tanto no sabía que había nacido por cesárea. De modo que ni siquiera puede decirse que la haya influido al respecto.

Como ya habíamos comentado al principio, la combinación cesárea más anestesia general es terrible. Pero además, un factor agravante para Magdalena fue nacer antes de tiempo porque ella ya tenía problemas para entrar en el cuerpo y por sobre todo para quedarse en él. Es terrible ese instante cuando ella misma dice que su madre está por un lado, su cuerpo está junto a su tía y ella, Magdalena, el principio pensante, se encuentra en el medio de todo eso sin saber adónde ir. Otra vez está viendo todo desde afuera sin ocupar su lugar. ¿Se dan cuenta de esto? En su vida actual estaba sucediendo exactamente lo mismo. La única forma de comprometerse con la vida y llevar adelante los proyectos que se traen es metiéndose en el cuerpo y quedándose en él. En su vida adulta Magdalena seguía atrapada en ese instante de duda, sin saber adónde ir. Si hubieran dejado su cuerpo al lado de su mamá, todo hubiera sido más fácil. Pero también eso era parte de su aprendizaje. Tenía que decidir por sí misma si aceptaba o no ese cuerpo y más aún, quedarse en él. Al hacerlo estaba aceptando su destino.

Al igual que Alejandra, Magdalena también tuvo su diversión mientras jugaba con el cordón sabiendo que complicaba las cosas. Claro que la diversión terminó abruptamente con el corte. También Roberto hizo hincapié en el corte. Parece que esa sensación es terrible para el feto. Recién allí Magdalena entendió que le resultara insoportable el corte de la episiotomía con la tijera. Era el recuerdo de ese corte primitivo que acabó con su diversión y que inició el drama de su nacimiento. Observen cómo ciertos detalles inexplicables de nuestra vida van encontrando su explicación a través de la regresión.

Todas las sensaciones y reacciones experimentadas por Magdalena en la experiencia de su nacimiento estaban presentes en conductas y dificultades de su vida cotidiana. El atascamiento, mirar todo desde afuera, no saber adónde ir y la desconexión. Desconectada de todas las cosas y, sobre todo, de su mamá. Con su madre tuvo una desconexión de toda su vida y además, mucha bronca y, como era lógico de esperar, una conexión especial con su tía. Claro que ella nunca supo por qué. Vean una vez más lo importante de ese contacto inicial. Su tía se ocupó de ella, la lavó, la vistió y le habló. Eso fue suficiente para establecer un vínculo diferente.

Después de esta experiencia Magdalena corroboró varias cosas. En primer lugar confirmó que nació antes de tiempo, veinte días antes. También confirmó que la cesárea fue con anestesia general. Su mamá también confirmó que la tía discutió con la partera mientras iban a la sala de partos y que impidió que usaran la ventosa. Por eso recurrieron a la cesárea. Pero lo sorprendente fue que su mamá no sabía que su tía la había bañado y vestido en la sala de partos. ¡Claro! ¿Cómo iba a saberlo, si en ese momento su mamá estaba dormida? Después pasaron los años y nunca se habló del tema. La tía de Magdalena confirmó que había ocurrido así. Fue ella quien le dio el primer baño a Magdalena. Ella y su mamá se enteraron treinta y nueve años después.

Para Magdalena, revivir su nacimiento fue como haber desatado un nudo. Desapareció la bronca con su mamá y se le pasó la desconexión de todas las cosas.

"¡Que me saquen ya!"

Con todas las consecuencias emocionales que puede acarrear una cesárea, no hay duda de que hay ocasiones en que ésta puede llegar a ser la única posibilidad de salvación tanto para el feto como para la madre. Y la salvación puede tener lugar no sólo por estar comprometida la vida, sino también por tratarse de una situación insostenible para el feto.

Este fue el caso de Patricia, que nació por cesárea después de muchas horas de trabajo de parto infructuoso por estrechez pelviana de su mamá. La intervención se efectuó con anestesia peridural, lo que permitió que Patricia fuera entregada a su mamá apenas nació. Aquí hubo contacto físico inmediato, pero la desconexión vino por otro lado, como veremos en seguida.

Lunes 20 de julio de 1998

Patricia comienza esta experiencia trabajando una sensación de culpa con sus padres que arrastraba desde que era niña. Sus padres siempre la culparon de las discusiones y peleas que sostenían entre ellos, pero además Patricia tenía la fuerte sensación de que ella había hecho cosas malas. La relación con su mamá era muy conflictiva, pero al mismo tiempo sentía que las unía un lazo espiritual muy fuerte. Ya en regresión fue directamente a una vida pasada, en la que ella era una hechicera que trabajaba para la Inquisición. Ayudó a encerrar a muchas personas, pero finalmente terminó en la hoguera. Luego se manifestó un alma perdida, víctima de aquella época, que se cobró su deuda provocándole momentos de depresión inexplicables en su vida actual. Así fue como llegamos al momento de su concepción en su vida como Patricia.

Terapeuta: *Contaré hasta tres e irás al momento en que se prepara tu vida como Patricia. Uno... dos... tres. Decí lo primero que te venga a la mente.*
Patricia: Yo no quiero. No quiero esos padres. Va a ser muy difícil.
T: *¿Qué cosa te lleva a esos padres?*
P: Veo que en otra vida los perjudiqué y ahora debo ayudarlos.
T: *¿De qué manera los perjudicaste?*
P: Les hice daño... los maté. Va ser muy difícil esta vida. Ellos no se aman y no me esperan.

T: *¿Y qué venís a aprender con la experiencia de tener a estos padres?*
P: Que debo brindarles mi amor. Simplemente brindarles mi amor y guiarlos para que ellos hagan su camino.
T: *Muy bien. Andá al momento de tu concepción.*
P: Agua, mucha agua. No me gusta ella. ¡No la quiero! ¡No la quiero! Pero yo sé que lo debo hacer. Ella se pone muy contenta, ¡pero yo no quiero! –llorando–. ¡No quiero nacer! ¡No quiero! ¡No quiero estar en esa panza! ¡Todo es muy denso!
T: *Eso es, seguí adelante.*
P: Todo es muy denso, pero me tengo que quedar ahí. Le pido ayuda a mi ángel. El siempre está conmigo. No hay amor entre ellos. Va a ser muy difícil, muy complicado.
T: *Cuento hasta tres y avanzá a un hecho marcante dentro de la panza de tu mamá. Uno... dos... tres.*
P: Discuten...
T: *¿Qué está pasando? ¿Qué están diciendo?*
P: No sé, me tapo los oídos. No quiero oír, no quiero. Ella no lo quiere, no lo ama, pero se somete. Prefiero no escuchar y no ver nada. No quiero saber nada. Quiero dormirme y no despertar.
T: *¿Qué piensa ella?*
P: Cree que fue un error casarse.
T: *¿Y tu papá?*
P: Nunca habla. Nunca hay diálogo.
T: *Muy bien. Avanzá al momento en que se desencadena tu nacimiento.*
P: Pujo, pujo por salir y no puedo. ¡La cabeza golpea contra la pelvis, pero no se abre! ¿Qué hace el médico? ¿Por qué no hace algo? ¡Se me está poniendo morada la cabeza!
T: *¿Qué está pasando con tu mamá?*
P: ¡Mi mamá está mal! Llora, ella ya sabía que no tenía que ser parto normal. ¿Por qué la hace esperar tanto? Tiene miedo por su hijo. La llevan a cesárea...
T: *Eso es, seguí.*
P: Me sacan y yo estoy toda fea. Me sacan como si fuese una cosa. ¡Mi cabeza está como un huevo! ¡Me duele la cabeza! ¡Soy fea! ¡Soy muy fea! Mi mamá está dormida. Después la veo contenta.
T: *Y fijáte, ¿cuál fue el momento más difícil de tu nacimiento?*
P: Querer salir y no poder.
T: *¿Y cuáles son tus reacciones físicas en ese momento?*
P: Me canso. Trato de salir y me canso.

T: *¿Y cuáles son tus reacciones emocionales en ese momento?*
P: Tengo miedo. Tengo miedo en todo el cuerpo.
T: *¿Y cuáles son tus reacciones mentales en ese momento?*
P: Quiero salir ya. Necesito estar afuera ya. Siento que si no salgo me ahogo. Que, por favor, me saquen.
T: *Y fijáte, ¿de qué manera todas estas sensaciones están afectando tu vida como Patricia?*
P: Que necesito estar afuera de todos sus problemas. Que me saquen afuera de todo eso.
T: *Y todo esto, ¿qué te hace hacer?*
P: No ver la diferencia de que ya crecí.
T: *Muy bien. Ahora retrocederás nuevamente al principio de tu nacimiento y te permitirás experimentar estas sensaciones más profundamente. Uno... dos... tres. ¿Qué estás experimentando?*
P: Cansancio, me duele la cabeza, me ahogo y necesito salir. Necesito que me saquen. ¿Por qué me dejan tanto tiempo acá dentro? Ya era hora. ¡Por favor! Pido a gritos que me saquen, ¡ya! ¡Ya no aguanto estar ahí dentro! Necesito respirar aire.
T: *¿Qué le está pasando a tu mamá cuando estás ahí dentro?*
P: Se preocupa, tiene miedo de que le pase algo a la nena.
T: *¿Y qué dice el médico? ¿Qué dicen las enfermeras?*
P: No sé. No los reconozco. Hablan, están todos preocupados, pero no sé lo que dicen. Yo ya estoy muy confusa. Le digo a ella que por favor grite, que tiene que hacer algo, pero no me escucha. Estoy cansada. La llevan como a un quirófano y le dan una inyección en la espalda *–susurrando.*
T: *Eso es. ¿Qué sentís cuando le dan la inyección?*
P: No me gusta. Me da miedo de que me hagan algo... ¡Y abren! Abren para que yo pueda salir y yo salgo. Me siento mucho mejor aunque estoy muy confundida. Me duele mucho la cabeza. Lloro, lloro mucho.
T: *Muy bien. Retrocedé al momento en que abren la panza de tu mamá. ¿Cómo es eso?*
P: Dicen que ya no puede tener... trabajo... así que tienen que abrir la panza. Y a mí no me gusta. Tengo miedo, pero quiero salir. Entonces espero, espero y me aguanto todo eso. Me aguanto, me aguanto... y abren la panza.
T: *¿Qué sentís cuando abren la panza?*
P: No me gusta, es feo, hay mucha sangre. Me tapo los oídos otra vez. ¡No quiero ver! Solamente quiero salir. No quiero ver lo que

hay alrededor. ¡Yo dije! ¡Yo dije que iba a sufrir! Me acuerdo y no quiero. ¡Me duele la cabeza! ¡Necesito ayuda!

T: *¿Cómo te sacan de ahí?*
P: Me agarra el médico, me agarra de los brazos. ¡Me duele mi cabeza!
T: *¿Qué sentís en ese momento?*
P: Que se mueve la cabeza. ¡Que tenga cuidado con mi cabeza! Parece que se me va a quebrar el cuello.
T: *Seguí.*
P: Me envuelven en algo y me ponen al lado de mi mamá. Ella está muy contenta y ahí pienso que no fue tan malo. Ella también sufrió mucho. Me quiere y me mima.
T: *Eso es, sentí eso. ¿Qué sentís cuando estás al lado de tu mamá?*
P: Tiemblo. Hay algo que choca entre nosotras. Hay una vibración diferente.
T: *¿Qué es lo que choca entre ustedes dos?*
P: Es como una energía diferente. No me conecto con ella y con mi papá tampoco. Yo me conecto con mi mundo. Me conecto con mi estrella de luz, no con los demás.
T: *Y esto de conectarte con tu mundo y no conectarte con tus padres, ¿cómo está influyendo en tu vida actual?*
P: Cuando era chica me ayudaba para no ver cómo ellos se peleaban y yo me sentía protegida en mi mundo. Porque ellos no me podían proteger. Ellos estaban muy enfermos. Ahora es diferente. Yo comprendí muchas cosas.
T: *Eso es. ¿Qué venías a hacer a este mundo?*
P: Sembrar amor.
T: *¿Y qué esperaban en tu mundo que hicieras con estos padres?*
P: Que los amara. Que les diera parte de mi corazón.
T: *Muy bien. Ahora quiero que veas una cosa más. Fijáte de qué manera todas estas sensaciones están influyendo en tu vida como Patricia. Esto de que espero y me aguanto, me tapo los oídos, no quiero ver, sólo quiero salir, yo dije que iba a sufrir. Todo esto, ¿qué te hace hacer?*
P: Es como un volcán. De chica había cosas muy duras y entonces me tapaba los oídos y trataba de meterme en mí misma y de no escuchar nada. Y me aguantaba, me aguantaba y me aguantaba para no decir lo que realmente sentía. Que yo los amo, pero que no abusen. Que ellos tienen que seguir su camino.
T: *Y todo eso, ¿qué te impide hacer?*

P: Tener una buena relación con mi mamá y con mi papá.
T: *Muy bien. Ahora retrocedé por un instante al momento en que salís de la panza de tu mamá y quiero que veas cómo cortan el cordón. Esto es muy importante para vos. Andá a ese momento y fijáte cómo lo cortan.*
P: Lo corta un médico con una tijera.
T: *Eso es. Quiero que veas claramente eso. Ese cordón se cortó...*
P: Sí, se cortó.
T: *... Y ya no estás ahí. Ya nada de eso te pertenece.*
P: Sí... y yo los quiero mucho –*llorando*–. Nunca se los dije porque ellos me hicieron muy dura. Ahora quiero que vivamos en paz.

La novedad aquí es que Patricia pide a gritos que la saquen del vientre de su madre. Esta vez es diferente de otras experiencias. Patricia no busca complicar el nacimiento para permanecer dentro del útero. Quiere salir y puja y choca su cabeza contra la pelvis. Esto es importante porque no todos quieren quedarse allí dentro. De alguna manera Patricia se enoja con el médico porque se demora en tomar la decisión de efectuar la cesárea. ¡Qué difícil que es estar en el lugar del obstetra! Además de la madre, de los familiares y de sus colegas, allí dentro hay alguien más que está observando su accionar. ¿Cómo hacer para actuar en el momento justo sin ser tildado de intervencionista o ser criticado por demorarse, cuando tal vez está haciendo todo lo posible por evitarle una cesárea a la madre? Patricia le reclama varias veces al médico para que haga algo que la saque de allí. Aun así no deja de sentir miedo inclusive cuando a su mamá le aplican la inyección para la anestesia peridural. Por mucho que desee salir no es una experiencia agradable. Todo lo que quiere Patricia es que la saquen de allí, pero no quiere ver nada de lo que ocurre a su alrededor.

Luego de nacer Patricia fue puesta en contacto físico con su mamá. Sin embargo, parece que cuando hay viejos enconos eso no es suficiente para establecer un buen vínculo. Instantáneamente ella sintió que había una energía diferente entre las dos y no se conectó con su madre. Es lógico que fuese así ya que ella había matado a sus padres de hoy en otra vida y no quería volver con ellos. Allí está el origen de la relación conflictiva y de la culpa, que luego será reforzada por los dichos paternos. En lugar de conectarse con su madre Patricia decide conectarse con su mundo. Esa fue su pauta de sobrevivencia, que le permitió defenderse de las peleas y discusiones de sus padres, pero como consecuencia de ello siempre se sintió como una paria en este mundo.

Después de esta experiencia Patricia pudo salir sola de todo eso, sin que tuvieran que sacarla de allí. Le llevó tiempo ya que al principio se sentía como un volcán en erupción, convulsionada por la regresión, pero finalmente superó la depresión, la sensación de ser una paria y pudo ponerle límites a su mamá cortando ese cordón que la sujetaba tan fuertemente. Meses después me escribió una carta diciéndome: "Ya no somos tres. Ahora son ellos dos y yo estoy aparte. Me di cuenta de que el amor de Dios lo puede absolutamente todo, hasta lo imposible". De eso se trata porque, en definitiva, estamos aquí para saldar viejas deudas y seguir evolucionando, y el aprendizaje comienza desde el instante mismo de la concepción.

Ahora avancemos un poco más, porque todavía nos esperan nuevas peripecias en este viaje a través de la vida fetal.

Capítulo VIII

Abortos

Para el alma encarnada en el feto el aborto es una experiencia traumática más y, como todo trauma, deja en el alma su impronta emocional. Al producirse la muerte del feto dentro del útero, ese paso por la vida física, por breve que sea, se convierte en una vida pasada más y, por consiguiente, dejará en el alma todas las impresiones experimentadas en ese lapso. Que no veamos nacer a ese feto no significa que el alma no lo haya experimentado. Tal vez nosotros no lo contemos como una existencia real, pero para el alma, ya sea que el feto muera a las dos semanas o en el momento de nacer, se trata de una experiencia más en el cuerpo y todo lo que haya experimentado en ese lapso quedará profundamente grabado en su memoria. Al volver a encarnar en un nuevo cuerpo, además de la vieja carga del pasado, el alma traerá consigo también todas las reacciones emocionales experimentadas en esta última experiencia.

Ya hemos visto que durante la vida fetal el alma tiene recuerdos espontáneos de sus experiencias traumáticas anteriores que a veces son reactivados por las emociones o las circunstancias que rodean a su madre. El solo hecho de que ahora, quienes serán sus nuevos padres consideren entre ellos la idea de recurrir al aborto aunque luego no lo hagan, es suficiente para reactivar en el alma el recuerdo de muertes anteriores. Para el feto se trata de una amenaza de muerte segura y reaccionará como pueda ante esa amenaza. No importa que a lo mejor no quiera vivir o se resista a la experiencia de nacer. Una cosa es abandonar el cuerpo por propia decisión, como puede ocurrir, o enroscarse en el cordón, como ya lo hemos visto, y otra cosa es que a uno lo amenacen y lo maten. Imaginémonos otra vez dentro del vientre materno. Estamos allí dentro, como encerrados en una habitación estrecha y sin salida y es como si a través de las paredes escucháramos voces, murmullos y conciliábulos. Acercamos nuestro oído y de pronto descubrimos que están planeando cómo deshacerse de nosotros. Es como si alguien dictara nuestra sentencia de muerte y lo único que podemos hacer es esperar inermes sin poder siquiera presentar un alegato de defensa, sin poder siquiera pronunciar palabra hasta que llegue el momento señalado. ¿Se imaginan ese instante? El sólo hecho de que lo planeen, aunque luego no lo lleven a cabo, es suficiente para sumirnos en el pánico y la desesperación. Para el feto es lo mismo. Ya no podrá confiar totalmente en esos padres, o los rechazará y nunca se explicará por qué, o tal vez se someta completamente a su voluntad para ganarse su amor y asegurarse su supervivencia, o quizás siempre viva con miedo, como esperando la muerte en cualquier momento. Las reacciones pueden ser de lo más variadas y dependen de la historia previa de cada uno. Lo cierto es que la sola intención de abortar ya genera reacciones en el feto que luego se harán sentir durante la vida adulta.

Si el aborto tiene lugar, sus consecuencias emocionales se manifestarán entonces en la vida siguiente. Para el alma que trae su propósito y su proyecto de vida, el aborto significa una frustración y una postergación de ese proyecto además de las secuelas emocionales. El dolor de la frustración puede llegar a ser más intenso que el dolor físico experimentado. Ahora el alma se verá expuesta una vez más a la posibilidad de que nuevas circunstancias reactiven el recuerdo del aborto, tal como sucede con experiencias más antiguas. A veces el aborto es parte de la experiencia que el alma tiene que vivir. Recuerden que los vínculos kármicos siempre están activos y que el alma extrae su aprendizaje de todas las situaciones por difíciles y traumáticas que sean, aunque más no sea para aprender que no es bueno interrumpir el proyecto de vida de otro semejante.

Por medio de la regresión podemos saber de qué manera un aborto anterior está influyendo hoy en la vida de un adulto, pero no podemos saber de qué manera los abortos que se produzcan hoy afectarán a una persona dentro de veinte, treinta o cuarenta años. No obstante, podemos intuirlo a través de las experiencias que veremos a continuación.

Amenaza de aborto

Vamos a comenzar con una breve experiencia, donde veremos un ejemplo de lo que puede sentir el alma que ha tomado ubicación en el feto, ante la sola idea de sus padres de abortar la gestación. Aquí Eduardo (44) revive primero una muerte en la cual es ajusticiado dentro de un pozo por haber matado a un bebé. De pronto, los papeles se invierten y él mismo se ve como un bebé bajo amenaza de muerte, en el vientre de su madre.

Lunes 29 de agosto de 1994

Eduardo: Estoy en el fondo de un pozo, acostado. Me parece que soy un indio. Arriba hay gente con lanzas. La gente me tiene odio. Me quieren matar.
Terapeuta: Seguí adelante.
E: Me clavan una lanza en el pecho. ¡Ah! ¡Es de madera y la estoy tocando! ¡Es gruesa! La gente me dice cosas.
T: ¿A qué se debe que te matan?
E: ¡Uy! ¡Maté un bebé con una flecha! ¡Está muerto! ¡Ahí viene el padre! Están muy enojados. Ahí ya me estoy viendo desde arriba.
T: ¿Y cuál es el momento más difícil de esta experiencia?
E: Cuando viene el padre enojado.
T: ¿Y cuáles son tus reacciones emocionales en esos momentos?
E: Me quiero ir, me quiero escapar. Siento miedo. Quiero una solución.
T: Muy bien, seguí avanzando un poco más.
E: Otro más que me quiere matar.
T: ¿Cómo es eso? ¿Qué está pasando?
E: Otra vez. No andan bien las cosas.
T: ¿Dónde estás ahora?
E: Soy un bebé. Me parece que es mi papá. Me quiere matar y yo soy un bebito. ¡No quiero morir!

T: *¿Qué está pasando?*
E: Me quieren matar a mí. Le está diciendo a mi mamá que haga algo y yo no quiero morir. ¡No, mamá!
T: *¿Dónde estás cuando te quieren matar?*
E: Ahí, dentro de mi mamá. Yo estoy adentro de algo. Hay agua alrededor Y hay como una luz. Yo estoy bien ahí dentro, estoy calentito.
T: *¿Cómo sos cuando estás ahí?*
E: Soy chiquito. No soy un bebé. Parezco como un feto... ¡Ay! ¡Me quieren matar! ¡Ay, no! ¡No quiero! ¡No! ¡No lo hagan!!! ¡Me van a matar!!! ¡No hagan eso! ¿Cómo van a hacer eso?! ¡No quiero morirme! ¡No!
T: *Eso es, dejá salir todo eso. ¿Qué está pasando con tu papá?*
E: Papá está ahí. Está joven. ¿Por qué me quieren matar?
T: *Seguí adelante, no importa lo que sea.*
E: ¡Ah! Me parece que no me van a matar. Me perdonó la vida. Mi papá no quiere que me maten.
T: *Y fijáte, ¿cuál fue el momento más difícil de esta experiencia?*
E: No quería volver a morir.
T: *¿Y cuáles son tus reacciones físicas en esos momentos?*
E: Me movía para todos lados.
T: *¿Y cuáles son tus reacciones emocionales en esos momentos?*
E: Miedo terrible, angustia. Desesperación por querer irme.
T: *¿Y cuáles son tus reacciones mentales en esos momentos?*
E: Quería escapar, pero no podía. No quería que me mataran. Yo quería vivir.
T: *Y todo esto, ¿cómo te está afectando en tu vida como Eduardo?*
E: Es la angustia que tengo siempre. Cuando llego a una situación límite, quiero irme. Necesito una solución que escapa a lo normal.
T: *Muy bien. Avanzá un poco más y experimentá tu nacimiento.*
E: Hay sangre otra vez, pero ya está, ya estoy afuera. ¡Ah! ¡Qué bien que me sentí cuando papá me dijo que sí!

En primer término vean la relación inmediata entre la muerte en vida pasada y la amenaza en la vida presente. En la primera vivencia Eduardo mató un bebé y ahora él es el bebé que corre peligro de morir violentamente. No hay solución de continuidad entre una experiencia y la otra, aunque se trate de dos vidas diferentes. Para el alma ambas experiencias se superponen. En cuanto le pido que avance un poco más Eduardo contesta: "Otro más que me quiere matar". Y en ambos casos se trata de un padre enojado. Como ya lo hemos dicho, para el feto se trata de la posibilidad cierta de que se repita la experiencia anterior y aquí esa repetición significa una muerte violenta una vez más. Y Eduardo dice claramente que no quiere morir, quiere vivir. Tomen nota de las reacciones de pánico y de miedo ante la intención de su padre de abortarlo. Eduardo no habla de aborto. Directamente dice que lo quieren matar. Y qué alivio cuando su padre decidió que su gestación siguiera adelante. Al igual que en toda experiencia traumática, surge una pauta de sobrevivencia que en este caso adquiere la forma de huida y de búsqueda de una solución fuera de lo normal. En realidad, lo que ocurrió fue que con la amenaza de aborto se reactualizó la necesidad de escapar de la vivencia anterior. Tal vez, de no haber existido esa amenaza esta pauta no se hubiera reactivado. De allí la importancia de comprender que el alma trae su historia para poder actuar en forma preventiva curándonos en salud.

Aborto provocado

Divorciada y con dos hijos, Romina tenía miedo a formar una nueva pareja. En realidad, tenía miedo a comprometerse afectivamente. Cinco años antes de la experiencia que nos ocupa había tenido una regresión espontánea, en la que se vio como un feto y donde una mujer la abortaba clavándole una aguja. Pasó el tiempo y esa vivencia quedó como una imagen más. En su quinta regresión conmigo vino a trabajar su miedo al compromiso afectivo. Fue así y sin buscarlo intencionalmente que se encontró en el vientre de una mujer que no era su mamá actual.

Miércoles 16 de agosto de 1995

Romina: Estoy como flotando... Es un lugar tibio, creo que es la panza de mi mamá. ¡Ay, algo está mal!
Terapeuta: *¿Qué está pasando?*
R: Mi mamá no quiere que esté dentro de ella. ¡Me va a abortar! ¡Ay, no! ¡No! ¡No quiero!

T: *Seguí, ¿qué está pasando?*
R: Me voy, me voy al vacío. ¡Qué mal que me siento! Estoy flotando...
T: *Muy bien, contaré hasta tres y retrocederás al principio de esta experiencia. Uno... dos... tres.*
R: Estoy dentro de la panza de mi mamá, pero no es mi mamá de ahora. Esto es antes.
T: *¿Qué está pasando?*
R: No me quiere tener. No quiere seguir adelante con este embarazo. Está dispuesta a terminar con esto.
T: *¿Cuánto tiempo tenés allí?*
R: No creo que llegue a tres meses, pero estoy formado. Siento todo, percibo todo, pero mi mamá no me quiere.
T: *¿Qué le está pasando a tu mamá que no te quiere?*
R: Creo que la violaron y no me quiere. No quiere saber nada conmigo. ¡Me odia! Me va a abortar. Yo no quiero que lo haga. Estoy bien acá.
T: *Muy bien, seguí un poco más.*
R: ¡Ah!!!
T: *¿Qué está pasando?*
R: Se clava una aguja en el útero y me clava a mí también. ¡Ah!!! –retorciéndose de dolor.
T: *Eso es, dejá salir todo eso. Sentí todo eso. ¿Dónde te clava la aguja?*
R: En la panza, en los ojos... Me duele todo el cuerpo, pero además siento el dolor del alma. ¡Yo quería vivir!
T: *Eso es y fijáte, ¿cuál es el momento más terrible de esta experiencia?*
R: Cuando siento que me largan al vacío. No soy más. Es horrible.
T: *Y fijáte, ¿cuáles son tus reacciones físicas en ese momento?*
R: Me contraigo toda. Me achico como para no salir.
T: *¿Y cuáles son tus reacciones emocionales en ese momento?*
R: Mucho miedo, mucho miedo.
T: *¿Y cuáles son tus reacciones mentales en ese momento?*
R: No quiero que me abandonen. (*Vean la relación con su miedo a comprometerse afectivamente.*)
T: *Muy bien, seguí adelante. ¿Qué está pasando?*
R: Estoy flotando. No sé qué hacer. Alguien viene. Me tranquiliza.
T: *¿Quién viene?*
R: No sé. Brilla, es contenedor, me da amor. Dice que ya voy a nacer después, que no me preocupe, que todo va a ser diferente.

T: *¿Y para qué necesitabas pasar por esa experiencia?*
R: Algo debía aprender.
T: *¿Qué cosa debías aprender?*
R: Sacar el miedo a la muerte.
T: *Muy bien, seguí adelante un poco más.*
R: Busco a otra mamá y la encuentro.
T: *¿A quién encontrás?*
R: A mi mamá de ahora. Soy yo ahora.
T: *Muy bien, adelante entonces.*
R: Ella sí quiere tener un hijo, pero tiene miedo de que yo me vaya. Yo la tranquilizo; le digo que yo me voy a quedar.
T: *¿Cómo es estar allí dentro?*
R: Es lindo estar ahí dentro. Me dice que no me vaya, que ella me quiere.
T: *¿Qué sentís cuando estás allí dentro?*
R: Placer, calor, amor, seguridad.
T: *Eso es, sentí todo eso y avanzá un poco más.*
R: ¡Oh! ¡Tengo que nacer! Mi mamá no me había dicho esto.
T: *¿Qué cosa no te dijo?*
R: Que tenía que nacer. ¡No! ¡Yo no quiero nacer!
T: *¿Qué está pasando que no querés nacer?*
R: ¡Me va a largar de nuevo! (*Vean cómo se reactiva el recuerdo de la experiencia del aborto anterior.*)
T: *Seguí un poco más.*
R: Ya estoy afuera. Estoy bien. Mi mamá me abraza, me quiere.
T: *¿Y cuál fue el momento más difícil de la experiencia del nacimiento?*
R: Cuando siento que voy a caer de nuevo al vacío. ¡No quiero! ¡No me abandonen! ¡No me dejes! ¡No quiero salir!
T: *Eso es. Y fijáte, ¿cuáles son tus reacciones físicas en ese momento?*
R: Siento miedo en el estómago. No quiero salir al vacío.
T: *¿Y cuáles son tus reacciones emocionales en ese momento?*
R: Quería estar protegida. No quiero nacer.
T: *¿Y cuáles son tus reacciones mentales en ese momento?*
R: Mi mamá me engaña. No me contó que tenía que nacer.
T: *Y todas estas sensaciones, ¿cómo están afectando tu vida como Romina?*
R: Pienso que me pueden engañar y me pueden mandar de vuelta al vacío.

T: Y todo esto, ¿qué te hace hacer?
R: Me hago una defensa para que nadie me abandone.
T: Y esto, ¿qué te impide hacer?
R: Me impide hablar con libertad porque me pueden abandonar. No quiero vivir y ser abandonada de nuevo.

También Romina quería vivir, aun cuando había sido concebida como resultado de una violación. Aunque su primera mamá no la quería, ella estaba bien allí dentro. Sea como sea, para el alma se trata de una oportunidad más. Romina nos confirma que el feto siente y percibe todo lo que su mamá experimenta y sabe exactamente lo que está sucediendo. Además, claramente separa el dolor del alma del dolor del cuerpo. Lo que más duele es la frustración del alma.

Aquí tenemos la oportunidad de ver de qué manera un aborto anterior puede incidir en la vida actual. Así como hemos visto nacimientos que recordaban muertes anteriores, en este caso el nacimiento de Romina en su vida presente le recuerda la experiencia del aborto anterior. La amenaza en el momento de nacer es la misma: caer al vacío. Romina lo dice: "Me va a largar de nuevo". Allí se reactivan las improntas emocionales provocadas por el aborto que acaba de vivenciar. Y fíjense qué interesante; Romina no quiere morir pero tampoco quiere nacer. Qué contradicción, ¿no? Encima se siente engañada por su mamá porque no le avisó que tenía que nacer. Y ahora se suma todo: la caída al vacío, el miedo, el abandono, el engaño y en el instante mismo del nacimiento Romina decide hacerse una defensa para que nadie la abandone. La consecuencia directa es el miedo a comprometerse afectivamente. Al terminar la sesión Romina me dijo: "No quería amar para no estar sola".

Una cosa más. Como en toda experiencia, por traumática que sea, también aquí había un aprendizaje. Romina tenía que aprender a perder el miedo a la muerte. El cosmos y los maestros de luz están más allá de nuestras controversias. Para ellos todas las experiencias son útiles para que el alma haga su aprendizaje. Saben perfectamente de antemano lo que va a ocurrir en cada caso y ya tienen todo sincronizado. Aprovechan cada circunstancia al milímetro para no desaprovechar ninguna arista. Pero ¡atención!: que ellos se sirvan de nuestros errores para que el alma aprenda lo que tiene que aprender no es una justificación para nuestro accionar en la Tierra. En la siguiente experiencia veremos otra clase de aborto y los maestros volverán a entrar en acción.

Aborto accidental

Mirta había finalizado de conducir una regresión durante una práctica del curso de terapeutas y se sentía mal. Se encontraba confundida, como en una nebulosa. Durante la regresión de práctica mis indicaciones le llegaban de lejos. Se sentía como ida, como si el mundo pasara a su lado y ella no estuviera. "Es como estar y no estar. Como existir y no existir", decía Mirta. Comprendiendo que estaba recreando las condiciones de una experiencia pasada le sugerí que trabajara directamente con esas sensaciones. La regresión la condujo la Lic. Silvia Schwartz, compañera de curso de Mirta.

Miércoles 3 de febrero de 1999

Mirta: Estoy dentro del útero, sentada, en cuclillas. Estoy pensando, esperando el momento de nacer. Mamá no fue cariñosa conmigo.
Terapeuta: ¿Qué sentís cuando estás ahí?
M: Soledad, tristeza... ¡Ay!
T: ¿Qué está pasando?
M: Siento un mareo, náuseas. Siento pánico, me duele el cuello.
T: Sentí todo eso, ¿qué está pasando?
M: Me parece que el primer bebé que perdió mi mamá era yo.
T: ¿Cómo es eso?
M: Yo sé que mi mamá se cayó en la calle y perdió el bebé.
T: Muy bien. No importa lo que sea, andá a esa experiencia. ¿Qué está pasando?
M: Hay un lío bárbaro acá. ¡Uh, qué lío!
T: ¿Qué está pasando?
M: Una hemorragia... y yo me tengo que ir. Estoy metida ahí dentro y veo algo que pasa a mi lado.
T: ¿Qué cosa pasa a tu lado?
M: Como una cosa roja, sangre, y después paso yo.
T: ¿Por dónde pasás?
M: Paso por la vagina, pero yo soy como un aire blanco... y me fui... y me fui....

T: *¿Adónde te fuiste?*
M: No sé, una cosa blanca, un inodoro. Me fui.
T: *Muy bien. Ahora contaré hasta tres y retrocederás al principio de esta experiencia. Uno... dos... tres.*
M: Estoy en el útero, estoy bien y de repente siento un malestar. Mareos, náuseas, ganas de vomitar. ¡Ay! ¡Qué dolor de cuello!
T: *¿Qué está pasando?*
M: No veo nada, todo es confuso. Afuera hay mucho movimiento, hay mucho quilombo. Algo pasa fuera de mí que yo no puedo controlar –llorando–. ¡Ay! ¡Qué ganas de vomitar!
T: *Seguí, ¿qué está pasando?*
M: Y, ella se cayó, me duele la cabeza. ¡Qué malestar tan feo! Me siento descompuesta. ¡Qué feo! Siento que me estoy desarmando –llorando.
T: *Retrocedé un instante antes de la caída. ¿Qué estás experimentando?*
M: Mi mamá siempre se cae, siempre se cayó. No sé, estaba caminando por la calle. No sé qué le pasa. Se cae de cola en el medio de la calle Corrientes. Yo siento que algo pasa afuera. Escucho muchas voces y siento que algo se rompe.
T: *¿Qué cosa se rompe?*
M: Algo se rompió. ¡Yo me rompí! Se rompe el cuello, ¡acá! –*tocándose el lado izquierdo*–... y siento cómo me voy. Siento cómo esa sangre se divide, como un airecito blanco y la sangre corre a mi lado. Estoy como contra la pared mientras todo eso corre a mi lado y después salgo yo. Pero ella no se da cuenta de que yo me fui.
T: *¿Y adónde te vas?*
M: Yo me voy a la luz de donde vine y ella está ahí, sentada en el inodoro. No tuvieron que hacerle nada. Lo perdió todo.
T: *Muy bien. Y hasta aquí, ¿cuál fue el momento más terrible de esta experiencia?*
M: Esa sensación rara de que te diluís, de que estás y no estás, de que no existís. De que el mundo pasa a tu lado y no podés hacer nada. (*Exactamente lo que sentía Mirta antes de comenzar la regresión.*)
T: *¿Y cuáles son tus reacciones físicas en ese momento?*
M: Mareo, dolor de cuello, náuseas.
T: *¿Y cuáles son tus reacciones emocionales en ese momento?*
M: ¡Miedo! ¡Miedo!

T: *¿Y cuáles son tus reacciones mentales en ese momento?*
M: ¿Qué va a ser de mí? ¿Qué va a pasar conmigo? Hasta que me transformo en un airecito blanco. Ahí estoy segura. Ahí sé qué va a pasar.
T: *Y todas estas sensaciones, ¿cómo te están afectando en tu vida como Mirta?*
M: No puedo disfrutar de nada. Siempre tengo miedo.
T: *Muy bien. Ahora andá al momento cuando te vas a la luz. Y fijáte, ¿para qué necesitabas pasar por esta experiencia? ¿Cuál era el sentido de esta experiencia?*
M: Pareciera que yo llego a esta mujer... Es como que algo pasa con ella y conmigo. Esta cosa de ella del rechazo a la maternidad. Veo la luz verde, está tan linda... ¡Qué bárbaro!
T: *Seguí, ¿qué más?*
M: Algo nos pasa a ella y a mí. No sabemos estar juntas. Pero en este último tiempo estuvimos juntas.
T: *¿Qué último tiempo?*
M: En esta vida, después, porque yo volví. Ella vuelve a quedar embarazada y yo me vuelvo a meter.
T: *¿Cómo es que te metés?*
M: Me meto, entro y yo soy el airecito blanco y me quedo ahí, pero bastante atemorizada porque ella se cae y puede hacer cosas para volverme a perder. A ella no le gustan los chicos, no les tiene paciencia. Mi hermano y yo somos sobrevivientes.
T: *¿Cómo es eso de que son sobrevivientes?*
M: Somos dos y tendríamos que ser diez. ¡Se hizo ocho abortos! ¡Podría no estar acá! –llorando–. Estoy acá de caprichosa. Soy un alma caprichosa. A mí me parece que fui hija de esta mujer varias veces, porque cuando me fui a la luz, un señor me dijo: "¿Otra vez acá? ¿Y ahora qué pasó?". Ahora se cayó en la calle.
T: *Seguí.*
M: Ahora entiendo por qué siento tanta bronca cada vez que se cae en la calle. Siempre se cae en la calle y en una volteada de esas me maté yo también. Cada dos por tres me llama y me dice: "No vas a creer lo que me pasó. Me caí en la calle y no me maté porque Dios es grande". ¡Qué increíble! ¡Me tiene cansada esta pelea entre nosotras por estar juntas!
T: *Muy bien. Ahora contaré hasta tres y andá al momento en que volvés al vientre de tu madre como Mirta. Uno... dos... tres.*
M: Yo sé que está embarazada. Nosotros desde arriba lo sabemos.

Yo la estoy vigilando y este señor me dice: "Andá, andá, andá. Metéte ahora". Y entro.
T: ¿Cómo entrás?
M: Es como una vibración. Voy y me pongo ahí... y bueno. Pero estoy triste, atemorizada. Esperando en cuclillas que algo pase. Pero no, no pasa nada. Llega el momento y nazco.
T: *Muy bien. Experimentá tu nacimiento.*
M: Me duele la panza.
T: *¿A quién le duele la panza? ¿A vos o a tu mamá?*
M: A mi mamá. Y, mucho esfuerzo, costó bastante nacer. Siento un fuego acá –*tocándose el pecho*–. ¡El cuello! Me duele el cuello en el lugar donde se me rompió. Se me tuerce cuando estoy pasando y sacando la cabeza y después todo lo demás sale solo. Me duele mucho el estómago. Ya estoy afuera. Hay muchas luces, me pasan un trapo para limpiarme.
T: *¿Qué sentís cuando ves a tu mamá?*
M: Distancia.
T: *¿Y cuál fue el momento más difícil de tu nacimiento?*
M: Pasar la cabeza.
T: *¿Y cuáles son tus reacciones físicas en ese momento?*
M: Dolor en el cuello.
T: *¿Y cuáles son tus reacciones emocionales en ese momento?*
M: Miedo a que se me vuelva a romper el cuello. Miedo a desarmarme.
T: *¿Y cuáles son tus reacciones mentales en ese momento?*
M: Me quiero quedar en la vida.
T: *Y todas estas sensaciones, ¿cómo te están afectando en tu vida como Mirta?*
M: El miedo a la muerte me paraliza. No puedo disfrutar del todo de la vida. Es como estar a medias.
T: *Ahora fijáte, ¿para qué necesitabas pasar por esta experiencia? ¿Qué estabas tratando de aprender? ¿Qué esperabas aprender al tener a esta madre?*
M: Creo que tengo que aprender a ser un poco indiferente. Aprender a decir "No". A ella no le cuesta decir que no. Tengo que aprender el desapego. A ella no le cuesta el desapego. Pero le tiene miedo a la muerte. Tengo que aprender el desapego.

Siempre que haya un aborto previo al nacimiento de una persona hay que pensar en la posibilidad de que se trate del mismo ser que regresa por una segunda oportunidad. Se trata de una nueva oportunidad tanto para la madre como para el futuro bebé. No importa el tiempo físico que transcurra. Tampoco tiene que ser en forma inmediata. Si una mujer tuvo un aborto antes de su primer hijo, tal vez el alma que sufrió el aborto regrese en el tercer o en el cuarto hijo. No hay una ley escrita para eso; todo depende de las necesidades y de la experiencia que tiene que hacer dicha alma. También es posible que el alma abortada regrese en otra mamá, como sucedió con Romina.

Mirta regresó con la misma mujer, su mamá actual. En su caso había cuentas pendientes de otras vidas. Tenían que aprender a estar juntas, algo que les resultaba muy difícil y complicado a las dos. Pero de alguna manera, al nacer Mirta, ya habían logrado hacer una buena parte del trabajo.

Esta vez el aborto fue provocado por un accidente y nos enteramos así de cómo es esta vivencia en la descripción de Mirta. Es en ese momento en el que se originan todas las sensaciones que estaban afectando a Mirta. La sensación de diluirse, de estar y no estar, de no existir. Todo se originó allí, en ese momento, igual que toda situación traumática del pasado. Pero fíjense también que, superado ese momento, Mirta se va a la luz, donde nuevamente se siente segura. Pase lo que pase, siempre existe un refugio y un lugar seguro para el alma. Allí, ella también se encuentra con un maestro que le indica el momento exacto para volver.

Como resabio del aborto a Mirta se le reactiva el dolor en el cuello al nacer definitivamente y queda el miedo y la distancia con su mamá. Claro, el miedo no es tonto. Pero, como siempre, también había una lección a aprender.

Suicidio fetal

Ya hemos visto anteriormente que la intencionalidad del feto puede complicar el nacimiento. Muchas veces el feto busca morir para no nacer y en ocasiones lo consigue. Así sucedió con Teresa y ahora lo veremos en forma más explícita.

Silvia sentía una culpa ancestral, como si hubiera hecho algo muy malo. La sensación que tenía era como si hubiera cometido una traición de la cual ni siquiera ella misma podía perdonarse. Su mamá había perdido un embarazo antes de que ella naciera y su nacimiento había sido por cesárea y muy traumático. Según le habían contado había sido una sangría espantosa y estuvieron en peligro de muerte tanto ella como su madre. Esta fue su primera regresión, en la que vino a trabajar su sensación de culpa.

Jueves 2 de abril de 1998

Silvia: Siento como si estuviera corriendo por el campo. Siento mucho miedo y mucha vergüenza y tengo mucho frío.
Terapeuta: *Sentí que estás corriendo por el campo, ¿qué más?*
S: No puedo seguir corriendo, me quedo escondida, acurrucada –*llorando*–; tengo mucho miedo. Quiero ser chiquitita, no quiero que me encuentren. Si me encuentran, me van a castigar, me van a matar. Quiero ser chiquitita para que nadie me encuentre.
T: *Seguí adelante.*
S: Me siento indefensa. Siento que me patean de todos lados. Nadie me quiere. Debo de ser muy mala. Me tratan como a un perro, como si estuviera sarnosa. Me patean, me empujan como a un animal. No se conforman con pegarme, me van a matar. Me tengo que escapar porque me van a matar de verdad –*acurrucándose y llorando más intensamente.*
T: *Eso es, dejá salir todo eso.*
S: Yo no quisiera morir. Yo no tengo la culpa de vivir así. A veces me siento como un animalito salvaje que no tuvo la oportunidad de aprender muchas cosas.
T: *Muy bien. Ahora contaré hasta tres y retrocederás al principio de esta experiencia. No importa lo difícil que sea, te permitirás hacer esta experiencia desde el principio. Uno... dos... tres.*
S: Parece como si tuviera que nacer, pero no quiero. Es como si quisiera volver para adentro. Siento como que tengo algo acá –*tomándose la garganta*–, como que me ahogo. Como si me quisieran sacar para afuera y no quiero. ¡No quiero que me saquen para afuera! ¡No quiero salir! Me da miedo, me quiero quedar acá dentro. ¡No quiero salir! ¡Me quieren obligar! –*gritando y llorando*–. (Vean qué interesante. Yo le pedí que retrocediera al principio de la experiencia inicial y en lugar de hacerlo fue a otra experiencia, en la que se encuentra a punto de nacer.)
T: *Eso es, adelante.*
S: ¡Me tironean! ¡Me lastiman! ¡No puedo respirar bien! ¡Aaah! –*largo suspiro*–. Ahora me siento mejor, más tranquila, puedo respirar bien.

T: Muy bien, ¿dónde estás?
S: No sé qué es ni dónde estoy. No sé qué es todo lo que pasó hasta aquí. Ahora siento que estoy en paz. Todo es muy claro. Tengo una imagen. Es como si estuviera viendo un bebé dentro de la panza... ¡Está muerto! A lo mejor soy yo, pero no lo tengo claro.
T: Retrocedé un poco y fijáte.
S: Me parece que sí. Estoy así, acurrucado, pero muerto. Como ahogado por el cordón.
T: Muy bien. Entonces, contaré hasta tres y retrocederás un instante antes de ahogarte con el cordón. Uno... dos... tres. ¿Qué estás experimentando?
S: No quiero salir. No quiero salir a este mundo. Me quieren obligar a salir y yo no quiero.
T: ¿Quién te quiere obligar a salir?
S: Los que están afuera, los médicos, las enfermeras, mi madre que empuja para que yo salga. Como que me quiere patear para que yo salga y yo no quiero. ¡No quiero! ¡Quiero que me respeten que yo no quiero! ¡No quiero! ¡Quiero morirme, pero no salir! –llorando.
T: Eso es, seguí.
S: Yo me quiero morir. No quiero salir. No estoy lista. Tengo mucho miedo –sigue llorando– y nadie me entiende. No sé, yo no quería y de golpe me veo acá dentro teniendo que salir de nuevo y no quiero. No sé ni para qué estoy acá. Es como si no hubiera pedido consejo y me tiré a estar acá de nuevo y ahora no sé qué hacer ni para qué vine. Por eso no quiero vivir. Quiero volver, quiero que me guíen. Quiero saber qué camino tengo que recorrer. No quiero ir a los tumbos ni a los golpes de un lado para otro. No quiero que me pateen como a un animal. No sé qué, ni cómo tengo que hacer, ni a dónde tengo que ir, ni con quién. Necesito ayuda, ¡por favor!
T: Eso es, yo estoy acá, a tu lado. Seguí adelante.
S: ¡Ah! Pero me parece que tampoco es bueno morirse como me morí. No sé... en realidad no sé. Yo misma me ahorqué y ahora...
T: ¿Cómo es eso de que vos misma te ahorcaste?
S: Porque yo no quería nacer. Entonces di vueltas y vueltas hasta ahogarme. Era la única salida que tenía pero me parece que eso no está bien. ¡Ay! Ahora Dios debe de estar muy enojado conmigo –llorando desconsoladamente.
T: Eso es. Dejá salir todo eso.

S: ¡Ay! Debe de estar muy enojado porque yo misma me quité la vida –*continúa llorando*–. ¡Pero yo no sabía, yo no sabía, quiero que me perdone!
T: *Eso es, seguí adelante.*
S: Sabía, no sabía, no sé, en realidad era todo muy confuso. Es como que tenía que venir, pero no sabía muy bien para qué y entonces me asusté mucho. ¡Ay! ¡Dios mío! ¡Perdonáme! Lo que yo quiero es estar en paz y volver a estar a tu lado. En realidad yo quisiera dejar de venir a esta vida una y otra vez, ¡una y otra vez! Siento que nunca llego a estar como yo creo que debo ser. Quiero ser pura y sin necesidad de venir a un cuerpo, pero no sé.
T: *Eso es. Ahora quiero que veas una cosa. ¿Dónde está ocurriendo todo esto? Esto es en tu vida como Silvia ¿o en otra vida?*
S: No, como Silvia no. Está muy confuso. Me parece que esto me pasó después de haber vivido como un animalito, pero no era un animal. Era una chica pero muy bruta, como un animal salvaje y esto fue después. No sé, todo es como una nebulosa.
T: *Muy bien. Hasta aquí, ¿cuál fue el momento más difícil de todo esto?*
S: Cuando tenía que nacer y yo no quería nacer. No tenía claro cuál era mi plan de vida, mi camino a seguir. Sentía como si me arrojaran al mundo desde algo muy alto y me estrellara sin saber para dónde ir.
T: *Y fijáte, en ese momento, cuando no querés nacer, ¿cuáles son tus reacciones físicas?*
S: Hago fuerza para atrás, quiero irme para dentro. No quiero salir y como veo que no me queda otra alternativa doy vueltas y vueltas para ahogarme, para morirme. Yo mismo me quito la vida. Me parecía menos doloroso que salir al mundo.
T: *¿Y cuáles son tus reacciones emocionales en esos momentos cuando no querés nacer y hacés fuerza para atrás?*
S: Miedo. Mucho miedo. No quiero salir.
T: *¿Y cuáles son tus reacciones mentales en esos momentos?*
S: Pienso que en realidad había venido para algo, pero no sabía muy bien para qué.
T: *Y todo esto, todas estas sensaciones, ¿cómo están afectando tu vida como Silvia?*
S: Nunca sé cuál es el camino correcto. Tengo mucho miedo a equivocarme, a causar dolor, a dañarme a mí misma. Todo me

cuesta mucho esfuerzo y además, si yo me quité la vida, Dios no me va a perdonar nunca.
T: *Y esto, ¿qué te hace hacer?*
S: A veces me siento como un pobre animalito que no vale nada –llorando–, que no se merece nada de lo que haga y por eso tiene que esforzarse tanto y tanto para pagar ese crimen. Tiene que agradar a todo el mundo y siempre está mendigando una caricia. Siempre mendigando, como pidiendo, por favor, que me quieran, que me hagan un mimo. Siento como si en la vida estuviera así, como estoy ahora, muerta de frío, buscando calor.
T: *Muy bien. Contaré hasta tres y retrocederás un poco antes de entrar en ese vientre y verás qué es lo que tenías que aprender de esa experiencia. Uno... dos... tres.*
S: ¿Qué tengo que aprender? Que es falso que Dios no te quiere. Dios no se entera de estas cosas. Está más allá de esto. No siempre vas a ser un ser puro y amoroso, lleno de paz y de luz. Tenés que aprender que no sos un cuerpo, que sos libre.
T: *Muy bien. Cuento hasta tres e irás a la siguiente experiencia luego de haberte enroscado con el cordón. Irás a la experiencia a donde te llevó esa actitud. Uno... dos... tres.*
S: Me parece que a ser Silvia, ahora. La panza de mamá es un infierno. ¡Ah! ¡Cuánto miedo! ¡Cuántas amenazas que vienen de afuera! No sé qué pasa, pero ella está muy mal, muy asustada. Tiene miedo de que yo no nazca porque ya una vez le dijeron que no podía tener un hijo. Está muy asustada y eso a mí me asusta, me tiene muy inquieta, muy nerviosa. ¡Ah! ¡Me tiene harta! Me parece que se pelea con papá. El quiere estar con ella y ella no quiere. El se enoja. Le dice que para qué se casó, si no puede acostarse con ella.
T: *Eso es, seguí adelante.*
S: Ellos no están bien. ¡Qué tortura! ¡Otra vez en un lugar difícil! Yo quiero un lugar tranquilo donde haya amor, donde haya paz. ¡Siempre gritos! No quiero más eso, ¿o será que tengo que aprender a vivir entre los gritos? ¡Oh! ¡Qué tarea difícil que me espera acá! ¡Dios mío! ¿Me vas a acompañar? ¡Qué difícil! En realidad no sé qué hacer. No me puedo quitar la vida otra vez. Eso no está bien. Dios me va a querer lo mismo, pero no está bien. Si yo me comprometo a algo, tengo que cumplirlo.
T: *Eso es, seguí avanzando.*
S: ¡Ay! Me parece que está llegando el momento y tengo mucho

miedo. Pero ella también está muy asustada. No soy sólo yo la que tiene miedo... humm... me parece que van a abrir la panza porque ella no está ayudando a que yo nazca bien, así que están preparando todo. Pero me parece que el médico está muy asustado. Tiene miedo de que yo me muera, pero yo no me voy a morir nada, ¿eh? El está asustado, parece que todos están asustados.

T: *¿Quiénes están asustados?*

S: Los que están ahí, alrededor. Yo no les veo las caras, pero siento que están muy asustados. Pero yo no tengo miedo. Yo estoy bien, tranquila. ¡Ah! Papá se va a poner de contento porque soy mujer... El está muy ilusionado con tener una hija mujer... pero es un viejo jodido. Es autoritario, mandón, pero por ahí... me lo voy a conquistar. Pero mi vieja es peor... humm... es muy nerviosa. ¡Ah! Yo creo que ya estoy acá, llena de moños, llena de tules y de volados. Estoy acá.

T: *Muy bien y hasta aquí, ¿cuál fue el momento más traumático en tu vida intrauterina?*

S: Los gritos de ella, las peleas, los nervios de mamá porque me quería y no me quería.

T: *Y fijáte, ¿cuáles son tus reacciones físicas en el momento de los gritos y de las peleas?*

S: Yo tengo mucho miedo y me hago chiquitita. No quiero escuchar nada. Quiero taparme y que no me vean, ni me escuchen, ni me sientan. No quiero ver nada ni escuchar nada.

T: *¿Y cuáles son tus reacciones emocionales en esos momentos?*

S: Me dan mucho miedo los gritos, me asustan.

T: *¿Y cuáles son tus reacciones mentales en esos momentos?*

S: Los gritos me molestan, la violencia me molesta. No quiero mezclarme con todo eso. Yo soy un ser se de paz y de amor. Lo otro está afuera. No es mío.

T: *Muy bien. Cuento hasta tres y experimentá tu nacimiento. Uno... dos... tres.*

S: ¡Uh! Corren mucho. La sangre corre y están muy asustados. Tienen miedo de que me muera o de que se muera ella. Me parece que el médico es medio inexperto. Tiene miedo de que la situación se le vaya de las manos. No sé cómo, pero de alguna manera le digo que se quede tranquilo, que todo va a salir bien. Estoy viendo cómo me toman en brazos y estoy toda llena de sangre, pero estoy bien. Me van a lavar y bañar porque estoy sucia con mucha sangre. Eso no me gusta mucho, es muy pegajoso. El olor de la sangre no me gusta, pero estoy bien. ¡Al fin llegué!

T: *¿Y cuál fue el momento más difícil de tu nacimiento?*
S: Siento que no hubo un momento difícil para mí. Al contrario, yo les ayudaba a tener paz y confianza a los médicos y enfermeras.
T: *¿Y cuál fue el momento más significativo o más importante de tu nacimiento?*
S: Sentir mucha paz.
T: *¿Y cuáles son tus reacciones físicas en ese momento?*
S: Es un sentimiento de estar unida a todo lo que me rodea. Un sentimiento de vida muy fuerte. No lo puedo expresar con palabras. Es estar unida con el Todo. De ser una con mi universo. Vuelvo porque necesito ayudar a muchas personas a despertar. Pero yo soy un ser de paz y de amor. Hay mucha luz en mí. De alguna manera debo transmitirla. Debo ayudar.
T: *Fijáte entonces, ¿cuál es el sentido de esta experiencia? ¿Para qué venís a esta vida como Silvia? ¿Qué estás tratando de aprender con estos padres y con esta experiencia en la panza de tu mamá?*
S: A reconocerme de una buena vez como lo que soy de verdad. Que soy un ser de amor, de luz y de paz. Que soy un ser muy valioso, como una luz en la oscuridad. Yo no soy un animal pateado, ni el dolor, ni el sufrimiento, ni nada de eso. ¡No soy eso! Eso es como una ropa vieja, como ese manto gris que tenía en esa vida como animalito y que debo dejar. Eso ya no está conmigo y yo soy merecedora de todo lo mejor porque es como si estuviera en el camino hacia Dios. De alguna manera estoy más cerca que antes. Mi función es solamente tratar de dar amor.

Si el alma está firmemente decidida a no nacer hará lo imposible por lograrlo, no importa lo que hagan los médicos. Hasta aquí ya habíamos visto la capacidad que tiene el feto para complicar el nacimiento. Ahora hemos podido comprobar que puede ir más allá y suicidarse dentro del útero. Este es sólo un ejemplo, pero, ¿cuántas muertes dentro del vientre o en el momento de nacer no se deberán a un suicidio fetal? Es muy importante reflexionar sobre esta realidad desconocida, para que la responsabilidad y los sentimientos de culpa no agobien ni a los profesionales ni a la madre cuando ocurre un hecho de estas características. En estos casos no se trata de mala práctica ni de abandono por parte de la madre. Hay allí una conciencia, un ser pensante, que a pesar de su indefensión frente a los acontecimientos externos y a la voluntad de sus padres, tiene el suficiente poder y la capacidad de acción necesarios para tomar decisiones por sí mismo y llevarlas a cabo. Ahora avancen un poco más y piensen que si el feto dentro del útero puede terminar con su vida, qué cosa no será capaz de hacer ya fuera del vientre materno en los primeros meses o al año o a los dos años de vida. Los accidentes fatales que ocurren frecuentemente dentro de la casa muchas veces no son accidentes. Son lisa y llanamente intentos de suicidio. En esos casos habría que revisar cómo fue la gestación y el nacimiento para encontrar indicios que preanunciaran esa actitud. Las muertes de niños por ahogo en piscinas son muy frecuentes en todo el mundo y son un ejemplo claro y doloroso de estos intentos que no son accidentes. Ninguna precaución es suficiente porque las piscinas ejercen una gran atracción sobre el niño de corta edad. Para él la piscina es un gran útero donde puede reproducir las sensaciones experimentadas durante la vida fetal, en un medio acuoso que le permite volver al lugar de donde no quería salir.

Volviendo a la experiencia de Silvia vemos que, como siempre, se superponen y se potencian las vivencias pasadas en ambos nacimientos. Silvia nos explica claramente sus temores, cómo hace para suicidarse y los motivos para hacerlo. Para ella era muy sencillo; era menos doloroso que salir al mundo. Claro que también allí comienza la culpa y la toma de conciencia de que eso no estuvo bien. Allí está la culpa ancestral: "Si yo me quité la vida, Dios no me va a perdonar nunca". Más adelante Silvia se da cuenta de que Dios no se entera de estas cosas, pero las reminiscencias del animalito, como el no merecer nada, la necesidad de agradar a todo el mundo y tener que pagar ese crimen ya están instaladas en su alma. Por otra parte la decisión de morir enroscada en el cordón la llevó directamente a tener que nacer en esta vida en condiciones realmente difíciles, pero ahora Silvia sabe que no puede quitarse la vida otra vez. Tiene que cumplir con lo prometido. Y vean qué notable porque a pesar de todas las dificultades y del ambiente de susto que reina en el momento de su nacimiento, Silvia tiene la certeza de que todo va a salir bien y en el momento de nacer experimenta la unidad con el Todo. Ahora sabe qué es lo que vino a hacer y cuál es su trabajo en esta vida.

Hay algo que resulta obvio en todas las experiencias que hemos visto aquí y que me parece de suma importancia por el tema que estamos tratando. El alma siempre vuelve. No importa lo que suceda ni cómo suceda, el alma siempre regresa. Se puede matar el cuerpo, pero no se puede matar el alma. Por otra parte creo que a esta altura ya no quedan dudas de que dentro del vientre materno hay una conciencia bien definida que reacciona ante los acontecimientos externos y que es capaz de tomar decisiones aunque éstas sean mortales. Entonces, ¿qué hacer frente a un embarazo no deseado? ¿Cómo proceder? ¿Qué decisión tomar? ¿Es un crimen abortar? Desde el momento en que hay una conciencia que ya está presente en el instante mismo de la concepción no quedan dudas de que el aborto es la interrupción de un proyecto de vida, pero tampoco podemos calificar a una madre de asesina por haber provocado o haberse sometido a un aborto. Hay una conciencia, pero también es cierto que hasta el momento del nacimiento el alma no está completamente encarnada. Recuerden a Mariela, que entraba y salía de la panza de la mamá. Desde el momento de la concepción la conciencia está unida al ovocito, pero aún no está encarnada. Es su energía la que se va uniendo lentamente a cada célula a medida que éstas se van multiplicando y es así como se va llevando a cabo el proceso de encarnación. Es este mismo proceso el que nos puede ayudar a resolver esta situación tan delicada. Porque, ¿qué hacer cuando una mujer queda embarazada como consecuencia de una violación? Para Romina la experiencia parecía válida, pero ¿cómo hubiera sido esa vida si hubiera nacido en esas circunstancias? ¿Tendría esa mujer la suficiente capacidad para amarla y olvidar el odio y el resentimiento? ¿Y qué hacer cuando una adolescente de catorce o quince años queda embarazada cuando ni siquiera sabe qué hacer con su propia vida? Hay una posibilidad diferente sin tener que recurrir al aborto. Ahora que sabemos que desde el primer momento hay una conciencia que piensa, que registra todo y que percibe hasta nuestros propios pensamientos, tenemos un recurso impensado: el diálogo directo con el feto. Podemos hablar con él o con su alma y explicarle la situación por la que estamos atravesando y pedirle que espere un poco hasta que podamos recibirlo o bien sugerirle que busque otro vientre. Podemos pedirle que se retire y que abandone ese cuerpo y entonces se producirá un aborto espontáneo sin consecuencias traumáticas ni para el alma del feto ni para la madre. Recuerden que si el principio vital se retira no habrá desarrollo embrionario. También es posible que ocurra lo contrario. Ahora que se ha tomado conciencia de que allí hay otra conciencia y se ha dialogado con ella puede ocurrir que la madre decida seguir adelante con el embarazo. No es lo mismo pensar en el feto como algo mecánico que establecer contacto con otro ser pensante.

Esta experiencia no es nueva. Desde mediados de los setenta, varios terapeutas, como Claire Etheridge, Gladys McGarey y Barbara Lamb, de los Estados Unidos han llevado a la práctica la habilidad de la madre para comunicarse directamente con el feto a través de ejercicios de meditación, de dibujos o escribiendo una carta dirigida al feto. Esta capacidad de la madre unida a la correspondiente habilidad por parte del feto de responder activamente a este diálogo ha permitido comprobar hechos sorprendentes. Gladys McGarey fue una de las primeras en documentar que cuando se llega a un acuerdo interior entre la madre y el feto frecuentemente ocurre un aborto espontáneo. Otras veces, la comunicación con el feto permitió resolver la ambivalencia de la madre, quien decidió seguir con el embarazo luego del diálogo. Uno de los primeros pasos de Gladys McGarey en esta dirección ocurrió cuando una niña de cuatro años le dijo a su madre que hubo un tiempo en el que ella tenía diez centímetros de largo y estaba en su panza, pero "papá no estaba preparado para casarse contigo todavía, así que me fui pero volví más tarde". La mujer había tenido un aborto antes de casarse, pero nadie excepto ella, su marido y el médico sabían de ese hecho. Años después, cuando esa niña era una adolescente de dieciséis años ella misma decidió hacer un aborto. Previamente, la madre le dijo que ella gustosamente recibiría al bebé en su casa. Sorprendentemente, luego del aborto de la hija y a pesar de que la madre tenía una ligadura de trompas ésta quedó embarazada. La interpretación de la madre fue que se trataba de la misma entidad abortada por la hija. Probablemente el alma comprendió la situación y la buscó a ella sabiendo que sería recibida.

Winafred Lucas, psicóloga, cuenta una anécdota personal. Su hija había roto con su pareja cuando descubrió que estaba embarazada y decidió abortar. Entonces Winafred entró en un estado de meditación y se dirigió a la conciencia de ese ser diciéndole que lamentaba que su hija no pudiera tenerlo en ese momento. Para su sorpresa escuchó una risa y vio a un pequeño niño que le habló alegremente: "¡No te preocupes! Intento tener a Afton como mi madre. ¡Volveré en dos años!". Dos años después su hija quedó embarazada, con el agregado de que utilizó esperma de banco. Al final del embarazo apareció el niño radiante que Winafred había visto en su meditación.

En estos diálogos con la entidad del feto hay que explicarle lo que está sucediendo y por qué está sucediendo. Veamos, como ejemplo, uno de estos diálogos tomado de una paciente de Claire Etheridge.

> No sé por qué estás allí pero éste no es tiempo para que tú estés allí. No podría darte lo que tú necesitas. No habría amor. Tú necesitas calor y amor y yo no puedo darte eso. Quiero que te vayas. No puedo pensar en una sola buena razón para traerte a este mundo. No sería feliz para ti. Amo el espíritu del bebé y aunque no sé por qué estás allí seguramente debe de haber una razón. Pero deseo lo mejor para ti. De modo que por favor te pido que te vayas. No hay otra forma. No quiero hacer lo que tengo que hacer mañana. Por favor vete por tus propios medios. Por favor escúchame porque nunca estaré tan cerca de ti como en este momento. Lo siento mucho. Realmente lo siento mucho.

Al día siguiente esta mujer tuvo un aborto espontáneo sin consecuencias traumáticas tanto para el alma del feto como para ella. Esto es muy importante porque además de las implicancias éticas y legales, de las secuelas emocionales de culpa y de lo cruento que resulta tanto para el feto como para la madre, un aborto provocado implica de por sí repercusiones kármicas para ambos seres. Además, el alma de un feto abortado puede convertirse más tarde en una entidad obsesora que atormente a la madre emocional y mentalmente como forma de venganza. Por medio del diálogo se puede guiar el alma del feto hacia la luz evitando así que se convierta en un alma perdida.

La idea de incluir a un bebé no nacido en la decisión acerca del aborto todavía no es concebible para la mayoría. La premisa aceptada es que la elección es realizada sólo por la madre y no por el feto. Pero ahora sabemos positivamente que desde el primer momento hay una conciencia que entiende todo, que siente, que percibe y que puede comunicarse de manera inteligible con nosotros. Cualquier decisión que ahora se tome al respecto es una cuestión entre tres conciencias: la madre, el padre y el alma del feto.

Capítulo IX
Historias de mellizos

No es frecuente que alguien que tenga un hermano mellizo consulte para hacer una regresión. Menos frecuente aún es que los dos hermanos trabajen con la regresión. Al respecto es interesante citar algunos hallazgos de Helen Wambach, quien llevó a cabo un trabajo de investigación bajo hipnosis en un total de 750 personas. Wambach realizaba una inducción hipnótica a grupos de varias personas y luego hacía determinadas preguntas al grupo en estudio. Más tarde, el grupo contestaba un cuestionario por escrito. Entre las 750 personas de este estudio había once que tenían hermanos mellizos, pero sólo uno de ellos asistió junto con su hermano gemelo. Estos gemelos relataron cada uno de ellos vidas anteriores diferentes. Durante la experiencia del nacimiento sintieron que estaban en comunicación telepática el uno con el otro. Uno de ellos eligió nacer libremente mientras que el otro se resistió a hacerlo. Todos dijeron haber conocido a su hermano mellizo íntimamente en vidas anteriores y haber estado con ellos en los períodos entre vidas. Algunos de ellos afirmaron que personas a las que conocían en esta vida habían sido hermanos mellizos suyos en una vida anterior.

Aquí vamos a asistir ahora a dos historias de mellizos completamente diferentes la una de la otra y una de ellas totalmente inesperada.

"¡Otra vez estás acá!"

Que los mellizos pueden pelearse dentro del vientre materno no es ninguna novedad y si no pregúntenle a Rebeca qué fue lo que le pasó con Jacob y Esaú. Cuenta la Biblia:

> Y los hijos se combatían dentro de ella; y dijo:
> Si es así ¿para qué vivo yo? Y fue a consultar a Yahvé.
> *(Gen. 25:22)*

La historia de Marta trata de un conflicto muy antiguo con su hermano mellizo. En realidad el problema mayor lo tenía ella. La relación con su hermano no existía. Tanto era así que recién conoció a sus sobrinos cuando éstos ya eran grandes. Cuando eran niños, Marta era físicamente más fuerte que su hermano y lo trataba muy mal. Ella misma confesaba que le hacía cosas terribles. Sin embargo, no fue esto lo que la llevó a trabajar con la regresión sino sus grandes ataques de ira, que se desencadenaban por la cosa más tonta. Era muy agresiva con el poder y durante sus ataques sentía un fuerte deseo de destruir al otro. Fue así que a través de la ira se encontró en el vientre materno, en compañía de su hermano mellizo.

Lunes 11 de agosto de 1997

Marta: (*Comienza llorando.*) Nunca me dan lo que es mío. ¡Siempre están primero los otros! Con mi marido era siempre él y él, su padre, sus hijos, sus hermanos. Siempre están primeros, no hay lugar para mí. –*sigue lloran- do*–. ¡En la panza también! ¡Tiene que aparecer él! ¡¿Por qué?! ¡Otra vez estás acá!!! ¡No te quiero! ¡Andáte! ¡Siempre lo mismo! Me sacan el espacio, la comida, ¡todo! Yo no te quiero, no te puedo querer.
Terapeuta: *Eso es, siga adelante.*
M: Y cuando salgamos no me van a querer a mí porque vos sos varón y yo soy mujer y todo va a volver a ser para vos. Mamá no me va a querer, pero papá sí. Me tengo que aliar con papá porque somos iguales.
T: *Eso es, siga adelante.*
M: ¡Ah! ¡Sos un inútil! ¡Siempre sos inútil! ¡Te tengo que ayudar! ¿Por qué no te das cuenta? ¡Tengo que dejar de hacer mis cosas

para hacer las tuyas! ¡Ah! ¿No ves que sos inservible? ¿Por qué siempre tengo que hacer lo tuyo? Y yo, ¿cuándo hago lo mío? ¡No te quiero ver más!
T: *¿Qué está pasando? ¿Dónde se encuentra?*
M: En la panza. Yo no te quiero, ¿sabés? Nunca te quise. ¡Otra vez estás acá! ¡Igual que siempre! ¡Me seguís a todas partes!
T: *Eso es, siga adelante, no se detenga.*
M: Una vez te maté y ahora volviste. En el castillo...
T: *¿Qué pasó en el castillo?*
M: También fue un inútil. ¡Te maté esa vez! –*llorando*.
T: *Muy bien. Cuento hasta tres y vaya a esa vez en el castillo. Uno... dos... tres. ¿Qué está pasando ahí en el castillo?*
M: Estoy en la terraza –*susurrando*–. Vos vas a subir también... y ahora no te vas a salvar... Escucho los pasos... ahí está la sombra...
T: *Siga, no importa lo que sea.*
M: ¡Aaah! –*gritando y golpeando el piso varias veces con ambas manos como si tuviera un puñal*–. ¡Ah! ¡Ah! ¡Ah!
T: *Eso es, deje salir todo eso y vea, ¿qué cosa la llevó a hacer eso?*
M: No sabés pelear. Tampoco sirve para seguir al enemigo, para pasar los datos. Estoy cansada, siempre fracasa en lo que hace. Lo siguieron y ahora saben dónde estamos.
T: *¿Y qué relación tiene con él en esa experiencia?*
M: El es un subordinado.
T: *Muy bien. Cuento hasta tres y retroceda un poco, al principio de esta experiencia en el castillo. Uno... dos... tres.*
M: Fue a espiar al enemigo y no lo supo hacer y lo vieron y lo siguieron los soldados. Entonces yo le digo que vaya arriba para conversar. Yo voy primero y, mientras subo las escaleras, pienso que no puedo seguir aguantando su ineptitud, que sea débil, que no sepa hacer las cosas, que las haga siempre mal. Podemos perder una batalla por culpa de él...
T: *Eso es, deje salir todo.*
M: ... Entonces, cuando llegue arriba, lo voy a esperar detrás de una de las torres para matarlo y así termina de molestarme. Te voy a esperar en la sombra. No me vas a ver... humm... se escuchan los pasos –*susurrando*–. Son seis escalones... cuatro... cinco... seis... está cerca... ¡Grrr! Siempre molestando. ¡Siempre inútil! ¡Inservible! ¡Inservible! ¡Voy a terminar con vos! –*agitándose y jadeando*–. ¡Ah!... ¡Ah!... ¡Ah! –*en cada grito descar-*

ga sus manos contra el piso como si empuñara un arma–. ¡Ahí va la cabeza del inútil! ¡Así terminarán los inútiles!

T: *Eso es. Ahora contaré hasta tres e irá al momento de su muerte en esa vida para terminar con todo eso. Uno... dos... tres.*

M: Estoy en una cama. Es como una tienda, un catre. Estoy sola... tengo mucha sed. ¡Ay! ¡Agua! ¡Agua! –*con voz casi inaudible*–. ¡Ah! Se me va la vida. ¡Ay! ¡Ah! ¡Ay! ¡Cómo duele estar sola! ¡Se fueron y me dejaron!

T: *Eso es, siga adelante.*

M: ¡Ay! No sirvo para seguir adelante, por eso me dejaron. Soy un estorbo. ¡Ahhh!

T: *Eso es, ¿dónde se encuentra?*

M: Estoy flotando.

T: *Muy bien. Ahora dejará ese cuerpo tomando conciencia de que esa experiencia ya terminó y, al contar hasta tres, irá al vientre de su madre, un poco antes de entrar y verá qué cosa la lleva allí, a encontrarse con ese ser como su hermano. Uno... dos... tres. Vaya al momento de su concepción.*

M: ¡Ah! Tengo que aprender a proteger a los débiles y voy a estar rodeada de ellos. ¡Ay! ¡Pero yo no los quiero! Mi madre también es débil. Hay que hacerle todo. Nunca sabe nada. Nunca puede hacer nada. ¡Ah! Pero mi padre hace todo. El hace todo. El aguanta todo. ¡Ay! Este hermano. ¡Otra vez! ¡Y va a ser chiquito! Flaquito, endeble, igual que mamá. ¡Todo igual! Los ojos, la cara, el pelo... Ella te va a proteger... y claro... ¡si sos como ella! ¡Y yo te tengo que hacer un lugar acá para vos! ¡Otra vez!

T: *Eso es, adelante.*

M: Pero vas a ser varón y yo mujer y no quiero. ¡Ay! ¡No estoy acostumbrada a ser mujer! ¡Ay! ¡Es mejor ser hombre! Me entiendo mejor con los hombres, pero vos sos muy débil para ser hombre. ¡Ay! Yo no te quiero, ¿sabés? Te aguanto hasta que salgas porque si te mato ahora yo también me voy a morir. ¡No te puedo matar! Si no, nos morimos los dos acá.

T: *Eso es, siga adelante.*

M: ¿Cómo hago para aguantarte otra vez? Ya sé, ya sé. Cuando crezcas nos vamos a separar. Lejos, bien lejos. No quiero saber nada de vos. ¡Qué me importa de vos! Y bueno, ahora andáte, así yo me quedo un rato sola en la panza.* ¡Ah! Ahora tengo más

---

* Marta nació quince minutos después de su hermano mellizo. [*N. del A.*]

espacio. ¡Ah! También te voy a tener que cuidar a vos, mamá. Pero bueno, a vos también te conozco.

T: *¿De dónde la conoce?*

M: Ni mis hermanas saben. Eramos chicas... ahí estás, en la cuna, llorando, siempre llorando y yo te tengo que aguantar porque me mandan a cuidarte, ¡ah! *(Esta experiencia se desarrolló en una regresión posterior, donde revivió una vida en la que mató a quien hoy es su mamá.)*

T: *Muy bien, ahora retroceda un instante antes de nacer y experimente su nacimiento paso a paso. Uno... dos... tres. Retroceda un instante antes de nacer. ¿Qué está pasando?*

M: Me estoy acomodando, es un poco difícil porque estoy de pie. Se están acomodando las manos... *–girando sobre sí misma.*

T: *Siga.*

M: ... ¡Hay mucha luz! ¡Ay! ¡No puedo respirar! ¡Ah! ¡Ah! ¡Ah! ¡Ah!!! *–jadeando.*

T: *Eso es. ¿Y cuál fue el momento más difícil de su vida fetal y de su nacimiento?*

M: ¡Ay! Cuando lo encontré a mi hermano.

T: *Vea en ese momento, cuando lo encontró a su hermano, ¿cuáles son sus reacciones físicas?*

M: Me contraigo toda, empiezo a patearlo. ¡Lo quiero aplastar! Me siento arriba de él. ¡Otra vez está ahí! ¡Ay! Tengo mucha bronca. ¡Lo odio!

T: *Y vea, ¿cuáles son sus reacciones emocionales en esos momentos?*

M: ¡Te odio! ¡Ay! ¡Lo quiero matar a éste! ¡Siempre me toca con vos! *–con tono de bronca y de fastidio.*

T: *Y vea, ¿de qué manera toda esta bronca, este odio, y esto de que lo quiero matar está afectando su vida como Marta? Todo esto, ¿qué le hace hacer?*

M: Es lo que yo siento por los que se me cruzan para competir. O los que tienen que hacer algún trabajo y no lo hacen. En seguida me da bronca.

T: *Y todo esto, ¿qué le impide hacer?*

M: Dar bien las órdenes. No puedo decir las cosas de buena manera para que las hagan. Entonces a ellos también les da bronca, porque no todos pueden hacer las cosas en forma rápida como las hago yo y hacerlas bien de una sola vez.

T: *Ahora fíjese, ¿qué está tratando de aprender con esta experiencia de tener a este ser como su hermano en esta vida?*
M: ¡Ah! Que hay otros que son menos capacitados y que debo ser tolerante. ¡Ay! Me cuesta mucho... Eso hace que la gente me tome odio y bronca. Tengo que aprender las diferencias. Nunca pude comprender a los que no podían. Fui muy cruel con las personas.
T: *Ahora vea todo lo que ha acontecido en su vida, adónde la ha llevado todo esto. ¿Estaría dispuesta ahora a completar su aprendizaje?*
M: Sí, es difícil, pero sí. He venido a aprender.

Luego de la regresión Marta me dijo:
–Siempre estuve rodeada de gente a la que yo llamo inútil. Mi madre, mi hermano, mi hermana menor, a la que siempre protegí y que por eso nunca me molestó. Mi ex-marido... Siempre tuve que ir al frente yo. Varias veces pensé que una de mis tareas en esta vida era aprender y aceptar que no todos pueden hacer las cosas de manera rápida y bien. Que no todos tenemos la misma capacidad para hacer un trabajo o para enfrentar las cosas.
–Parece ser que conocía de antes a varios de los integrantes de su familia.
–Y... por algo están a mi lado.
–¿Qué se lleva hoy de aquí?
–Bueno, acá le dejo dos muertos y la bronca. Me llevo la confirmación de lo que yo pensaba que tenía que hacer en esta vida: proteger a los débiles y aceptar que no todos tienen la misma capacidad para enfrentar las cosas.

Al igual que Jacob y Esaú, la rivalidad de Marta con su hermano se puso de manifiesto ya en el vientre materno. Claro que no sabemos qué es lo que pensaba su hermano en esos momentos. Tampoco sabemos si los gemelos bíblicos tenían razones más antiguas para su rivalidad, pero en el caso de Marta no quedan dudas. A través de su historia, como con Teresa, Mirta o Mariela, comenzamos a intuir de qué manera se van tejiendo los vínculos familiares de hoy a lo largo de las existencias anteriores. Como ven, es casi imposible sustraerse a la influencia de las vidas pasadas. No hay forma de comprender íntegramente la historia y las actitudes de una persona si no se incluye este concepto.

Ahora podemos comprender el porqué de este rencor con su hermano. Es incomprensible que dos hermanos que compartieron el mismo vientre al mismo tiempo durante nueve meses lleguen a detestarse de tal manera, a menos que haya una historia de enemistad anterior. Francamente me parece inverosímil creer que dos gemelos puedan odiarse y distanciarse simplemente por argumentos tales como competencia por el amor de la madre o por preferencias de uno u otro padre hacia alguno de ellos. Fíjense que aquí no se trata del temor a ser abandonado o dejado de lado por la madre. Aquí Marta *desearía* matar a su hermano dentro del vientre materno, total, ¿quién se va a enterar? No lo hace por la sencilla razón de que corre el riesgo de morirse ella también. Y allí mismo decide que cuando crezcan se van a separar. Lejos, bien lejos, tal como sucedió después.

A diferencia de otras personas que vivenciaron su nacimiento como el momento más traumático, para Marta ese momento fue aquél en el que se encontró con su hermano. "¡Otra vez lo tengo que aguantar!" Así es como funciona la ley cósmica del amor. Debemos encontrarnos con nuestro enemigo de ayer tantas veces como sea necesario hasta que terminemos por amarlo. Los vínculos familiares son una forma de obligarnos a estar juntos, aunque no queramos hacerlo. Así fue como Marta descubrió, por medio de la regresión, que ya había estado relacionada con varios miembros de su familia en anteriores existencias y no precisamente de una manera cálida y afectuosa.

A todo esto ustedes se preguntarán: ¿qué pasó con Marta y su hermano después de esta regresión? La cuestión es que la familia de Marta tenía unas tierras, cuya venta estaba trabada desde hacía tiempo porque los hermanos no se ponían de acuerdo. Luego de esta experiencia Marta supo que tenía la llave para la solución. Habló con su hermano mellizo, restableció el vínculo afectivo y en veinte días se vendieron los terrenos.

"Sólo vine a enseñarte a amar"

Ana M. estaba realizando el curso de formación de terapeutas, cuando en una sesión de entrenamiento planteó su problema con "las mitades". En su vida todo era por la mitad. Desde la sensación de no estar completa, de estar partida en dos, hasta tener que poner la mitad en todo. Con su ex-marido todo era por mitad. "Yo ponía cinco para esto y él ponía cinco para esto", decía Ana M. "Me divorcié y tuve que poner la mitad de la casa que era de mi padre." Unos días antes de la sesión su pareja le había ofrecido regalarle la mitad de un auto y a Ana le sobrevino un ataque de nervios. Ana estaba obligada a resolver esta cuestión. "No quiero contaminar esta relación con las mitades. Hasta que no lo resuelva, ¡basta de mitades!"

La sesión fue conducida por la Dra. Mónica Novo, quien hacía su primera experiencia como terapeuta. Era una de las primeras sesiones de práctica y estaban presentes todos los compañeros de curso de Ana.

Presten mucha atención a todo el desarrollo, porque lo que van a leer excede en demasía cualquier comentario que pueda hacer al respecto.

Miércoles 16 de julio de 1997

Terapeuta: *Cuando cuente hasta tres, irás al origen de esta sensación de las mitades. Uno... dos... tres.*
Ana: No sé por qué, pero me viene el momento en que nací. Siento mucho frío. Es mucho frío. Hay como una luz amarilla a un costado. No sé, me parece ver las piernas de mi mamá. La luz amarilla está a los pies y yo estoy saliendo.
T: Seguí.
A: Estoy enojada, muy enojada, muy enojada y no sé por qué estoy tan enojada. Es todo tan frío. ¡Tan frío! ¡Tan frío! ¡Ah! ¡Cuánto frío que tengo! ¡Esa luz! Esa luz está allá, a mis pies. No sé por qué está esa luz amarilla. Pero es todo muy frío, y me da mucho frío, es un médico tan frío. Es muy frío este médico, es muy frío.
T: ¿Qué sentís cuando estás allí?
A: No sé. No entiendo nada. Yo estoy ahí, no lo veo al médico, sólo le veo el gorro blanco. ¿Quién es? Y yo estoy ahí y no sé por qué estoy ahí. Estoy al lado de una luz amarilla y debajo de mí está frío. Hay metal y hay una sabanita. ¡Ay! ¡Tengo frío! ¿Por qué me dejan ahí? Hay una enfermera al lado de mi mamá. Le está sosteniendo algo en la boca y el médico está a los pies y yo... ¡Me dejaron ahí! Me dejaron ahí con la luz. Piensan que la luz me va a dar calor pero... ¡Me estoy cagando de frío! ¡Cuánto frío!
T: Seguí adelante.
A: El médico sigue trabajando con mi mamá. No sé qué pasa.

Tengo la sensación como que hay... ¡De que tengo un hermanito adentro!!! ¡Y yo no soy melliza! ¡Pero mi mamá tiene algo más adentro! –*llorando*–. No sé... es una locura, pero mi mamá tiene algo más adentro. El médico sigue trabajando... ¡Y saca algo más de adentro!!! ¡Saca algo más de adentro! ¡Y yo creo que es un hermanito, pero está muerto! ¡Ayúdenme por favor! ¡Ayúdenme! –*llorando desesperadamente*–. ¡Yo no sabía que tenía un hermanito! ¡Es varón! ¡Es varón! ¡Yo estoy segura de que tenía un hermanito varón y que nació muerto!

T: *Eso es, dejá salir todo eso.*
A: ¡Yo no sé! ¡Nunca me dijeron esto! ¡No sé si es verdad, pero yo veo que lo sacan! –*ahogándose en llanto*.
T: *Seguí, no importa lo que sea, seguí.*
A: No lo ponen a mi lado. Lo ponen como si fuera en la basura pero... ¡No puede ser! ¡Nadie puede tirar un bebé a la basura!
T: *Seguí.*
A: Yo sigo ahí, sola. Ahora me agarran y me llevan a mostrar a mi mamá. Mi mamá no me mira. El médico sigue trabajando con mi mamá. ¿Qué le pasa, que sigue con ella?
T: *¿Qué le pasa?*
A: La están como arreglando, le están metiendo cosas adentro. No sé qué es lo que le meten. Veo algo blanco, como un trapito blanco, tal vez sea gasa o algodón. Hay sangre... Se la llevan a mi mamá y me meten en una cunita. Me tapan, pero es todo frío.
T: *Avanzá un poco más, ¿qué está pasando?*
A: Mi mamá está llorando. Yo estoy a upa de ella en la cama y ella llora y mira para otro lado y llora y yo estoy ahí. Miro alrededor, pero ella mira para otro lado. No me quería tener.
T: *¿Y a qué se debe que no te quería tener?*
A: Porque la volvían loca los hijos. Sabía que ella no podía con eso. La volvía loca un bebé que llora y que grita. Ella quería perderme.
T: *¿Cómo es eso?*
A: Fregaba pisos... La veo fregando un piso para ver si con el esfuerzo me pierde. No sabe cómo salir de esta vida. Le molesta la panza. ¡Ay! Le molesta tenerme ahí dentro.
T: *¿Qué más?*
A: Es que me da miedo saber.
T: *¿Qué cosa te da miedo saber?*
A: Tanta locura. Papá se aleja, ella se aleja. Ella no quiere que yo esté ahí y mi papá se aleja.

T: *¿Qué sentís cuando estás ahí?*
A: Frío, nadie nos dice nada, nadie nos mima. ¡Nadie nos quiere!
T: *¿A quiénes no los quieren?*
A: A nosotros, a mí y al otro que está conmigo ahí, en la pancita. Está frente a mí. Es lindo. Yo sólo le veo las patitas y el pitito.
T: *Seguí, ¿qué está pasando?*
A: Mucho ruido afuera, muchas peleas. Mi tío se pelea con mi mamá... Nos tocamos las manitos con mi hermanito. Eso es lindo.
T: *Eso es, sentílo. Seguí, ¿qué más?*
A: ¡Yo creo que sé que se va a morir! Porque es muy chiquito. Siento mucha ternura. ¡Ah! Es como una velita que se va apagando. Nos entendemos los dos. No importa lo que pase afuera. No importa, nosotros dos nos entendemos. El es varón, pero yo lo tengo que proteger porque él es más chiquito. ¡Ay! ¡Pobrecito!
T: *Seguí. ¿Qué está pasando?*
A: Nada... giramos. Nos balanceamos los dos como en un subibaja. Nos gusta eso.
T: *Eso es. Seguí con eso de jugar, de balancearte. Y ahora, vas a avanzar un poco más...*
A: ¡Ay! Yo crezco y él sigue siendo chiquito. El no crece tanto como yo y yo ocupo más lugar que él, pero me corro para dejarle espacio y que crezca. ¡Yo quiero que crezca! ¡No voy a estar sola si él crece! Y yo le pido que crezca, que no me deje sola –*llorando*–. Pero no puede crecer. Hay algo que no le anda bien.
T: *Seguí.*
A: Ya no crece más. Lo veo ahí, chiquitito.
T: *Seguí un poquito más. ¿Qué es lo que está pasando ahora?*
A: Estoy sola.
T: *¿Cómo es eso de que estás sola?*
A: ¡No puede! No puede porque es muy chiquito. No sé si es que está muy enfermo o si ya se murió. No lo sé.
T: *¿Y si supieras?*
A: Está muy enfermo. ¡No puede crecer! ¡No puede crecer! –*sigue llorando*–. No sé si yo le saqué el lugar. ¡No! ¡No! Yo quería que creciera. Yo no le saqué el lugar. Yo me corro, me corro para atrás para que él crezca. Me viene el nombre Marcelo, pero no sé por qué. Y bueno, ahí estoy, aburrida.
T: *Avanzá un poquito más.*
A: Mi mamá ya tiene la panza gorda. Se agarra la panza, abajo. Se

mira la panza y no le gusta estar gorda. No le gusta tener panza. Ella es muy linda y cuando tiene panza se siente muy fea. No quiere tener panza. Ya se va, ya se va para tenerme.

T: *Muy bien, seguí.*

A: Sale caminando por un corredor con mi papá. Suben a un auto negro. No maneja mi papá. No sé quién los lleva. No se hablan en el viaje. Mi mamá está enojada y papá no sabe qué hacer. Cada uno está en su mundo. Mi mamá tiene frío. Papá le pone algo en los hombros. Mamá se quisiera morir ahí mismo. Ahora están pasando por un puente... y mi mamá piensa que si se pudiera tirar por ahí se tiraría. Tiene ganas de abrir la puerta y tirarse por ese puente. Ese puente tiene algo encima, como hierros cruzados. Ella no se anima. Dejó el puente, pero no se resigna.

T: *Seguí adelante.*

A: La bajan del auto. Hay un tipo con un gorro como esos que están en los hoteles, pero no es un hotel. No sé qué es ese hombre que la ayuda. Papá la agarra, pero no está con ella. Hay tanta distancia entre los dos... Mi mamá va como si fuera al matadero. Nadie tiene amor. ¡Ahhh! Mamá tiene zapatos de taco y un tapado amplio y oscuro... Y ahora camina con las piernas bastante abiertas. Se ve que algo pasó. Está chorreando agua.

T: *Seguí.*

A: Le sacan el tapado y la ponen sobre algo, una camilla. Abren una puerta... Mi mamá se quiere morir ahí. Es lo único en que piensa. Sólo piensa en morirse. Piensa en morirse. ¡Ay! ¡Dios mío!

T: *¿Y qué te pasa a vos cuando ella piensa en morirse?*

A: No entiendo por qué tanta muerte. Muerte a mi lado, muerte arriba de mí. No entiendo, me quiero ir de ahí.

T: *Avanzá un poco más.*

A: Estoy trabada en una puerta, estoy trabada en una puerta. Estoy trabada. Mi cabecita está trabada.

T: *Seguí.*

A: Ahora me trabo los hombros. Ya salí, soy flaquita, miro a ver qué pasa. ¿Qué es esto? Estoy muy sorprendida. Miro a una enfermera, no la quiero mirar a mi mamá, pero la miro.

T: *¿Qué sentís ahí?*

A: Curiosidad. Quiero verla a mi mamá pero otra vez se pone con la cara dada vuelta. ¡Ay, ay, ay! Yo voy a ir del otro lado para verla. Está llorando. ¡Con razón me la pasé llorando tanto tiempo en mi vida! Mi mamá llora porque no se pudo morir. No es que no me quiera a mí. Ella no quiere vivir. No quiere vivir. Y es tan linda... Yo le digo: "Sos linda mamá, sos linda. ¿Por qué te querés morir?". Y no me mira. ¡Ay! ¡Dios mío!

T: *Seguí.*

A: Yo estoy ahí, en la luz amarilla. Quisiera volver al lado de mi mamá, mirarla, que me mire. No soy fea. Soy una linda bebita, flaquita, pero linda. Pero no me quiere mirar, no quiere. Y esto le da mucha culpa también. ¡Ah! Pero es más fuerte el no mirarme que la culpa...

T: *Seguí.*

A: Ahora están sacando a mi hermanito. ¡Qué tristeza! ¡Voy a estar siempre sola! ¡Siempre me va a faltar eso! (*Ahí está el mandato principal.*) ¡Siempre me va a faltar! –llorando–. ¡Era tan bonito! ¡Ay! ¿Qué voy a hacer ahora? ¿Qué voy a hacer? ¡Se fue!!! ¡Ay! ¡Estoy tan angustiada! ¡No puedo hablar!

T: *Eso es, dejá salir todo eso. Yo estoy acá, a tu lado.*

A: ¡Es muy triste nacer entre la muerte! ¡Es muy triste! ¡Es tan angustiante! ¡Tan feo! ¡Tan frío! –llorando desconsoladamente–.

T: *Seguí, dejá salir todo eso.*

A: ¡Yo no quiero que lo tiren! ¡Y lo tiran!!! ¿Cómo pueden hacer eso?! ¡No lo tiren! ¡No lo tiren! Ya lo tiraron, ¿qué voy a hacer? ¡Nunca voy a estar completa! (*Otra vez el mandato.*) Si fuéramos dos sería tan distinto... Yo no estaría tan sola. No me puedo ni despedir de él. No le puedo dar besitos. ¡Ay! No le puedo dar besitos, jugar con las manitos por última vez.

T: *Eso es, seguí.*

A: ¡Ay! ¡Cuánta angustia! No me deja respirar. ¡Ahhh! Sigo mirando donde lo pusieron. Lo sigo mirando. ¡Cómo pueden tirar a un bebé! ¡Ay, ay, ay! No quiero nada más.

T: *Muy bien, hasta aquí, ¿cuál fue el momento más difícil de todo esto?*

A: Cuando lo tiran a mi hermanito. Eso es terrible.

T: *¿Y qué sentís en ese momento?*

A: Mucho frío y mucha soledad. Ya no voy a estar completa nunca más. ¡Me sacaron mi mitad! (*El mandato de las mitades.*) ¡Me la sacaron!

T: *¿Y cuáles son tus reacciones emocionales en ese momento?*

A: Una tristeza infinita. Y mucho vacío. Estoy enojada con mi mamá porque no me quiere mirar. ¿Cómo no me va a mirar?

T: *Y fijáte, ¿de qué manera todo esto de que no voy a estar completa nunca más y me sacaron mi mitad, cómo está afectando tu vida como Ana?*
A: Por más que tenga todo siempre soy un barril sin fondo. Es como que no me puedo terminar de llenar nunca. Me ofrecen medio auto, quiero uno. Si me ofrecen uno, quiero una limosina y si me ofrecen una limosina quiero una nave espacial. Nunca puedo estar satisfecha. ¡Siempre me falta algo! ¡Siempre me tengo que enojar! Desde lo racional me doy cuenta de que lo tengo todo, pero no puedo ser feliz. ¡Ah! Y yo quiero ser feliz. No quiero ver lo que me falta. Pero es algo más fuerte que yo. Es un fuego que nace de adentro y entonces armo quilombo.
T: *Muy bien. Ahora contaré hasta tres y retrocederás al principio de esta experiencia y dejarás salir todas estas sensaciones más profundamente. Yo estoy aquí, a tu lado. Uno... dos... tres.*
A: Estoy bajando, bajando... y pongo mis talones para no bajar. No quiero bajar ahí. No quiero ir con esa mamá. ¡No quiero ir ahí! ¡No quiero! ¡No quiero estar ahí! ¡Ah!
T: *Seguí adelante, terminá tu trabajo.*
A: ¡Ay! Pongo los talones, no quiero ir a esa panza, no quiero, no quiero, pero no me sirve de nada. Me metí ahí dentro y ahí me abrí como si fuera una flor. No, no... Es como un tallo y se abren dos hojas, una para un lado y otra para el otro lado. Se abrieron dos hojas... ¡y me muero de frío ya! ¡Ay, por Dios! ¡Los pies!
T: *Seguí. ¿Qué está pasando?*
A: Todavía no nos separamos, pero nos vamos a separar. Ahora yo estoy del otro lado, yo soy la del otro lado. Ahí mi hoja es más grande. Ahora nos giramos. ¡Qué sé yo! ¡Qué despelote!
T: *Eso es, muy bien, seguí adelante.*
A: Me gustó mucho mirar la otra hoja chiquita. Es tan bonita... Es una hojita redondita. La de arriba se va achatando y ahora tiene la forma de un porotito, tan bonito. Pero yo soy más gorda, más grande. No sé, pero me gusta ver ese porotito. Es como un porotito que va brotando. Salen las patitas, los bracitos y ahora levanta así la cabecita –*haciendo el gesto de levantar la cabeza*–. Es tan hermoso verlo, es tan hermoso. Le veo la cabecita, es tan bonito... Es muy pequeño y yo amo las cosas pequeñas. ¡Ah!
T: *¿Qué está pasando?*
A: ¡Yo sé que se va a morir y me da tanta pena! ¡Y ya lo veo cuando lo están tirando! ¡Yo quiero agarrarlo! Yo sé que no puedo hacer

que viva, pero yo quiero besarlo. Quiero jugar con las manitos, quiero tocarle las manitos –*sigue llorando*–. Quiero ver cómo está. ¡Qué tristeza tan grande! A él lo iban a llamar Marcelo. ¡Si yo pudiera sacarlo de ahí! Lo envolvería en una nubecita. ¿Le habrán dicho a mi mamá? No sé si lo sabe.

T: *Seguí, muy bien, seguí.*

A: Me siento tan culpable de dejarlo ahí. Pero, ¿qué puedo hacer yo, si no puedo hacer nada? Si tan siquiera supiera hablar les diría: "No lo dejen ahí". ¡Pobrecito!

T: *Eso es, todo eso ya pasó, liberá todo eso.*

A: Y estos médicos, siempre los médicos en mi vida. ¡Ay! Se creen que son Dios y no saben nada. ¡Cómo van a tirar un bebé a la basura! ¡Ahí, ahí! ¡No se puede dejar a un bebé ahí! ¡Por amor no se puede dejar un bebé ahí! Hay que envolverlo aunque esté muerto. ¡Qué se va a hacer! Pero no se lo puede tirar así. ¡Ay! ¡Qué patada le daría al médico! ¡Lo empujaría! Para que sienta. Se creen dioses y no sienten. ¡Ay, ay, ay, ay!

T: *¿Qué más?*

A: Nada más, nada más. La enfermera no es mala, ¿eh? Pero tiene que atender a mi mamá. Le está poniendo eso en la boca.

T: *¿Qué está pasando?*

A: Me voy a dormir.

T: *Muy bien. Entonces vas a elegir un color para envolverte en una vibración diferente.*

A: Blanco con un poquito de celeste clarito. Primero lo voy a envolver a mi hermanito. ¡Ahí está! Ya lo envolví. Está subiendo, subiendo, subiendo.

T: *Muy bien. Ahora, envuelto en esa luz, le vas a dar besos, vas a acariciarlo, mimarlo, hacerle los mimos que querías hacerle.*

A: ¡Por fin lo puedo despedir! –*llorando y con la voz entrecortada*–. ¡Yo te quería tanto, tanto!

T: *Eso es, dale todo eso que siempre le quisiste dar a tu hermanito.*

A: Lo lleno de besitos. Te vas a ir a un lugar lindo. Acá no ibas a estar bien. Yo voy a estar siempre con vos. Ahora lo voy a envolver en la nubecita. Ahí se va para arriba con Dios. El se va con Dios, se va con Dios. Era muy hermoso.

T: *Muy bien. Ahora, te vas a envolver vos misma en el color que desees.*

A: En el mismo color. Yo no quiero otro color.

T: *Muy bien. Te vas a envolver en el color blanco con celeste y,*

envuelta en ese color, proyectarás una imagen donde te verás en la forma en que te gustaría verte a vos misma de hoy en adelante.
A: Completa. Ya no me falta nada. Completa y feliz.

Al terminar la experiencia de Ana estábamos todos profundamente conmovidos, sorprendidos y maravillados. Todas las sensaciones al mismo tiempo. No había dudas sobre la realidad de lo que había vivenciado Ana. Aunque no se pudiera comprobar nada de lo que había experimentado, no teníamos dudas de su veracidad porque la intensidad de las emociones y el impacto de la experiencia nos había alcanzado a todos. Aun acostumbrado a muchos años de práctica con la TVP yo no podía dejar de maravillarme con la excelencia de la técnica. Durante toda su vida Ana había experimentado esta sensación de las mitades. Llevaba ya catorce años de experimentar con distintas técnicas terapéuticas y nunca había podido resolver esta sensación de no estar completa. Incluso había llegado a caminar sobre el fuego y a pesar de ello no había logrado sacudirse esta sensación. Y de improviso, en un curso de entrenamiento, con Mónica que hacía su primera experiencia como terapeuta, la verdad salía a la luz y se producía la sanación del alma.

Dos días después de esta experiencia Ana me pidió volver a trabajar con la regresión porque aún seguía con la sensación de no estar completa. Por otra parte, la había impresionado el frío que sintió durante la regresión. "Quiero saber más de esto", me dijo y así fue como se completó esta experiencia.

Viernes 18 de julio de 1997

Terapeuta: *Contaré hasta tres e irás a los momentos previos a tu concepción, cuando todavía estabas en el espacio entre vidas antes de nacer. Uno... dos... tres. ¿Qué está pasando?*
Ana: Veo como una flor blanca con sólo dos pétalos enfrentados. Sí, soy yo y mi hermanito. Ya ahí sabíamos que éramos dos. Es como una forma simbólica. Tenemos las cabecitas enfrentadas, pero todavía no somos personas. Es un símbolo muy hermoso. Está abierto abajo y unido arriba, como a la altura de las cabecitas y yo siento un enorme placer de estar con alguien. Yo siento que somos dos y... no te puedo explicar lo que siento. No, es una experiencia de mi alma.
T: *Decilo como puedas.*

A: Es sentir la Unidad, es lindo.
T: ¿Qué cosa te lleva a vivir esta experiencia en la vida fetal?
A: Aprender que no existe la separación.
T: Muy bien. Fijáte cómo se prepara esa experiencia. Fijáte si hay alguien más allí.
A: Hay luz detrás de nosotros. ¡Ay! Ya me pongo triste. Me avisan que esto es nada más que para que recuerde la Unidad cuando ya no la tenga y simbólicamente me hacen a mí grande y a él, chiquito.
T: Fijáte quién es él, quién es ese espíritu. ¿De dónde viene?
A: De la luz, está en la luz, pero me da calma. También para que la recuerde y nunca la recordé. ¡Ah! Para que recuerde que hay calma, hay Unidad, hay calma, hay amor... –susurrando–. Me dice que me va a costar mucho encontrarla porque soy rebelde y quiero todo ahora, pero que si miro la luz ahora, esa luz me va a guiar. Que la luz va a estar siempre, sólo que yo no voy a poder verla porque voy a estar enojada con todas las cosas que me tocan vivir. Me vuelve a decir que recuerde la Unidad. Me dice que tenemos que ir y yo ahí me rebelo un poquito, pero con él no puedo rebelarme porque cuando te dan tanto amor sólo podés dar amor y le obedezco. ¡Ayyy! Pero voy bajando y no quiero. ¡Ay, no, no, no! No quiero, ¡no quiero! No, no, no. Pongo los pies y no quiero. ¡Ay! Me acuerdo que tengo que ir, pero no quiero. Y soy yo sola la que hago fuerza porque mi hermanito es tan chiquito... ¡Ay! ¡Es tan chiquito! Es una semillita tan chiquita. ¡Ay! ¡Qué pequeña que es! ¡Ay! No me puedo resistir más.
T: Eso es. Muy bien, seguí adelante.
A: Ya está acá, él estaba acá, pero nos giramos así. Yo ahora estoy acá –mostrando con las manos la ubicación de cada uno de ellos.
T: ¿Acá, dónde?
A: En la panza de mi mamá. Yo estoy de este lado –señalando el costado izquierdo–. Antes de ser el porotito blanco es como un puntito negro, como una lentejita. Pero yo lo amo, yo sé que es él. Es tan maravilloso...
T: ¿Qué te dice mientras están allí?
A: Me ama, me dice que nunca lo olvide. Que no olvide su amor. Que cuando recuerde su amor voy a estar completa.
T: Recordá eso entonces. Seguí.
A: ¡Ay! Me lleno de ese amor. Yo me río y le pregunto cómo alguien tan pequeño puede decir algo tan grande. El me dice que la

grandeza no está en el tamaño sino en el alma. Yo juego y le digo que me gusta ver su tamaño pequeño y yo amo todo lo pequeño en esta vida.

T: *My bien, seguí.*

A: Ahora le crecen las patitas y los bracitos y cuando levanta la cabeza, lo que va a ser la cabeza, ese pedacito... es el momento más sublime que te puedas imaginar.

T: *¿Cómo es ese momento?*

A: ¡Ay! ¡Me emociona tanto! Es como si hubiera una gran explosión de amor y de vida. Creo que es porque veo mi mitad. Yo no le puedo ver ojitos, nada... yo lo siento. Yo te siento, mi amor. Y jugamos juntos. Me dice: "Nunca te olvides de jugar". Y yo le obedezco, yo voy a jugar por vos también. Yo ya sé que te vas a morir y él me dice que no muere, vuelve a Dios. Me da celos que vayas con Dios y me dejés a mí. Lo preferís a Dios antes que a mí. Y me dice que sí, todo tranquilito. Y yo soy tan celosa en esta vida... Y me dice que va a llegar un momento en que voy a entender desde mi corazón, no desde mi mente. Que los celos no tienen que existir. No existen, me dice. Donde hay amor no hay lugar para los celos. ¡Qué increíble! Donde hay amor... no hay lugar para los celos.

T: *Eso es, seguí.*

A: "Porque el amor no aprisiona y vos me vas a tener que dejar partir. Esta vez vas a tener que dejar partir." Y yo siento tanta pena... Pero no tanto como ayer porque ahora me explico más todo. Y si te vas con Dios me vas a proteger desde allá. "Yo te voy a proteger, pero vos vas a tener que hacer tu camino. La protección no quiere decir que vas a avanzar por un camino de pétalos de rosas." ¡Ay! ¡Qué duro que sos! ¿Cómo me decís estas cosas? "Porque es la realidad." Bueno, ¿ves?, quiero enojarme con vos y no me puedo enojar, pero sos muy duro. "Soy amor y el amor a veces es duro." ¡Este enano se las sabe todas! Yo lo amo tanto...

T: *Muy bien, seguí.*

A: Me dice que cuando ya no tenga ningún mensaje más para darme va a dejar de crecer para poder irse con Dios, pero que él me va a enseñar a jugar y ahí nos balanceamos. Ya está un poquito más grande. Yo no me puedo ver a mí misma. No me importa, lo miro a él que es tan lindo. Me dice que respire su amor porque está por llegar el momento. Le pregunto por qué me vas a dejar. "Porque sólo vine a enseñarte a amar. Yo vine acá especialmente para vos. Aprendiste que amar es soltar, que amar es dejar en libertad." Partirá en un momento. Yo siento ganas de darle besitos pero ahí no sé dar besitos. Nos vamos a fundir juntos un ratito más y después se va a ir. ¡Ay! ¡Ah! ¡Ay!

T: *Eso es, dejá salir todo eso.*

A: ¡Es que me duele tanto que partas! –*con la voz entrecortada por el llanto*–. "Recuerda que el amor también es dolor." Me dice que tome todo su amor. Y me dice que las partidas son muy tristes, que no tengo que luchar con eso, que la sienta. Que voy a tardar mucho en encontrarlo, pero que cuando lo encuentre voy a ser más grande. No sé si me quiere decir grande de edad. El me dice que no; más grande de alma. Y que aunque no lo vea, en ese momento ya no me voy a sentir sola. Que no me confunda. Que no crea que va a venir a meterse dentro de mí. Que voy a ser consciente de la Unidad que tengo con su almita por toda la Eternidad. Y ahora comienza a apagarse como una velita. Te quiero mucho. ¡Estoy en un velorio antes de nacer! –*ahogándose en llanto.*

T: *Eso es, dejá salir todo eso.*

A: Su almita ya se fue. No esperó a nacer para irse, se fue ahora. ¿Cuánto tiempo antes de nacer te pasó esto? ¡Ayudáme!

T: *Fijáte, ¿cuánto tiempo antes de nacer? ¿Fue en el primer trimestre, en el segundo, o en el tercer trimestre?*

A: Yo no lo sé, pero él me da una ayuda. Fue antes de que se le vieran bien los ojitos. Y vos me vas a tener que ayudar como médico a decirme cuándo fue.

T: *Fijáte, ¿fue antes de que se formaran o antes de que se abrieran los ojos?*

A: Antes de que se abrieran. El estaba a mi lado y era muy pequeño. Yo lo veía. Estaba ahí. Yo no sé cómo, si te moriste tan pronto. Me dice que no fue tan pronto.

T: *Por lo menos estuvo cinco o seis meses.*

A: ¿Cómo vivió? ¿Cómo pudiste estar a mi lado? ¿Hasta cuándo? Hasta que nacimos, ¿cómo pudiste estar ahí? Con tu calor, me dice. No sé, no sé... me parece que ya está.

T: *Muy bien. Andá al momento de tu nacimiento.*

A: Sale mi cabeza y me trabo en los hombros otra vez. Hacen fuerza y mamá hace fuerza y entonces es como... ¡Ooop! Así nací. Un nacimiento rápido y me ponen ahí en el frío. ¡Otra vez en el frío! ¿No se me va a ir nunca este frío? Yo quiero que se me vaya. ¡Ah! ¡La espalda! ¡La espalda! ¡Qué frío!

T: *¿Dónde te pusieron?*

A: Acá estaba la camilla, acá estaba mi mamá *—señalando con las manos—* y allá, a un costado, hay una luz amarilla y allí estoy yo, encima de una cosa fría como metal y hay una sabanita blanca pero es tan finita que no abriga. ¡Ay! ¿Cómo no se dan cuenta? ¿Qué se creen, que uno no tiene piel? Ahora lo están sacando a mi hermanito. Ya no tengo tristeza. Sé que no estás ahí.

T: *Muy bien, eso es.*

A: Ese es nuestro secreto. Los dos, en algún lugar, nos reímos porque el médico tira algo que él cree que tira, pero en realidad lo que está tirando es como la cascarita de un maní. Pero igual yo te envolví en la nubecita. Ya está, ya sé que estás bien. No importa lo que hayan hecho con esa cascarita. ¡Aaah! Ahora me toca el camino a mí solita.

T: *Muy bien. Ahora te vas a desprender de todas estas sensaciones y fijáte si todavía hay alguna cosa que estés arrastrando de tu experiencia del nacimiento.*

A: Sí, que mi mamá no me mire.

T: *¿Qué le está pasando a tu mamá en ese momento?*

A: Quiere morirse.

T: *¿Qué le está pasando, que quiere morirse?*

A: Tiene miedo a vivir.

T: *¿Y qué esperás aprender con la experiencia de tener a esta mamá en esta vida?*

A: Al final del camino voy a aprender a amarla. Pero al final del camino de ella y yo la estoy amando ahora y pude perdonarla. Vine a aprender a amar y ella era una de las personas que con más fuerza me iba a enseñar a amar a través del dolor. El papel de ella fue fortalecerme. No teníamos deudas pendientes. Y vamos a terminar bien el camino. ¿Le podré preguntar a ella? Mamá, ¿me vas a decir la verdad?

T: *¿Síííí?*

A: ... No sabe... Yo te amo, mamá.

Qué diferencia con la experiencia de Marta, ¿no? Pero la vida es así, son las dos caras de una misma moneda. Ese es el aprendizaje que estamos haciendo en la vida física. Aprender a amar, pero amar en un sentido amplio, universal. Y cuando finalmente aprendemos a amar se pone más difícil todavía, porque entonces hay que soltar lo que tanto nos costó aprender a amar. Esto es lo que nos enseña este gran maestro que resultó ser Marcelo, el hermanito desconocido de Ana. Amar es dejar en libertad.

Aquí se ponen nuevamente de manifiesto las múltiples sensaciones del feto dentro del vientre materno. Ana está inmersa en el caos emocional que vive su madre y conoce todos sus temores, pensamientos y preocupaciones. Decíamos, al principio, que madre y feto funcionan como si fueran una misma alma y que esto limita la capacidad de discriminación del feto. A través del trabajo con la regresión puede observarse que la mayoría de las personas saben perfectamente cuáles son sus sensaciones y cuáles pertenecen a su madre. En ese sentido, su discriminación está conservada, pero lo que sucede es que el feto no puede evitar sentir lo que siente su madre y entonces termina envuelto en ese mar de emociones y reaccionando en consecuencia. El trabajo terapéutico aquí consiste en ayudar a la persona a ejercer su capacidad de discriminación desligándose de todas las sensaciones que no le pertenecen.

Obviamente lo más impactante para Ana fue descubrir que tenía un hermanito mellizo. No fue posible verificar la existencia de ese hermano por cuanto ni siquiera su mamá supo algo al respecto. Claro que cabe la posibilidad de que al nacer muerto y tal vez sin haberse desarrollado completamente, los médicos hubieran optado por no decirle nada a la madre. Sin embargo, hay una serie de detalles significativos que nos hacen pensar que lo que descubrió Ana fue real. En primer lugar, Ana no tenía dudas de lo que estaba vivenciando. Ella misma dice: "No sé si es verdad, pero yo veo que lo sacan". La experiencia no es un invento o una fantasía de Ana, sino que directamente se le impone y ella no puede hacer nada por evitarlo. Desde el primer instante Ana se encuentra vivenciando este drama como si estuviese allí mismo, estremecida por el descubrimiento de algo inaudito y embargada por el dolor ante la pérdida inevitable de su hermano mellizo. El llanto y la desesperación de Ana no dejaban ninguna duda de que realmente estaba experimentando lo que estaba vivenciando.

En segundo lugar, Ana pudo confirmar con su madre todos los detalles de su nacimiento, de los cuales ella no tenía ningún conocimiento previo. El corredor por donde salió su mamá para dirigirse al sanatorio, el auto negro, el puente con hierros cruzados que resultó ser el viejo puente Pueyrredón que une las ciudades de Avellaneda y Buenos Aires, la llegada al sanatorio, el hombre con el gorro, el tapado oscuro, los zapatos de taco, todo eso resultó tal como lo describió Ana. Inclusive, su mamá confirmó el frío y que la colocaron sobre una camilla que tenía una superficie metálica.

En tercer lugar, a la semana de que Ana le contara su descubrimiento, su mamá tuvo el siguiente sueño:

> Soñé que entraba en la casa de Virginia (hermana mayor de Ana) y veía un hueco en la pared. Dentro de ese hueco había dos gatitos, un macho y una hembra. Yo agarro la gatita, la coloco sobre mi pecho y salgo a pasear por el jardín de la casa de Virginia. Cuando vuelvo al hueco en la pared el otro gatito ya no estaba y no lo vi nunca más.

Por supuesto que Ana también le contó la experiencia a su hermana mayor, quien de improviso recordó una escena singular ocurrida el día en que nació Ana. Ese día, Virginia, que por entonces contaba con cuatro años de edad, estuvo en el sanatorio. Mientras su mamá todavía estaba en la sala de partos, Virginia vio pasar a una enfermera que llevaba un bulto envuelto en sus brazos. Al ver a la mujer con el bulto Virginia se dijo espontáneamente: "Ahí hay un secreto". No sabemos si realmente había algo extraño, pero no deja de llamar la atención la existencia de tantas coincidencias.

Finalmente y lo más importante es que después de esta regresión desapareció la sensación de las mitades que tenía Ana. Al respecto, no se olviden de los mandatos de Ana porque fue este problema lo que la llevó a descubrir semejante historia. Cuando tiran a su hermanito Ana dice: "Ya no voy a estar completa nunca más. Me sacaron mi mitad". Ahí comenzó la otra historia de Ana, la de las mitades.

Otro aspecto interesante de la experiencia es que Ana hace una descripción inesperada del desarrollo embriológico de los mellizos, con el agregado de que previo al momento de la concepción hay una imagen simbólica en el plano espiritual que preanuncia lo que más tarde se concretará en el plano físico. Por algunos detalles que nos brinda Ana podemos saber que nos está hablando del período embrionario temprano y esto nos demuestra una vez más que el feto puede tener conciencia de todo el desarrollo embriológico. El tallo que describe Ana, del cual se abren las dos hojas que van a conformar a cada uno de los mellizos, podría corresponder a la notocorda, que es el organizador axial del embrión laminar de tan sólo dos semanas. Ana también ve cuando brotan los brazos y así podemos saber en qué momento se encuentra ya que el primordio del brazo comienza a protruir del tronco exactamente como un brote hacia la tercera o cuarta semana. A las once semanas se pueden ver los cinco dedos de la mano con claridad y entre el tercero o cuarto mes la mano puede asir, y éste puede ser el tiempo en que Ana juega con las manos con su hermano. De alguna manera, con todos estos detalles, podemos ubicar a Ana en cada etapa de su desarrollo fetal y saber aproximadamente cuándo dejó el cuerpo su hermanito. La pista es que eso ocurrió antes de que se abrieran sus ojos, lo que ocurre alrededor del séptimo mes de vida fetal. A juzgar por lo que dice Ana, el momento en que su hermanito levanta la cabeza debe de haber sido un instante extraordinario. Para ella fue un momento sublime.

Un capítulo aparte se merecerían las enseñanzas de este hermano desconocido que resultó ser todo un maestro. Repasen todos sus conceptos porque creo que hay mucho para aprender de él. En cierta forma él nos está mostrando que, en ocasiones, el breve paso de algunos niños por este mundo es con el único propósito de enseñarnos algo en particular. Por doloroso que sea para nosotros una vez que el maestro impartió su enseñanza regresa a su mundo porque ya cumplió con su misión. En este caso, este maestro acompañó a Ana un breve trecho sólo para enseñarle a amar y a recordarle la Unidad.

Desde un punto de vista estrictamente terapéutico también fue importante para Ana poder despedirse de su hermanito porque allí pudo cerrar por fin su historia de las mitades. Tiempo después Ana me escribió unas líneas donde me decía:

> La sensación de mitad, de no estar completa que comencé a sentir desde que era pequeña, se convirtió con los años en mi acompañante profundo y silencioso. Cada escalón que ascendía, cada trabajo de perdonar y perdonarme que hacía abrían mi conciencia y me convertían en un ser más compasivo y amoroso. Pero por dentro mi alma seguía angustiada e incomprensiblemente partida en dos. Ahora por fin pude despedirme y liberar mi alma.
>
> Querido hermanito: En momentos cotidianos significativos mi alma vuela y se funde con la tuya en una nubecita blanca con un poco de celeste y entonces, todo, todo, se llena de luz. Ya no estoy por la mitad.

Capítulo X
Descubriendo secretos de familia

Es común que algunos padres guarden algún secreto sobre su relación, las circunstancias de su casamiento o sobre la concepción o el origen de sus hijos, entre otras cosas. Cada pareja tiene sus motivos y el derecho a no revelar detalles que son de su intimidad. Pero no importa cuán hermético sea el secreto; ya hemos comprobado que a la conciencia del feto no se le escapa nada. Ella está allí, desde el primer momento, registrando todo lo que acontece sin solución de continuidad. Que luego del nacimiento la memoria de la vida fetal se desvanezca no significa que no persista en algún lugar de la conciencia. De allí en más ese recuerdo se manifestará a través de la intuición, de algún síntoma o de alguna sensación extraña como la de Ana y sus mitades. De alguna manera los hijos adoptados intuyen su verdad aunque nadie les haya revelado su origen.

A lo largo de mi trabajo con la regresión varias personas descubrieron detalles de su vida fetal o de su nacimiento que no habían sido comentados o revelados por sus padres. Un ejemplo de esto es el caso de Magdalena, que descubrió que fue su tía quien le dio el primer baño. Pero hay cosas que son algo más que detalles, como el hermano mellizo de Ana M. Son verdaderos secretos de familia, a veces terribles, que los hijos ignoran por completo, al menos en el plano consciente. De esto tratan las dos historias que compartiré a continuación con ustedes. Ambas experiencias produjeron un fuerte impacto en la vida de sus protagonistas y son un claro ejemplo de que para el alma no hay secretos.

El precio de una decisión apasionada

Desde que era niño Juan Manuel se sintió inexplicablemente rechazado por su mamá, una situación que en su vida de adulto se transformó en una relación fría y lejana. Hasta los cuatro años se crió con una tía y, en ese lapso, su mamá tuvo dos hijos más. Cuando volvió a vivir con sus padres para su mamá ya era un extraño. Juan Manuel comenzó a sospechar que algo raro había en su origen, el día en que accidentalmente descubrió que sus padres se habían casado dos meses antes de su nacimiento. Para ese entonces Juan Manuel tenía treinta y siete años. "Yo creo que mi mamá fue violada", me decía en su primera entrevista conmigo cinco años después de este descubrimiento. Fue trabajando con su dificultad para formar una pareja estable que Juan Manuel se encontró inesperadamente con la verdad de su origen.

Lunes 24 de junio de 1996

Terapeuta: *Cuento hasta tres y andá al origen...*
Juan Manuel: Yo estoy pidiendo venir, pero no estoy en el cielo. Estoy en otro lugar... es muy bonito y bello.
T: ¿Qué estás haciendo allí?
J: Yo había terminado mis estudios. Ya había pasado las pruebas de la Tierra y, cuando estuve frente al tribunal, les pedí volver.
T: ¿Cómo es que les pedís volver?
J: Les explico que allí todo es muy bello, pero que yo no tengo el registro de haber encontrado el amor para mí. Ellos me dicen que reflexione, que he encontrado un amor mayor. Pero yo les pido que me dejen volver y que a cambio de eso voy a hacer todo lo que ellos me pidan.
T: Y ellos, ¿qué dicen?
J: Ellos se lamentan de mi pedido. Dicen que hay misiones mejores. Hay una mujer mayor entre ellos. Esta mujer me dice que cuando yo la necesite ella estará en mis sueños y así no me voy a olvidar.
T: Y entonces, ¿qué pasa?
J: Quieren saber si realmente estoy decidido a volver a la Tierra.

Me explican que va a ser muy difícil, que es probable que no lo logre. Sin embargo, me dan su protección y me piden que ayude a todos los que me rodeen. La mujer mayor se siente muy apenada. Trato de tranquilizarla y le explico lo importante que es para mí encontrar mi amor. Que sin eso siento que todo lo mío se pierde. No quiero pasar por alto ese encuentro. Y entonces me envuelve una luz inmensa y todos ellos se van quedando en el centro de esa luz y me hablan desde allí arriba.

T: *Seguí adelante.*
J: Me dicen que hay distintas categorías en el amor. Pase lo que pase sólo voy a poder amar de verdad a una sola mujer. Ahora se acerca esa mujer mayor. Es anciana, pero es tan bella...

T: *¿Qué está pasando?*
J: Me da un abrazo. Me dice que no tema, que si yo llevo adelante mi misión y no olvido las otras dimensiones de amor que aprendí, entonces voy a conocer el amor de una mujer en la Tierra. Dice que si no soy cuidadoso voy a sufrir mucho. Entregarme a la mujer equivocada me va a causar muchos dolores y sólo con amor los podré resolver.

T: *Seguí, ¿qué más?*
J: Me explican que si ellos me hubieran dado esa misión yo hubiera tenido una conciencia completa de lo que iba a hacer, de quién era y a qué venía. Pero como soy yo quien pide esto teniendo la posibilidad de pedir algo mejor, entonces va a ser más difícil.

T: *Seguí adelante.*
J: Ahora estoy solo y está todo oscuro. Me empieza a doler la cabeza. ¡Ay! ¡Me duele todo!

T: *¿Qué está pasando?*
J: Estoy por nacer –*susurrando*.

T: *¿Qué está pasando?*
J: Es extraño, porque estoy como dormido, como anestesiado. Yo sé que nací, pero no puedo ver. No veo ni el rostro de mi mamá. Creo que me durmieron. Ella también está dormida. La durmieron a mi mamá.

T: *¿Cuándo la durmieron?*
J: Cuando estaba dentro de ella porque se golpeaba la panza y me lastimaba.

T: *Muy bien. Retrocedé un poco antes de que duerman a tu mamá. Uno... dos... tres.*

J: No sé qué está pasando. Me duele todo, la cabeza, los ojos, todo el cuerpo. Me está golpeando fuerte, muy fuerte, con los puños.
T: *¿Qué le está pasando a tu mamá?*
J: Ella se quiere morir. No quiere vivir y no me quiere ver tampoco. Está como loca. ¡Ay! ¡No quiere vivir! No lleva la vida que ella desea. Dice que se tuvo que casar para irse de ahí. Que nos va a hacer pagar a todos su desgracia.
T: *Muy bien. Esto es muy importante para vos. Ahora tomarás una inspiración profunda y, cuando cuente hasta tres, retrocederás al momento de tu concepción. Uno... dos... tres.*
J: Aparece de nuevo esa mujer. Dice que éste es el primer inconveniente.
T: *¿Qué te dice esta mujer?*
J: "No vas a ser concebido como fruto del amor que vas a buscar". Pero se sonríe y eso a mí me preocupa. Dice que al principio todo va a ser al revés y, que hasta que yo lo enderece, todo va a estar al revés. Dice que me van a rodear personas que no van a ver el amor como yo.
T: *¿Y para qué te va a servir esto?*
J: Para trascender las dificultades.
T: *Muy bien, avanzá al momento de tu concepción. ¿Qué está pasando?*
J: Hay un hombre y mi mamá lo está seduciendo. Yo veo que ella lo provoca.
T: *¿Quién es este hombre?*
J: No sé quién es. No lo reconozco pero... ¡Mi mamá es violenta! ¡Ella lo seduce violentamente!
T: *Seguí adelante, no importa lo que sea.*
J: Ella se tira sobre él, lo provoca. Pareciera que él no quiere y ella lo insulta. Lo insulta muchísimo.
T: *¿Qué sentís en esos momentos?*
J: Yo siento vergüenza. ¿Por qué me avergüenza? ¡Ay! ¡Ahí empezó mi vergüenza! ¡Yo no quiero eso! ¡Ah! No sé qué quería conseguir mi mamá.
T: *¿Y si supieras?*
J: Creo que poder. Finalmente lo consiguió, y se embarazó pero él no volvió nunca más. ¡Qué vergüenza! Me dan náuseas, siento asco.
T: *¿Qué ocurre después de eso?*
J: Primero me cuidaba, quería que naciera. Pero después, cuando

él no volvió más, no me quería tener. Puedo ver a mi abuelo. Está muy enojado, furioso.

T: *Muy bien. Seguí avanzando.*
J: Veo que se van de viaje, mi abuelo, mi abuela y mi mamá. Mi mamá ya no quiere que yo nazca.
T: *¿Qué sentís cuando tu mamá ya no quiere que nazcas?*
J: Que tal vez me equivoqué, que todo va a ser muy difícil y tan duro... pero siempre me pasó lo mismo.
T: *¿Qué cosa es siempre lo mismo?*
J: Que me dejo llevar por mi pasión. Entonces, tomo decisiones apasionadas. Volver a la Tierra fue una decisión apasionada. Los mejores y los peores momentos de mi vida fueron resultado de mi pasión. Pero siento una pasión tan grande por la vida... Pero allí no había amor. Había conveniencia. ¡Ay!
T: *¿Qué está pasando?*
J: Ya me duele el estómago y después me va a doler toda la vida. Es el alimento que me da ella. Es el rencor que ella tiene y yo no quiero que me llene con ese rencor.
T: *Muy bien y, hasta aquí, ¿cuál fue el momento más difícil de esta experiencia?*
J: Cada vez que ella intentaba matarme.
T: *¿Cómo lo hace?*
J: Agarra un aguja y se la introduce en la vagina y provoca una hemorragia.
T: *Por duro que sea, experimentá ese momento. ¿Qué estás experimentando?*
J: ¡Ay! –*retorciéndose sobre la alfombra*–. Me duele mucho. Es todo dolor.
T: *¿Cuáles son tus reacciones emocionales en ese momento?*
J: Estoy muy triste. Me da miedo. ¿Cuántas veces va a pasar esto?
T: *¿Cuáles son tus reacciones mentales en ese momento?*
J: No tengo miedo de morirme. Tengo miedo de no poder vivir, de no poder hacer lo que vengo a hacer.
T: *¿Y qué es lo que venís a hacer?*
J: Aprender a recibir amor. Aprendí a dar y tengo que aprender a recibir. Pero, ¿de quién voy a recibir? De mi abuelo estoy seguro de que sí, pero no va a ser suficiente.
T: *Muy bien; cuento hasta tres y avanzá hasta un instante antes de que duerman a tu mamá. Uno... dos... tres. ¿Qué estás experimentando?*

J: ¡Ah! Esta vez se está golpeando muy fuerte. La golpea a mi abuela también. Está como loca, furiosa. Yo no llevo nueve meses en su panza. No sé cuántos meses son, pero llevo menos de nueve meses. Ella se golpea muy pero muy fuerte. Entra mi abuelo... la carga en el auto y la lleva a un lugar.
T: *¿Qué lugar?*
J: Es una casa. No es una casa de familia. Hay un médico.
T: *Seguí un poco más.*
J: Veo un tubo. Parece un tubo de gas y mi mamá se queda dormida.
T: *Y entonces, ¿qué sucede?*
J: Es una carnicería. Están tratando de que yo nazca, pero yo no puedo ayudar. Me siento como dormido. Es todo muy borroso, como muy lento. Ya estoy afuera.
T: *Y esto de haber estado dormido, anestesiado en tu nacimiento, ¿qué te hace hacer en tu vida actual?*
J: Me confunde, me impide seguir naciendo.
T: *¿Y cuál fue el momento más difícil de tu nacimiento?*
J: Cuando mi mamá se golpeaba. No podía frenar los golpes. No podía detenerla. Era mi vida y no podía defenderla. Yo no podía hacer nada. Eso era lo más terrible.
T: *Muy bien. Ahora fijáte si en esos momentos, bajo la influencia de esas sensaciones, tomaste alguna decisión o tuviste algún pensamiento que esté afectando tu vida actual.*
J: ¡Sí! Sentí que siempre era así. Que si me golpeaban no podía hacer nada. ¡Pero no es así!
T: *¡Muy bien! Eso es. Tomá conciencia de eso.*
J: Sé que se puede amar de otra manera. Sé del poder que tiene el amor. Sé que hay un amor diferente.
T: *¿Y para qué viniste a esta vida?*
J: Para encontrar ese amor para mí también.

Se imaginarán el shock de Juan Manuel al término de la regresión. Si bien es cierto que intuía que algo extraño había en su origen, una cosa es fantasear con una hipótesis y otra cosa es comprobar que la sospecha se convierte en realidad. En medio del impacto emocional, el asombro y el estupor, Juan Manuel no tenía dudas de que ésa era su verdad. Mezclado con el shock emocional comenzó a sentir una sensación de alivio y de paz interior. De improviso, toda su vida comenzaba a ordenarse.

Todavía conmocionado por la imagen de su madre seduciendo a otro hombre, no podía dejar de ignorar que estaba aquí, en la Tierra, por un capricho de su alma de encontrar el amor en una mujer. Sus maestros le habían aconsejado seguir un camino diferente, pero él necesitaba concretar el amor en el plano físico. Los maestros siempre respetan nuestro libre albedrío. Ellos saben que cada uno tiene su tiempo y que tarde o temprano aprenderemos a escucharlos aunque mientras tanto tengamos que atravesar por el dolor. Juan Manuel implícitamente acepta el dolor cuando dice que hará todo lo que ellos le pidan con tal de volver. Esa no fue una buena decisión. Fue una decisión apasionada como todas las de Juan Manuel, pero ése fue el precio que pagó para cumplir con su deseo. Los maestros le anticiparon que sólo podría amar de verdad a una sola mujer y exactamente así estaba ocurriendo en su vida de adulto. Había tenido varias parejas, pero nunca había amado de verdad a una mujer.

El drama se desencadena en el instante mismo de la concepción porque allí está el nudo que explica el rechazo de su madre. Estupefacto, Juan Manuel descubre que su mamá no fue violada como él fantaseaba sino que ella misma provoca al hombre de quien quedará embarazada. Más tarde su mamá intentará abortarlo y luego se golpeará la panza, en el colmo de la furia y de la impotencia. El rechazo y la relación posterior con su madre no son más que una prolongación y una consecuencia de esta situación que comenzó en el vientre materno.

Aunque es obvio que el descubrimiento de este secreto es el punto excluyente de esta experiencia, no dejen de repasar las enseñanzas y consejos de los maestros como así también las propias decisiones de Juan Manuel, sus reacciones emocionales y su aprendizaje. Una vez más, aun en la experiencia más dura, hay un aprendizaje para realizar.

Juan Manuel no se animó a hablar con sus padres de su secreto. Ellos ya eran ancianos y comprendió que para ellos toda esta historia también debió de haber sido muy dura. Pero fue atando cabos y comenzó a comprender muchas cosas de su vida que no entendía, además del rechazo de su madre desde que era niño. Encontró muchos detalles que encajaron como el armado de un rompecabezas con la experiencia de la regresión. Hasta que finalmente se armó de coraje y habló con una tía, quien le confirmó la verdad tal como él la había descubierto.

"¡No es mi mamá!"

Esmeralda me consultó por dos motivos puntuales. Uno de ellos era su miedo al éxito y su historia de fracasos repetidos desde que nació. El otro era el misterio que envolvía a su mamá. Nacida en la provincia de Córdoba, sus padres se mudaron a Buenos Aires cuando ella tenía cuarenta días. De su nacimiento, todo lo que sabía es que había sido un parto normal. De chica, cuando se enojaba, su mamá solía decirle: "Salí de acá, vos no sos mi hija". Sin embargo, su padre, ya fallecido, nunca dijo nada al respecto. "Mamá siempre se mantuvo en eso de que yo no era su hija –decía Esmeralda–, pero como me parezco mucho a mi papá y ellos no se llevaban bien siempre pensé que lo decía de bronca. Papá siempre hacía bromas –continuaba Esmeralda–. Cuando le pregunté por mi nombre dijo que era por dos novias que había tenido. Tal vez fui la hija de una de sus novias".

Esmeralda vino para su primera regresión firmemente decidida a saber su verdad: "Quiero saber cuál es mi verdadera mamá. Quiero saber si mi mamá es o no es mi mamá".

Martes 20 de enero de 1998

Esmeralda regresa primero a una vida en un monasterio, donde se negó a enseñar. En el momento de su muerte se ve rodeada de hombres vestidos de color dorado que rezan mientras ella se duerme y se aleja flotando como una nube en el espacio.

Terapeuta: *Cuento hasta tres y vaya a la siguiente experiencia que su alma necesita trabajar. Uno... dos... tres*
Esmeralda: Yo sigo flotando. Hace mucho tiempo que floto. Soy como una nube. Estoy muy bien. Quiero estar siempre así. No quiero estar en ninguna parte, quiero estar siempre ahí.
T: Siga adelante.
E: ....
T: Cuento hasta tres y avanzará hacia el vientre de su madre en esta vida, en su vida como Esmeralda. Cuento hasta tres y estará allí...
E: No, no quiero. No quiero estar apretada. No me quieren y yo no quiero.
T: ¿A qué se debe que no quiere?
E: Yo no quiero vivir. Yo no quiero vivir. Me molesta, me aprieta

todo y me estoy ahogando. ¡No puedo ni respirar! Me quiero ir. Hay muchos problemas, me molesta todo. Yo no quiero. No quiero nada. Se pelean todos. No sé qué pasa.

T: *¿Quiénes se pelean?*

E: No sé... Mi papá... parece mi abuelo. No sé quién es... y yo me ahogo. ¡Ay! ¡Me quiero morir! Me quiero morir de vuelta. ¡No quiero estar acá! Mi mamá está mal. Ella tiene el pelo largo. Yo no quiero, yo no quiero. No sé qué pasa.

T: *¿Qué está pasando?*

E: Me llevan, me llevan. Mi papá me lleva. No sé adónde. ¡Ay! Hace mucho frío. No sé, no hay nadie. Debe de ser un hospital. Es todo blanco y no hay nadie. Estoy sola otra vez. No sé qué pasó. Es una habitación toda blanca y no hay nadie. Tiene ventanas grandes y no hay nadie.

T: *Siga adelante.*

E: Mi papá es muy joven y me lleva no sé adónde... humm... me lleva a una casa. Sí, es la casa de mis abuelos. Humm... hay alguien que llora, parece que es mi mamá. Pero es mi mamá de ahora. ¡Ay! ¡No me gusta! ¡No me gusta!

T: *¿Qué cosa no le gusta?*

E: ¡No me gusta esa mujer! ¡No es mi mamá!!! ¡No es mi mamá!!! –llorando y gritando.

T: *Eso es, deje salir eso.*

E: ¡Ay, no es!!! ¡No es mi mamá!!! ¡Ay! ¡Mi mamá se murió! ¡Mi mamá se murió!!! ¿Qué voy a hacer?! ¡Ay! ¿Qué voy a hacer?! –gritando con desesperación–. ¿Qué voy a hacer? ¿Qué voy a hacer ahora? ¡Ay! ¡Yo me quiero morir! ¡Ay! ¡No me gusta! ¡No me gusta esto! Tengo mucho frío. ¡No me gusta! –sigue llorando–. ¡No me gusta! ¡Yo me quiero ir! Me quiero ir lejos, muy lejos. Quiero flotar otra vez. No me gusta. No me gusta. No me quieren.

T: *Muy bien. Ahora contaré hasta tres y retrocederá un instante antes de nacer y verá claramente qué sucede con usted y con su mamá. Uno... dos... tres. Experimente su nacimiento. ¿Qué está pasando?*

E: Yo me ahogo y mi mamá está mal. ¡Es muy joven! Casi una nena, muy chiquita y yo soy grande y me ahogo y me ahogo. ¡Ah!

T: *Eso es, experimente el pasaje por el canal vaginal.*

E: ¡No! ¡Yo no nazco así!

T: *¿Cómo es eso? ¿Cómo nace?*

E: La están operando. Ella también se ahoga y yo me ahogo. ¡Ah! Sí, la operaron. Es un salón blanco. Hay una monja, una cruz muy grande. Es la mañana, no sé qué hora es. Hay sol, mucho sol. Mi mamá está mal. Yo, ya estoy bien. Ella es muy flaquita. No sé, no sé más.
T: *Vea qué es lo que pasa con su mamá.*
E: Se queda ahí. Está acostada, está mal. Mi papá me lleva. El me lleva. No sé, no sé más. No sé qué pasó con mi mamá. Mi papá me lleva a esa casa fea.
T: *¿Qué pasa en esa casa fea?*
E: Están mis abuelos... ¡y esa mujer mala! –llorando–. ¡Yo no quiero estar ahí!
T: *¿Y a qué se debe que la llevan ahí?*
E: No sé, no sé. Mi papá siempre se equivoca porque él no tenía hijos. El no tiene hijos, entonces me lleva a mí.
T: *Ahora vea, ¿cuál fue el momento más traumático de esta experiencia?*
E: Que me lleven. Que me saquen de al lado de mi mamá. No sé por qué me sacó de allí.
T: *¿Y cuáles son sus reacciones físicas en ese momento?*
E: Mucho frío y tengo hambre.
T: *¿Y cuáles son sus reacciones emocionales en esos momentos cuando la sacan de ahí?*
E: Impotencia, no puedo hacer nada –llorando–. Me duele el pecho, la garganta.
T: *Eso es, ¿y cuáles son sus reacciones mentales en esos momentos?*
E: Quiero hablar y no puedo.
T: *Y todas estas sensaciones, ¿qué le hacen hacer en su vida como Esmeralda?*
E: Pensar mucho. Yo no hablo. Yo me trago todo.
T: *Muy bien. Ahora fíjese, ¿cuál es el sentido de esta experiencia? ¿Para qué tiene que pasar por la experiencia de ir con esta mujer? ¿Qué está tratando de aprender en esos momentos? ¿Cuál es la lección de vida que está tratando de aprender?*
E: Y... tengo que enseñarle. Tengo que enseñar que se quieran más.
T: *¿Y qué cosa la lleva a esta mujer? ¿Hay algo de su pasado que la lleve a esta mujer?*
E: Que no quise enseñar. Sabía mucho, pero no quise enseñar.
T: *¿Cuándo no quiso enseñar?*
E: Fue cuando estaba en el salón dorado. Yo quería salir de ahí y,

como no me dejaron, no quise enseñar. El anciano archivero dijo que yo era una maestra, que tenía que enseñar y que yo no quise. Que sabía mucho, pero no quise. Y ahora tampoco quiero. No quiero que sepan que sé. No quiero saber. No quiero saber nada. Es mejor ser ignorante porque al ignorante siempre se le disculpa todo. A los que saben, no. El que sabe es culpable.

T: *Y esta cosa de que es mejor ser ignorante, que el que sabe es culpable, ¿qué le hace hacer en su vida como Esmeralda?*
E: No animarme a nada. Me impide enseñar.
T: *¿Y cómo se relaciona todo esto con sus fracasos en la vida?*
E: Y... yo quise fracasar.

¡Cuántas sorpresas que nos depara el alma y cuán ingenuos que somos al creer que se puede engañar a un bebé! Creo que a esta altura ya no debieran quedar dudas al respecto. Tarde o temprano, de una manera u otra, la verdad sale a la luz. La cuestión es cuál es el precio que se paga por una mentira piadosa o por ocultar la verdad por temor a causar un dolor mayor o por no animarse a enfrentar la propia responsabilidad. Yo creo que la verdad, por dolorosa que sea, siempre es más sana que la mentira más dulce. La verdad tiene poder sanador. La verdad tiene el poder de terminar con todos los dolores, las fantasías y los fantasmas creados con su ocultamiento. Aunque lo neguemos mil veces, todo aquello vivenciado por el alma durante su pasaje por la vida fetal está en el nivel subconsciente y desde allí domina y condiciona la vida de una persona. ¿Para qué, entonces, ocultar una verdad que de una u otra manera se manifestará más tarde a través de miedos, bloqueos, fracasos o conflictos afectivos? ¿Cómo hubiera sido la vida de Ana sin su problema de las mitades? ¿Qué hubiera pasado con Juan Manuel si de chico su mamá le hubiese confesado la verdad de su origen? ¿No hubiera resultado una relación más sana? Y teniendo un vínculo sano con su madre, ¿no habría encontrado tal vez a esa única mujer a la que podía amar de verdad? Y ahora con Esmeralda, de haber sabido su verdad, ¿no se habría decidido a enseñar lo que sabía en lugar de fracasar? Yo sé que lo que propongo no es fácil de llevar a cabo, pero ahora que sabemos que, aunque callemos, el feto está al tanto de todo lo que ocurre, no tiene sentido seguir callando. Ana M. sabía hasta lo que ni su propia madre podía imaginarse. Es cierto que hay cosas que son inevitables porque al fin y al cabo se trata de la experiencia que el alma necesita para hacer su aprendizaje o su trabajo particular. Pero si bien es cierto que nadie puede ahorrarle al alma el trabajo que ella debe hacer por sí misma, también es cierto que podemos hacer mucho para ayudarla en su tarea. Y saber la verdad, por dolorosa que sea, le evita al alma muchas complicaciones y pérdidas de tiempo innecesarias.

Esmeralda sospechaba que su mamá no era su verdadera mamá. Sin embargo, no pudo evitar sentir la desesperación al descubrir la verdad. Es que ésa debe de haber sido la sensación dominante en ese mismo momento, cuando recién nacida fue llevada a otro lugar y entregada a otra mujer que para colmo no le gustaba. Aquí se reiteran actitudes que ya hemos visto anteriormente, como la negativa a venir y el deseo de morirse antes de nacer. Vean qué expresión que utiliza Esmeralda: "Me quiero morir de vuelta". Todavía tiene fresco el recuerdo de la muerte anterior y el bienestar que experimentaba mientras flotaba en el espacio. Esmeralda no tiene dudas de que ya se murió una vez y quería repetir esa experiencia. Observen también la cantidad de mandatos que surgen además del secreto develado. Terapéuticamente no hay que perder nunca de vista el trabajo global de la regresión por más impactante que ésta sea. Hay una serie de mandatos terribles, como por ejemplo: no quiero saber, es mejor ser ignorante, el que sabe es culpable, no quiero estar en ninguna parte, me quiero ir lejos, y otros más. Todos ellos directamente vinculados con su historia de fracasos y la negativa a enseñar lo que sabía. Por otra parte, esta misma negativa en su vida anterior fue lo que la llevó a pasar por esta experiencia.

Un detalle que quiero destacar es que los padres de Esmeralda le habían dicho que había nacido de parto normal. Sin embargo, cuando le pido que experimente el pasaje por el canal vaginal, Esmeralda exclamó con vehemencia: "¡No! ¡Yo no nazco así!". Esto es importante por dos motivos. Por un lado, porque es otro detalle más que Esmeralda descubre por sí misma. En segundo lugar, porque esto demuestra claramente que en la regresión no existe la sugestión por parte del terapeuta. Si realmente Esmeralda se hubiese visto influida o sugestionada por mi voluntad, tendría que haber obedecido a mi consigna y haber experimentado el pasaje por el canal vaginal. Sin embargo, no fue así, porque la experiencia se le impone al paciente y es independiente de los pensamientos del terapeuta.

Al terminar la regresión Esmeralda dijo: "Definitivamente no es mi mamá. Debe de haber sido la novia de papá de toda su vida". Posteriormente Esmeralda se animó a investigar y, aunque no pudo encontrar un testimonio o una evidencia definitiva, encontró cosas muy significativas. Habló con familiares paternos y maternos. Nadie supo nunca por qué sus padres se mudaron a Buenos Aires luego de su nacimiento. Ningún familiar sabía del embarazo de su mamá. Pudo confirmar que efectivamente el gran amor de su papá fue otra mujer que se llamaba Esmeralda. Un hecho llamativo es que cuando viaja a Córdoba siempre evita pasar por su pueblo natal, para lo cual tiene que hacer un largo rodeo. Cada vez que pasa por allí siente ahogos y un rechazo total. Cierta vez tuvo que pasar obligadamente por el pueblo y no veía la hora de salir de ahí. Con su mamá no puede hablar ya que ésta padece de arteriosclerosis senil. En un momento de lucidez le preguntó: "Si yo no soy tu hija, ¿quién es mi mamá?". Parece que su mamá intentó darle un nombre, pero sólo pronunció una incoherencia. Hay otro hecho importante que hace más verosímil lo que Esmeralda descubrió. Esmeralda tiene tres hermanas menores con las cuales prácticamente no tiene relación. Hace cuatro años se enteró de que la menor de sus hermanas no era hija de su papá. Su familia piensa que pudo haber sido un acuerdo entre sus padres. ¿Habrá sido así? Al fin y al cabo su mamá siempre sostuvo que no era su hija; pero Esmeralda nunca le creyó, pensando que no hablaba en serio. Mientras tanto, como una paradoja o quizás una lección de vida, es Esmeralda quien se hace cargo de su mamá en su enfermedad. A pesar de que ella sigue repitiendo que no es su hija.

Capítulo XI
Caput-zihill: "Renacer"

Hasta aquí hemos acompañado al alma desde el momento en que inicia sus preparativos para regresar a la vida física hasta el instante en que, ya encarnada en su nuevo cuerpo de bebé, sale del vientre de su madre.

A través de las experiencias de los pacientes hemos aprendido que la conciencia (el alma o el principio consciente, como queramos llamarlo), está unida vitalmente al embrión desde el instante mismo de la concepción. Hemos visto también que esa conciencia que se une al huevo fertilizado trae consigo la memoria y las emociones de sus experiencias anteriores, las cuales se manifiestan con todo su poder durante la vida fetal. Asimismo hemos podido apreciar de qué manera el trauma del nacimiento está profundamente entretejido con el trauma de vidas pasadas. Ahora sabemos que el desarrollo prenatal no es algo exclusivamente genético y embriológico, sino que está sujeto a fuerzas y eventos espirituales que apenas estamos comenzando a entrever. La vida del nuevo ser será el resultado de la interacción de la estructura kármica con la genética, a lo cual se suman los residuos emocionales provenientes de las experiencias pasadas y el propio estado emocional de la madre.

El punto esencial de todo esto es que un individuo se encarna y llega a nosotros con el carácter que ha adquirido y con la personalidad que ha desarrollado durante el curso de su larga historia. El final de una vida en el cuerpo físico no significa el fin de una tendencia arraigada en el espíritu o de una forma particular de reacción y, desde el instante mismo de la concepción, estas tendencias y reacciones se verán reactivadas y estimuladas por los estados emocionales de la madre y por todo lo que ocurra en el seno de la pareja y a su alrededor. Los futuros padres deben saber que gran parte de su trabajo consistirá en ayudar al ser que llega bajo la forma de un bebé, a modificar, atemperar y encauzar las tendencias que éste trae del pasado, como así también estimular y favorecer el desarrollo de sus habilidades ya adquiridas a las que denominamos innatas. Los hijos no vienen para la satisfacción de los padres. Son seres que vienen para cumplir con su destino y eligen o llegan a sus padres para aprendizaje de éstos o porque estos padres son los más adecuados para ayudarlos a sanar sus emociones pasadas y a cumplir con ese destino. Guiarlos, acompañarlos y asistirlos hasta que puedan valerse por sí mismos y llevar a cabo su propósito es el trabajo básico de los padres con respecto a sus hijos y este trabajo comienza en el instante mismo de la concepción. Esto implica estar conscientes de cuáles son los motivos subyacentes del comportamiento de su hijo. Comprender y aceptar que el carácter de un niño se forma mucho antes de su nacimiento. Saber esto brinda una gran oportunidad para adelantarse antes de que los conflictos emocionales se reactiven y se desencadenen en el niño. Una cuidadosa observación del comportamiento del bebé durante el nacimiento permitirá a los padres reconocer o intuir qué aspectos de la personalidad del niño deberán ser estimulados y cuáles son aquellos que necesitarán ser modificados. Tengan presente que en el drama del nacimiento el ser que llega a nosotros está reaccionando al influjo de su memoria anterior con toda su naturaleza emocional. Aquí no hay simulación. Sus actitudes son absolutamente transparentes y se muestra tal como es, pero como no estamos conscientes de todo lo que se está moviendo en ese momento no podemos verlo. Si en el instante del nacimiento el bebé se atraviesa o presenta sus nalgas en lugar de la cabeza o nace enroscado en el cordón umbilical, ya nos está diciendo mucho sobre su drama interior. Si perdemos este momento de manifestación genuina del alma, difícilmente tendremos otra oportunidad tan clara en las siguientes etapas de su crecimiento. Pronto, la percepción aguda de la infancia será eclipsada por el desarrollo de la función cerebral, por los mecanismos de adaptación a las nuevas circunstancias y por la educación convencional. Cuanto más temprano se reconozcan en el bebé sus aspectos perjudiciales y se comience a trabajar sobre ellos, más fácil le resultará a éste, en su adultez, resolver sus emociones. Para cuando el nuevo ser emerja de la infancia y haga su entrada en la adolescencia será demasiado tarde. Las emociones y recuerdos del pasado reactivados por las diversas circunstancias del período fetal, nacimiento y primera infancia se habrán cristalizado en diversos conflictos emocionales y su resolución será mucho más difícil de lo que hubiese sido necesario.

Los antiguos mayas tenían un conocimiento al respecto, que nosotros hemos perdido. Ellos sabían muy bien que el alma unida al feto era el psiquismo de una persona muerta que volvía a renacer. Por ese motivo no tenían una palabra equivalente para nacimiento y utilizaban el término *caput-zihill*, que significa "renacer". Renacimiento. Justamente esto es lo que espera un bebé de su madre: un renacimiento, en lugar de un nacimiento.

En el primer capítulo decíamos que nadie imagina la responsabilidad que adquiere una mujer en el instante de la concepción. Ahora que conocemos en su intimidad la azarosa aventura de encarnar, podemos comprender y valorar en su verdadera dimensión el delicado trabajo de ser una madre gestante.

¿Cuál es el rol de la madre? ¿Qué es lo que espera el feto de su madre?

Nada menos que ahuyentar los fantasmas y los temores pasados; proveer un refugio seguro, si el alma viene de una experiencia traumática inmediata; calmar un hambre de amor no saciado en existencias precedentes; paliar los errores eventuales de madres anteriores; sanar el dolor residual provocado por antiguas pasiones imposibles; cerrar las heridas del alma; borrar los errores, las culpas y los fracasos lejanos; devolver la confianza y la seguridad en sí mismo, en la pareja y en el amor; salir decididamente al mundo y aceptar con alegría la oportunidad de una nueva vida. En una palabra: desdramatizar. La madre puede pacificar al bebé de los traumas de vidas precedentes. La madre tiene el poder de borrar los recuerdos dolorosos del pasado. Y tenemos que recuperar ese poder para la mujer. ¿Cómo? Haciendo consciente la vida fetal. Tomando conciencia de todas las contingencias dramáticas, de todos los peligros, las asechanzas y los miedos que puede experimentar el feto durante la vida intrauterina. Tomando conciencia de que, en el momento del nacimiento, no sólo es posible liberar al recién llegado de la carga de su pasado, sino que también es posible sanar el mundo. En cada nacimiento hay una oportunidad para sanar el mundo. ¿Cómo? ¿De qué manera? Fundamentalmente, devolviéndole a la mujer su condición de madre de la humanidad. Recuperando para la sociedad moderna el culto a la maternidad. Es necesario que la madre sea feliz. Una madre feliz es la mejor garantía para el desarrollo de un ser libre, maduro y completo y para la construcción de un mundo mejor. En nuestro mundo de hoy la gestación ha perdido su condición sagrada. Las condiciones actuales de vida y de exigencia en nuestra sociedad civilizada conspiran contra una maternidad consciente y natural. No hay tiempo para prestarle la debida atención a ese ser que viene en camino, pero que nadie ve ni escucha y mucho menos imagina el historial que pueda traer de sus experiencias pasadas. Recordemos que cada ser que llega al mundo trae sus emociones, sus dolores pasados, su lección de vida y su trabajo a realizar y, desde el instante mismo de la concepción, sus padres, como más tarde el obstetra, el pediatra y sus primeros maestros en la escuela pueden ayudarlo a cumplir con su propósito. Obviamente el rol más importante es el de la madre. La madre es el primer psicoterapeuta y necesita ser respetada y venerada no sólo por su pareja, sino por toda la sociedad, para que pueda ejercer su rol terapéutico en forma plena y sin sobresaltos. Sólo se necesita conciencia, amor y comunicación. Una madre consciente de todos los eventos, pensamientos y emociones a los que está expuesto el feto puede hacer todo lo necesario para protegerlo de todas estas contingencias. La comunicación constante con la conciencia de su bebé desde el instante mismo de la concepción hará que éste se sienta seguro y acompañado, no importa lo que suceda. Es necesario hablar con él ya sea mentalmente o en voz alta y no tener temor de hacer el ridículo. Aunque no lo escuchemos él escucha todo y no sólo eso sino que además puede leer nuestros pensamientos, como ya lo hemos visto. El solo hecho de concentrar la atención en el feto hará que la comunicación se haga consciente. Recuerden que hay una conexión cuántica o telepática entre la madre y el feto: éste puede manifestarse claramente a la madre en su mente y, si ella aún no lo percibe, el feto podrá recurrir entonces a los sueños de la madre para comunicarse a través de éstos. Muchas mujeres han recibido así, entre otras cosas, el nombre de su futuro bebé anunciado por él mismo.

Comunicación, amor y conciencia. Sobre todo, mucho amor. Echemos por un instante una mirada a nuestro mundo de hoy. No hay continente en el que no haya guerra, persecución, hambre, desolación y dolor. Ahora bien, por increíble que parezca, quiero explicarles algo. Si una persona, durante el lapso de su vida física, no ha estado en contacto o no ha tenido la oportunidad de desarrollar su conciencia espiritual, al llegar el momento de su muerte, su alma puede tener serias dificultades para desprenderse del plano físico y entrar en la dimensión de la luz. En condiciones normales el alma es asistida en su desprendimiento mediante las ceremonias, los rituales y las plegarias. Pero cuando la muerte ocurre en circunstancias dramáticas y sorpresivas el alma puede encontrarse perdida, con miedo y sin saber adónde ir. Esto puede ocurrir sobre todo cuando se producen desencarnaciones en masa como en guerras, terremotos, grandes explosiones o catástrofes naturales. En estas condiciones, en el instante de la muerte, el ser no tiene conciencia cabal de su situación. Aún sigue en este plano, aún puede escuchar las bombas, aún siente que pueden atraparlo otra vez y entonces, ¿qué hace? Busca refugio. ¿Dónde? Algunos se acercarán a una persona conocida, tal vez un familiar y entrarán en su campo vibratorio convirtiéndose así en lo que conocemos como un alma perdida. Pero, ¿qué mejor refugio que el vientre de una mujer? ¿Qué mejor contención y consolación que el amor de una mamá? Así es como entonces muchos seres, sobre todo niños y adolescentes, al verse en esta situación, buscan refugio en la matriz de una mujer en condiciones de concebir. Pasan de una muerte traumática a una nueva encarnación sin transición y sin siquiera darse cuenta de lo que está sucediendo. Esto es algo que ya lo había observado Joan Grant en sus experiencias durante la Segunda Guerra. Estos seres que reencarnan en estas condiciones traen consigo todo el miedo, la impotencia, el desamparo, la desolación, el dolor, la tendencia a huir y esconderse, pero también traen todo el trauma, el odio, el rencor, la violencia y el deseo de venganza. Al nacer, reproducirán todas sus emociones y tendencias. Ya en el vientre materno su sensibilidad ante diversas situaciones estará exacerbada. Una simple discusión entre sus futuros padres será suficiente para desencadenar el clima de violencia de su experiencia anterior. Ni qué hablar si hay un intento de aborto o si el nacimiento se complica y se hace necesario recurrir a maniobras instrumentales. Si apenas viene de morir torturado por sus captores y encuentra que los médicos lo están esperando con instrumentos amenazantes en sus manos, creerá que será torturado una vez más y eso desencadenará todo el miedo, pero también todo el odio. Si ese ser vuelve a nacer en el mismo medio en el cual desencarnó (lo cual es lo más probable) a los pocos años estará nuevamente inmerso en la misma espiral de violencia. Inconscientemente, su deseo de venganza se reactivará por la memoria del pasado reciente y pronto volverá una vez más a la contienda. Así, la rueda de la enfermedad del odio y del dolor seguirá rodando por este mundo.

Ahora bien, una madre consciente de la realidad de la vida fetal, consciente de que ese ser que aloja en su vientre trae su propia historia, consciente de que ese mismo ser tal vez viene huyendo de una tragedia contemporánea, puede sanar todos sus dolores, miedos y rencores mediante el poder del amor. Si ese bebé llega al instante del nacimiento envuelto en una atmósfera de amor, seguro de sí mismo y seguro del amor de sus padres, sabrá que tiene una nueva oportunidad y habrá dejado atrás su pasado doloroso. No necesitará vengarse, no necesitará odiar y así, nacimiento por nacimiento, comenzaremos a sanar el mundo. Por supuesto, no todos los niños que nacen vienen de una guerra o de una tragedia. Muchos de ellos vienen de mundos de luz y llegan a nosotros, justamente, para ayudarnos en este trabajo de sanación del planeta. Pero tenemos que saber que la gran mayoría viene con su carga del pasado.

En concreto, ¿qué pueden hacer los padres, y sobre todo la madre, durante la vida fetal?

1. Tomar conciencia de todo lo que hemos visto hasta aquí, desde la concepción hasta el nacimiento.

2. Tener presente que, en el momento de la concepción, el ser que será nuestro futuro hijo está allí, presenciando y participando activamente en este proceso.

3. Hacer consciente la comunicación que existe en forma natural entre la madre y el feto. La madre debe conversar con el alma del feto tal como lo hace con cualquier persona de cuerpo presente. Recordar que el feto está todo el tiempo junto a ella

participando de todos los acontecimientos, emociones y percibiendo hasta el más mínimo pensamiento de la madre. No olviden que para el feto no hay secretos.

4. También el padre debe hablar con el feto y acariciar la panza de la embarazada. Esto es algo que el bebé aprecia y disfruta mucho, a la vez que le brinda seguridad.

5. Cualquier situación emocional intensa que viva la madre, cualquier discusión que pueda surgir con algún familiar o entre los padres, debe ser esclarecida al feto para desligarlo de dichas emociones explicándole que él no tiene nada que ver con esa situación ni es responsable de ella. Recuerden que todas las frases y dichos que se enuncien enfáticamente se convertirán en órdenes y mandatos inconscientes en el futuro adulto.

6. Incluir al feto en toda decisión trascendente que tenga que tomar la familia, como cambio de trabajo, de domicilio o inclusive de país. Comunicarle todo lo que se va a hacer en todos los casos, explicándole los motivos de ese cambio o de la decisión tomada, asegurándole que no importa lo que pase, pues todo estará bien.

7. Si la madre debe concurrir al médico o necesita tomar una medicina o someterse a una intervención diagnóstica o quirúrgica, explicarle lo que se va a hacer y decirle que no debe temer nada, que todo va a salir bien.

8. De la misma manera y con mayor razón debe procederse cuando se trata de los controles del embarazo. Hay que anunciarle y explicarle al feto todos los procedimientos que se van a realizar y, sobre todo, estar atentos a las reacciones del feto ante el obstetra. Si la madre no se siente cómoda con el profesional, consultarlo con el bebé. Tal vez sea él quien no está conforme con el obstetra elegido.

9. La madre debe cuidar todos sus hábitos y sobre todo su alimentación. Si la madre fuma, el feto se verá afectado no sólo por el humo del cigarrillo, sino también porque disminuirá la concentración de oxígeno en la sangre y esto puede limitar o inhibir el crecimiento fetal. Este hábito, como así también el consumo excesivo de medicamentos, sedantes o antidepresivos estarán creando la base para una futura adicción. Y los famosos antojos y las náuseas pueden ser provocados por el mismo feto, que así expresa su gusto o su rechazo por determinados alimentos. Los vómitos y las náuseas pueden ser un recurso del feto para obligar a la madre a cambiar su dieta.

10. Cualquiera sea la actividad que desarrolle, la madre debe tener presente en todo momento que dentro de ella hay un ser que piensa, siente, oye y reacciona ante cada evento en el cual ella participe. El feto estará expuesto a las circunstancias particulares del ámbito en el que ella se desenvuelva. Por ejemplo, si la madre es agredida por personal jerárquico superior o es despedida de su trabajo, el feto sentirá que él también es agredido o rechazado y experimentará como propios el desaliento o la preocupación de ella. Si la madre es una profesional de la salud y está en contacto con el dolor, la tragedia o el sufrimiento de sus semejantes, tener en cuenta que las emociones de los pacientes pueden reactivar en el feto sus propias emociones no resueltas. En cada circunstancia es suficiente hablar con el feto y explicarle de qué se trata cada cosa, discriminándolo de las emociones y reacciones de los otros.

11. Una circunstancia por demás dolorosa durante la gestación es el fallecimiento de un ser querido. Dentro del dolor de la pérdida no hay que dejar de lado al feto. Si la madre sólo piensa en su dolor o cae en un estado depresivo, para el feto el resultado será experimentar una vez más el abandono y el desamparo. Este puede ser el momento en el que el feto tome alguna decisión que lo afectará más tarde en su vida adulta. Tampoco hay que aferrarse al feto como a una tabla de salvación. Está bien y es natural hacer el duelo, pero al mismo tiempo hay que mantener el contacto con el feto explicándole, como siempre, lo que está sucediendo.

12. Cuando se está acercando el momento del parto, explicarle lo que va a suceder. Anunciarle que va a nacer a una nueva experiencia y que será recibido con amor. Explicarle toda la secuencia del parto. Decirle que las contracciones uterinas son necesarias para ayudarlo a salir y no para expulsarlo. Si la madre está bien contactada con el feto, el parto será un trabajo en equipo y no habrá necesidad de recurrir ni siquiera a medicamentos para inducir el trabajo de parto.

13. Cortar el cordón umbilical. Este es un aspecto fundamental del rol de la madre. Es la madre quien debe cortar el cordón en lugar del obstetra. Esta es una oportunidad única para que la madre pueda liberar por sí misma al nuevo ser de la simbiosis y de la dependencia obligada durante la gestación, dándole la libertad y la decisión para desarrollarse como un ser libre, maduro e independiente. Es como decirle: "Yo te recibo, te amo y te libero. Al cortar el cordón estás cortando con tu pasado. Esta es una nueva

vida, esta es una nueva oportunidad. Esta vez todo saldrá bien. Eres libre para hacer lo que viniste a hacer".

De todo esto que hemos dicho, ¿qué es lo más importante? Hablar, mantener la comunicación con el feto todo el tiempo. Lo ideal es comenzar a llamarlo por su nombre en cuanto se sepa su sexo. No esperar hasta el momento del nacimiento para darle un nombre porque eso facilita las ambigüedades y le resta intimidad al contacto. Es necesario reasegurarlo permanentemente. Recuerden que la desconexión con su madre es lo peor que le puede pasar al feto y que para él no hay heridas o traumas ligeros. Cada trauma representa la posibilidad de ser aniquilado y por ende sus reacciones también serán desmesuradas. Ahora que sabemos que cada ser trae consigo su carga del pasado, su historia y sus emociones, podemos hablarle en base a nuestro conocimiento. Podríamos decirle, por ejemplo, que ésta es una nueva oportunidad, que esta vez será diferente, que no importa lo que haya sucedido en el pasado, porque todo eso ya pasó, que ahora será amado, cuidado y protegido, que lo ayudaremos a hacer lo que vino a hacer. Una madre conectada con el feto podrá registrar su estado de ánimo y discriminar perfectamente cuáles emociones son de ella y cuáles pertenecen al bebé. Podrá saber cuál es su miedo o su preocupación e inclusive podrá intuir hasta su historia pasada, que puede serle revelada en sueños, y obrar en consecuencia.

Como ejemplo del poder de la comunicación verbal con el feto quiero compartir con ustedes la siguiente experiencia del Dr. Héctor Jurado, de la ciudad de Caracas, Venezuela:

> Un día, mi hermana Morella me llama muy preocupada y angustiada porque en su condición de embarazo se descubre que el feto estaba atrasado en cuanto a medidas y peso. Como ya se sabía que ese feto era de sexo femenino le dije que no se preocupara y que siguiera las indicaciones de su médico y que todo iba a salir bien ya que las hembras son más fuertes que los varones.
>
> En un segundo examen donde se practica otro ecosonograma se descubre que ese feto estaba realmente atrasado y que la causa del atraso era una doble circular de cordón. Mi hermana me llama nuevamente por teléfono relatándome todo lo que estaba ocurriendo. Es en ese momento cuando le digo a Morella que Marina –el nombre de la futura bebé– había escogido todo esto. No sólo a su madre y a su padre sino también al médico que la trataba. Acto

seguido le dije a Morella que siguiera escuchándome en el teléfono pero que lo que iba a decir era un mensaje para Marina el cual iba a llegar a su alma a través de sus oídos. Entonces comienzo el mensaje como una conversación con cualquier alma diciéndole así:

—Marina, generalmente los bebés que como en tu caso hacen una doble circular de cordón es porque quizás en otra vida sufrieron una muerte por estrangulamiento. Eso fue perfecto en esa vida y en ese momento, pero no te preocupes ya que en tu reprogramación para esta nueva vida tú escogiste este vientre y a esta madre. Quizás ahora que estás enroscada en tu propio cordón te estés dando cuenta de la responsabilidad y del camino que te toca vivir en esta vida como Marina. Esto es muy importante para tu evolución espiritual de modo que tranquilízate y confía en Dios y en ti misma ya que tendrás que vivir esta experiencia como Marina en ésta o en otra vida y, ya que estás aquí, aprovecha la oportunidad que te da el Universo para que puedas avanzar en el camino de la luz. Siéntete querida y escucha la voz de tu tío Héctor que te da la bienvenida. Dios te bendiga.

A continuación me dirigí a Morella diciéndole que se quedara tranquila y que era muy probable que tuvieran que hacerle una cesárea. En ese momento Morella me interrumpió diciéndome: "Si ya el médico estableció la fecha de la intervención". Entonces le indiqué una receta floral y le dije:

—Quédate tranquila ya que Marina escuchó todo. Recuerda que cuando el feto está en el útero puede ver, oír, sentir y saber todo lo que la madre ve, oye, siente y piensa. Cualquier cosa me llamas.

Cuando se aproximaba el día de la cesárea Morella siente movimientos extraños y corre de emergencia al hospital en dos oportunidades resultando que todo estaba bien. Llega el día de la cesárea y... ¡sorpresa! Ni el médico, ni los auxiliares, ni nadie pudo explicarse lo que había pasado porque Marina nació sin las circulares de cordón y con un peso casi normal.

Vean ustedes el poder que tiene hablarle al feto como a una persona adulta. Héctor ni siquiera estaba en presencia de su hermana. La comunicación con Marina dentro del vientre de su madre se estableció a través del teléfono. Sin embargo, el mensaje de Héctor fue perfectamente entendido por Marina, que comprendió que no había nada que temer y que tenía que aprovechar esta nueva oportunidad que se le ofrecía. Así de sencillo es hablar con el feto y toda madre debiera hacerlo. Esto es algo que también debieran hacer todos los profesionales que tengan que trabajar con una mujer embarazada. En algunas ocasiones me ha tocado conducir una regresión en estas condiciones. En estos casos procedo de la siguiente manera. Antes de comenzar con la regresión apoyo mi mano sobre el vientre de la madre y me dirijo al feto llamándolo por su nombre, si ya lo tiene, presentándome y explicándole lo que vamos a hacer. Básicamente le digo lo siguiente:

¡Hola! ¿Cómo estás? Yo soy José Luis y estoy aquí para ayudar a tu mamá a resolver algunas cosas que tiene pendientes y que la molestan y no le permiten prestarte toda la atención que te merecés. Por ese motivo vamos a hacer un trabajo especial. Durante este trabajo tu mamá va a revivir experiencias difíciles de su pasado. Seguramente tendrá fuertes emociones. No tenés que preocuparte por nada porque todo estará bien. Todo lo que tu mamá experimente no tiene nada que ver contigo. Es un problema de ella y está aquí para resolverlo. Tal vez haya un poco de movimiento, pero al final del trabajo tu mamá se habrá liberado de estas sensaciones y esto hará que vos también te sientas mejor porque ya no tendrás que preocuparte por nada. Tu mamá te quiere mucho y está haciendo esto para que nazcas en un clima de amor y de felicidad. Quedáte tranquilo que todo saldrá bien.

Todo profesional que fuera consultado por una mujer embarazada y tuviera que llevar a cabo un procedimiento terapéutico, cualquiera que éste sea, debería proceder en una forma similar para minimizar las consecuencias emocionales para el feto. Con sólo tomarnos unos minutos de nuestro tiempo estaremos evitando un trauma seguro en el futuro del nuevo ser.

El rol del obstetra

Desde los trabajos de Frédérick Leboyer para un nacimiento sin violencia, que revolucionaron la obstetricia, muchos profesionales han cambiado su forma de trabajar y de relacionarse con la mujer y su embarazo. Ahora sólo resta hacer consciente todo lo que ya hemos hablado hasta aquí. El obstetra debe saber que un nacimiento descripto por él como "sin complicaciones" pudo haber sido toda una ordalía para el bebé. El gran error es creer que el bebé no se da cuenta de nada. Pero hemos visto que el bebé está consciente de todo y que reacciona en forma vehemente, aun a las maniobras de salvataje que pueden ser registradas por él como un ataque deliberado.

Así como la madre debe mantener el contacto permanente con el feto, de la misma manera debe proceder el profesional elegido por ella. Ya en el primer encuentro con la futura mamá el médico debe iniciar la relación con el feto. Aunque éste todavía sea un embrión ya sabemos que su conciencia está allí viendo, escuchando y registrando todo lo que está aconteciendo. El obstetra necesita aceptar, comprender y ver que en el feto hay algo más que el producto de una fecundación. Hay allí un ser que tiene plena conciencia de sí mismo y que existe desde antes de la concepción. El conocimiento de que ese ser trae su historia y sus emociones de otras vidas ayudará al profesional a conducirse con su mejor arte y criterio. El profesional debe convertirse en un aliado del feto y no en su enemigo. Debe hablar con el feto tal como lo hace con la madre, como si mantuviera un diálogo con una persona más aunque ésta sea invisible. Explicarle paso a paso la evolución de su crecimiento y cada procedimiento que deba realizarse. Sobre todo cuando sea necesario recurrir a métodos de diagnóstico invasivos, como por ejemplo, la amniocentesis. Ahora que hemos visto de qué manera se reactivan los miedos y la memoria de experiencias traumáticas pasadas, ¿se imaginan lo que puede experimentar el feto cuando ve la aguja de la amniocentesis penetrando en su espacio vital? Si en una vida pasada murió atravesado por una lanza o una flecha, creerá que la historia vuelve a repetirse y que esta vez el verdugo de turno está encarnado en el obstetra, a quien temerá y odiará desde ese mismo instante. Tal vez en ese momento decida complicar el nacimiento por temor a caer en las manos de ese individuo que lo estará esperando en el instante de nacer. Ya hemos visto qué fácil, sencillo y tentador le resulta al feto enroscarse en el cordón para no nacer. Comprendiendo de qué manera las circunstancias de la vida fetal reactivan la memoria del pasado y conociendo las reacciones de las que es capaz el feto es muy fácil obrar en consecuencia. El obstetra y su equipo necesitan construir un vínculo de amistad, amor y confianza con el feto para que todo se desarrolle en forma natural y en un ambiente de felicidad. El diálogo y el vínculo del obstetra con el feto hará que se reduzca dramáticamente la posibilidad de complicaciones durante el embarazo y sobre todo en el nacimiento.

Lo que seguramente ningún obstetra puede imaginar es que la conducta futura de una persona puede depender de sus dichos y de su acción en el momento del nacimiento. La actitud del obstetra puede ser definitoria entre creer en el mundo, en la amistad, en la posibilidad de confiar en el otro o, por el contrario, sentir la hostilidad, la agresión y la desconfianza. Un obstetra preparado y consciente del drama del ser que está naciendo puede hacer que éste salga decidido y confiado a cumplir con su destino. El Dr. Enrique Abache, obstetra, también él de la ciudad de Caracas, tiene una hermosa y curiosa costumbre. Recibe a cada recién nacido con ternura y amor, los abraza, los acaricia y les dice palabras estimulantes para realzar su confianza y su autoestima. El único problema es que a todos les dice lo mismo: "Vas a ser presidente".

A continuación veamos algunas recomendaciones útiles para obstetras:

1. Iniciar el vínculo con el feto desde la primera consulta de la madre. Tener presente que hay allí otra conciencia y que aunque no podamos verlo su percepción es muy aguda.

2. Tomar conciencia de que no sabemos de dónde viene ese ser ni cuáles son las experiencias por las que ha atravesado antes de llegar a ese vientre. Aunque no se crea en la reencarnación imaginar que viene de una historia difícil y traumática. Eso ayudará a proceder de una manera amorosa y contenedora.

3. Explicarle al feto cómo será su estadía y su evolución paso a paso en el vientre de su madre. Asegurarle que su mamá será acompañada y asistida en todo momento y que no hay nada que temer.

4. Anunciarle qué es lo que se va a hacer cada vez que se efectúe un examen a la madre. No realizar ninguna maniobra, ningún gesto y mucho menos un procedimiento diagnóstico o terapéutico invasivo sin antes haberle explicado al feto de qué se trata. Sobre todo si hay que utilizar instrumentos que puedan despertar recuerdos de antiguos traumas.

5. Si durante la gestación se presentan dificultades o problemas inherentes al feto, pedirle su colaboración para que ayude a resolverlas activamente. Si el feto tiene poder suficiente para complicar un nacimiento, también tiene la capacidad de resolver situaciones insospechadas para nosotros. Si se enroscó en el cordón, también puede desenroscarse. (Recuerden la experiencia de Héctor con Marina.)

6. A lo largo de todo el embarazo y más aún en el momento del nacimiento cuidar los dichos y las expresiones. Una frase de

fastidio pronunciada por el obstetra o por el personal de la sala de partos puede ser el inicio de una programación inconsciente, que se traducirá en un comportamiento nefasto años más tarde en la vida adulta.

7. Una vez llegados al momento del nacimiento deben extremarse todos los cuidados y se debe ser muy delicado tanto con las palabras como con los gestos. Una pinza colgando del cordón umbilical puede hacer que el bebé sienta que es eviscerado. Recuerden que el nacimiento puede ser la instancia más difícil en la vida de una persona. Repasen las experiencias al respecto y tengan presente que, en ese momento, el feto puede estar reviviendo la agonía de una tortura o de una muerte anterior. Los ruidos, las luces, el entrechocar de los instrumentos, las voces y el nerviosismo del personal actuante pueden reactivar en el ser que está a punto de salir al mundo viejos recuerdos dolorosos. Es menester aleccionar a todo el equipo del profesional responsable para que todo se desarrolle en un clima de amor, seguridad y alegría.

8. Si surge una complicación y no es posible realizar un parto natural, explicarle al feto cuál es el procedimiento elegido para ayudarlo a nacer. Si se recurre al fórceps, tener presente que esto es lo más parecido que hay a un instrumento de tortura. Explicarle, en consecuencia, que esto no tiene nada que ver con ninguna experiencia pasada y que es necesario utilizarlo para ayudarlo a salir. Si es necesario hacer una cesárea, proceder de la misma manera. Explicarle que se va a efectuar un corte en el útero, que el obstetra introducirá su mano para sacarlo de allí y, además, no se olviden de atenuar la luz en ese momento. Finalmente, si se utiliza anestesia general, mantener todo el tiempo el contacto verbal con el bebé. Este es un momento crucial. Recuerden que el feto sufre la desconexión total con su madre y puede creer que ésta se murió o lo abandonó. Hay que explicarle que su madre sólo está dormida y que pronto volverá a entrar en contacto con él.

9. Si apenas nacido el bebé es necesario recurrir a maniobras de resucitación, explicarle igualmente lo que se está haciendo y para qué se está haciendo y pedirle su colaboración. Recuerden que muchas veces el recién nacido no respira adrede justamente para evitar vivir. Si durante la gestación se logró un buen vínculo con el feto y éste se siente amado y protegido por sus padres, difícilmente se produzca una complicación intencional por parte del bebé. Sólo nos quedarán las complicaciones estrictamente de causa médica y

ante las cuales también podremos obtener la colaboración activa del bebé.

10. Si por alguna razón el recién nacido debe permanecer en incubadora en cuidados intensivos darle la oportunidad de sentir el contacto visual y de piel con su madre aunque sólo sea por unos segundos. Saber que su madre está allí, que lo recibe y lo ama, mirarla a los ojos y establecer ese vínculo inicial antes de ser separados puede ser decisivo para su evolución posterior. Ese contacto inicial es irrecuperable. Lo que no fue en ese momento no podrá serlo nunca más. Si no se establece ese vínculo inicial y luego transcurren varias horas antes de que madre e hijo entren en contacto, hay algo que se habrá perdido para siempre y el vínculo nunca alcanzará el grado máximo de intimidad.

11. Lo ideal sería el parto domiciliario, algo que lentamente ha comenzado a practicarse. El bebé debería nacer en el ámbito en el cual transcurrió toda su gestación y ser recibido por las manos de su padre bajo la asistencia del profesional. Acto seguido debe ser entregado a su madre para recibir su primer abrazo y para que sea ella misma quien le corte el cordón umbilical. Si el nacimiento tiene lugar en la clásica sala de partos, todo el personal debiera estar consciente de la trascendencia de ese momento. No se trata de un trabajo más. Se trata de ayudar a entrar en la vida a un ser que quizás venga de experiencias pasadas muy difíciles y que necesita todo el amor, la comprensión, la alegría y el estímulo que podamos brindarle para llevar a cabo su propósito. Este momento puede ser totalmente decisivo para su desarrollo futuro. Hay que asistirlo con todo cuidado, cariño y respeto, totalmente compenetrados de la instancia que se está viviendo. Y ¡por favor!, no lo dejen "estacionado" sobre una mesa de mármol frío.

Recomendaciones y palabras finales

En el marco de todos los eventos traumáticos que pueden ocurrir en los primeros días luego del nacimiento no debemos olvidarnos de la circuncisión, la que, más allá de ser una práctica religiosa (a la cual respeto), puede convertirse en un trauma potente. El bebé no entiende ni de ritos ni de ceremonias religiosas. Para él es un acto de una barbarie tremenda que puede despertar antiguas experiencias dolorosas. Cualquier persona pudo haber tenido una encarnación previa asociada con dolor, culpa o miedo vinculado a sus órganos sexuales. Nada puede despertar y reactivar tan precisamente estas memorias en la vida actual que semejante ataque sobre el órgano sexual. Imagínense a una persona que en una vida pasada sufrió una castración como consecuencia de un castigo tribal o que tal vez fue torturada en su sexo para extraerle información. Ahora está a punto de ser sometida nuevamente a esa tortura y ve con horror que sus padres no sólo consienten en ello sino que además lo festejan. Cualquiera que vea a una persona reviviendo el momento de la circuncisión comprenderá lo terrible que resulta esta práctica para el recién nacido. Yo he visto a personas adultas retorcerse de dolor y maldecir a toda su familia al revivir la circuncisión en una regresión. Por lo tanto, si no queda más remedio que hacerla, también en este caso habrá que explicarle al bebé lo que se va a hacer, cuál es su sentido y qué es lo que se pretende con esta ceremonia.

En las semanas siguientes a su nacimiento el recién nacido continuará expuesto por miles de estímulos a la reactivación de antiguas improntas emocionales y debemos estar atentos a cada eventualidad que pudiera surgir. Este riesgo no termina con el nacimiento. El llanto y los gritos del bebé constituyen por sí mismos una regresión. No se trata de un mero capricho o una forma primitiva de expresar su desagrado sobre alguna cuestión. Se trata de la revivencia de un hecho doloroso reactivado por la agresión actual, que puede estar latente en gestos, hechos y palabras que pasan totalmente desapercibidos para los padres. Antes de que un bebé aprenda a hablar confiará en la telepatía, algo de lo cual todavía no estamos conscientes. Encontrarse entre gente que no puede entender lo que uno está tratando de decir es extremadamente frustrante y es esta frustración lo que frecuentemente causa el llanto de los bebés. Joan Grant, que de niña recordaba varias de sus existencias precedentes, también tenía recuerdos precisos de sus primeras semanas de vida. En su libro *Many Lifetimes* (Muchas Vidas) cuenta la siguiente anécdota, que es por demás ilustrativa de la capacidad de decisión y de acción del recién nacido:

> La decisión más temprana que recuerdo fue cuando rehusé succionar el pecho aunque estaba extremadamente sedienta porque ya había rechazado varias veces el seno de mi madre. El olor de su leche me provocaba náuseas, probablemente porque podía oler en ella las drogas que mi madre había tomado durante el período fetal

para combatir sus severos ataques de asma. Recuerdo una aguda desilusión cuando se me ofreció una botella y descubrí que contenía el mismo fluido repugnante. Para ese momento yo ya tenía una sed devastadora y clamaba por agua. También recuerdo el alivio tremendo que experimenté cuando me ofrecieron otra botella que contenía una fórmula que años después identifiqué por su aroma como "alimento Mellins". Considero extremadamente probable que muchos bebés que rehusan succionar tienen el mismo reconocimiento instintivo de que la leche de la madre contiene algún constituyente que o bien les ha causado incomodidad o ha sido peligroso para ellos durante el período fetal. Es muy importante reconocer y aceptar el deseo natural del bebé de protegerse a sí mismo de una dosis adicional de algo que ya experimentó como altamente insatisfactorio.

Con esta sencilla anécdota podemos intuir cuántas cosas se nos escapan por no prestar atención, porque creemos que el bebé no se da cuenta de nada o porque pensamos que es imposible que un recién nacido pueda gozar de inteligencia y capacidad de decisión. Abundando en sus recuerdos Joan Grant relata que tenía tan sólo seis semanas cuando dejó de ensuciar sus pañales. Ello fue posible porque tuvo una niñera que reconoció inmediatamente el ruido que hacía Joan para indicar su deseo de evacuar. En realidad, somos nosotros los ignorantes que no sabemos qué es lo que el bebé nos está queriendo decir. Sea que se encuentre en gestación dentro del vientre materno, sea que se encuentre entre los brazos de su madre bajo la forma de un bebé recién nacido, el ser sigue siendo el mismo. En ningún momento ha perdido su memoria, ni la conciencia de sí mismo, ni sus emociones, ni sus capacidades, que permanecen intactas. Sólo que al nacer su organismo no está aún preparado para permitirle expresar todo su potencial y, más tarde, como consecuencia del proceso necesario para ejercer el control total de su nuevo cuerpo, habrá perdido su conciencia anterior. Pero como recién nacido su conciencia cósmica aún está intacta. Si sabemos prestarle la debida atención, si dejamos de lado los preconceptos y las creencias ancestrales y si no temamos hacer el ridículo, descubriremos que en ese cuerpo pequeño y delicado hay un ser inteligente que tiene plena conciencia de sí mismo y con el cual podemos dialogar de igual a igual, si nos atrevemos a hacerlo.

A lo largo de este libro hemos asistido al desarrollo de una realidad diferente. Una realidad que hasta aquí no conocíamos, pero que, sin embargo, es tan real como la que vivimos y sentimos como verdadera. Aunque las experiencias no se agotan con las historias aquí presentadas, son suficientes para despertar nuestra conciencia a un nuevo conocimiento. De ahora en más ya no podemos hacernos los desentendidos. A partir de ahora, cada vez que nos encontremos frente a una mujer embarazada, sin importar de quién se trate, sabremos que en su interior hay una ser, una conciencia, que es altamente sensible a nuestras actitudes, dichos y pensamientos. Sabremos entonces conducirnos de una manera diferente, tal vez más humana, conscientes de que cada palabra nuestra puede traer la luz o la oscuridad a ese ser que se está gestando.

Este conocimiento es crucial para el momento que estamos viviendo en la actualidad. A nadie se le escapa que estamos viviendo una instancia crítica en la historia de la humanidad. Corremos el riesgo de desaparecer no sólo como civilización sino también como planeta. En cada nacimiento tenemos la oportunidad de salvar nuestro mundo. La gestación es algo más que concebir y engendrar un hijo más, es la génesis de una nueva humanidad y esto es lo que hoy tenemos que aprender y hacer consciente. La mejor forma de construir una nueva humanidad es comenzando desde el principio, desde el instante de la concepción. Concibiendo con amor, gestando con amor, sanando los dolores ancestrales antes de que tengan siquiera la oportunidad de manifestarse en el recién nacido. Devolviéndole a la maternidad su espíritu sagrado. Reconociendo en la mujer su condición de madre de la humanidad.

Hagamos que cada nacimiento sea un renacimiento. Si así lo hacemos, estaremos escribiendo un nuevo génesis para la humanidad.

A continuación, los dejo en compañía de Diana, que tiene una historia para contarles. Hasta pronto.

Paula y la puerta cerrada

Un cuento de Diana Drexler*

Hacía rato que Paula volaba y volaba buscando dónde bajar. Le habían dicho que podía elegir a los papás que ella quisiera para nacer y por eso volaba y volaba. Buscaba y buscaba. Hasta que de pronto...

–¡Esos! ¡Esos son los papás que quiero!

Brillaban. Brillaban para ella. Brillaban porque ellos estaban esperando un bebé. Ellos querían tener un bebé y esperaban un bebé.

Pero antes de entrar en el cuerpo de esa señora que ella quería que fuera su mamá Paula se tomó un tiempito para observarlos.

Ella, la señora, era maestra.

–Eso me gusta, así me ayuda a aprender y si no me va muy bien en el colegio ella me puede ayudar.

También le gustaba porque tenía el pelo marrón y lisito, porque a veces usaba anteojos y a veces no y porque le gustaba cocinar rico. Pero lo que más le gustaba era que a Lidia, porque así se llamaba esta señora que iba a ser su mamá, le gustaba mucho, pero mucho, bailar.

El, el señor, era vendedor.

---

*Diana Drexler es psicóloga, terapeuta floral y terapeuta de vidas pasadas. Es autora de *Flores y Cuentos, libro para padres y terapeutas florales*, Errepar, Buenos Aires, 1998.

—Eso me gusta, porque a veces me va a poder llevar con él a trabajar.

También le gustaba porque tenía la piel muy marrón, le gustaba manejar rápido y era muy, pero muy cariñoso con los chicos. Se llamaba Antonio.

Después de mirarlos, estudiarlos y observarlos durante varios días, decidió que sí, que definitivamente esos eran los papás que ella quería tener.

Pero ahora venía el momento más difícil de todos: entrar en la panza de mamá.

Paula ya sabía cómo funcionaba eso. Se lo habían contado mil veces. Pero...

Sabía que tenía que esperar el momento justo. El momento en que el papá y la mamá hicieran el amor. Bien, eso era fácil. Sólo había que esperar.

Pero el segundo paso, ese sí que era el más difícil: entrar. Difícil porque tenía que atravesar muchas capas oscuras, respirar hondo y... hacer fuerza para pasar.

—Bueno, pero yo quiero a estos papás y quiero nacer, así que... lo hago y listo —pensó Paula, decidida.

Finalmente, una noche estrellada, el momento llegó. Lidia y Antonio habían salido a cenar y estaban felices. La noche era cálida y fresca a la vez y se sentían muy bien.

Paula sintió que el corazón se le aceleraba.

—¡Llegó el momento... llegó el momento! —estaba nerviosa pero feliz. ¡Por fin entraría en la panza de mamá!

Respiró hondo. Allí estaba el túnel oscuro. Sabía que tenía que pasar por ahí.

—Ahí voooooyyyyyy... —gritó para darse ánimo.

El túnel oscuro era como un gran tobogán. Y si bien le daba un poco de miedo, en realidad era bastante divertido.

—Estoy llegando... estoy llegando. Ahora hago un poco de fuerza y listo... adentro de mamá. Lleeeego... lleeeego... lleeeego y... ¡Plaff!!!

—¡Auch! —Paula se había dado un buen golpe en la cabeza.

—P-p-pero... ¿q-q-que pasó? ¡La puerta está cerrada!

Sí, la puerta estaba cerrada. Por más que intentara, probara y buscara, la puerta de acceso a la panza de su mamá estaba cerrada. ¡Y no había manera de entrar!

Claro, lo que no sabía Paula, era que su mamá, la mamá que ella había elegido, no podía tener bebés. Algo en su cuerpo no estaba bien y, por más que ella quisiera, no podía quedar embarazada.

Mucho había llorado la mamá de Paula cuando se enteró de que ella nunca podría tener un bebé en la panza.

Mucho había llorado Antonio cuando se enteró de que nunca podría ver nacer a sus hijos.

–Pero pueden adoptar –les había sugerido el médico al ver tanta tristeza.

Paula estaba confundida, aturdida y un poco dolorida. Por el golpe y porque ella quería y quería tener esos papás.

De pronto vio una luz y reconoció a sus amigos. Esos amigos que la habían acompañado mientras vivía en su casa del cielo.

–No llores, Paula. Todo tiene solución. Buscá una panza amiga. La panza de una mujer que te ayude a crecer y a nacer para que cuando estés en el mundo tus papás te puedan adoptar. Nosotros nos encargaremos de que te encuentren.

Paula los miró agradecida. ¡Qué buenos amigos que tenía en su casa del cielo!

Siempre la ayudaban en los momentos más difíciles.

Buscó y buscó, hasta que un día, vio una lucecita pálida y azul que la llamaba desde la tierra.

–Es ella –le dijeron sus amigos.

Paula se acercó al túnel oscuro y se deslizó hacia abajo. Un poco más lento que la otra vez, por las dudas.

Pero esta vez la puerta no estaba cerrada y Paula pudo entrar sin problemas en esta panza amiga que tan generosamente se ofrecía para ayudarla a crecer y nacer.

En la panza de su mamá amiga Paula se quedó nueve meses. A veces cómoda, nadando y flotando. Otras veces incómoda, especialmente al final, cuando ya estaba tan grande que todo apretaba. Pero en esos momentos, cuando ya era bastante aburrido estar allí dentro sin poder hacer otra cosa que esperar, sus amigos del cielo la venían a visitar con frecuencia y le contaban cosas de su mamá Lidia y de su papá Antonio. Le contaban de su cuarto y de la casa en la que iba a vivir. A veces también le contaban cómo iba a nacer.

–Nosotros te avisaremos cuando llegue el momento. Vas a

tener que hacer mucha fuerza para salir. Pero no te preocupes; todo va a salir bien.

Y el día llegó. De pronto, Paula sintió como una vocecita que venía de adentro de su panza y que le decía que debía salir.

Hizo fuerza, mucha fuerza. Muchísima fuerza. También pataleó y gritó, pero por fin... estaba afuera.

¡Qué susto! ¡Qué susto! Tantas voces, tanta gente, tanto ruido. ¡Y qué frío!

—Buaaaaa... buaaaaa...—gritaba Paula—. ¡Quie... buaaaaa... ro... buaaaa... a... mi... buaaa... mamáaaaa! —gritaba, pero nadie la entendía.

Miró a su alrededor, buscando y encontró a sus amigos.

—Ya viene —le decían—. Un poco de paciencia. Todavía te falta despedirte de tu mamá amiga y darle las gracias.

Paula miró a su mamá amiga con la que había compartido nueve meses de panza. La vio cansada, transpirada... y un poco triste.

—Gracias —le dijo con el pensamiento, porque era muy chiquita para hablar.

—Gracias.

Ese día, Lidia y Antonio se despertaron un poco... ¿raros?... ¿inquietos?... ¡distintos! Eso es, distintos. No entendían por qué, ni cómo, pero se sentían un poco distintos. Todavía no sabían que Paula ya estaba en este mundo y que pronto la iban a encontrar. Pero igual se sentían un poco distintos. (Seguro que los amigos del cielo les soplaron la noticia al oído, pero como nosotros no sabemos escuchar y los grandes mucho menos, no los supieron entender.)

Pero por suerte el día llegó. El teléfono sonó. Y la noticia se informó.

—Paula los está esperando.

Corrieron, Lidia y Antonio. Volaron, Lidia y Antonio. Y por fin llegaron.

A buscarla. A mimarla. A protegerla.

Pero fundamentalmente, a amarla.

Apéndice
Guía de trabajo para terapeutas

Lo primero que tengo que tener presente como terapeuta es que durante la vida fetal y en el momento del nacimiento se reactivan y se refuerzan los recuerdos, mandatos, patrones de conducta y pautas de sobrevivencia como así también los residuos emocionales de vidas anteriores.

La siguiente premisa que tengo que hacer consciente es que en el instante de nacer el recién nacido experimenta todas estas emociones y sensaciones intensa y dramáticamente, sólo que como no puede hablar no interpretamos ni su llanto, ni sus quejidos, ni sus reacciones físicas. Más tarde, el llamado proceso de socialización y educación, más la censura de los padres, traerá como consecuencia que todas estas vivencias, recuerdos y emociones de la vida fetal pasen a formar parte del subconsciente. Mi función como terapeuta es ayudar a la persona que consulta a traer estas experiencias a la conciencia para trabajarlas terapéuticamente aquí y ahora.

Una vez que el paciente está en regresión tengo que tener presente que para hacer un trabajo terapéutico completo es necesario explorar cuatro experiencias fundamentales: vida pasada, muerte, vida fetal y nacimiento. Y no debo olvidarme de las experiencias de la primera infancia. Si yo sólo investigo las experiencias de vidas pasadas, el trabajo terapéutico podrá ser efectivo, pero no estará completo. Si sólo exploro el nacimiento, la experiencia podrá ser dramática, intensa y liberadora pero el trabajo terapéutico tampoco estará completo. El terapeuta que maneja la TVP debe tener siempre presente en su mente la totalidad del trabajo a realizar. Una persona puede hacer la experiencia del nacimiento y sentirse satisfecha con su regresión, pero yo, terapeuta, debo saber que ese trabajo no está completo. Si, por ejemplo, durante la vivencia del nacimiento, se superpone o aparece espontáneamente una imagen que pertenece a una vida pasada, no puedo ignorarla y decirle al paciente que la deje de lado. Si esta imagen apareció en la conciencia es porque está directamente relacionada con el nacimiento y se gatilló al movilizarse las emociones. No se olviden que muchos nacimientos semejan la agonía de una muerte anterior. Tengo que trabajar todo, el nacimiento y la imagen que surgió, porque ésta no se disparó por casualidad sino por causalidad. De la misma manera, no debo olvidar que muchas experiencias de vidas pasadas no estarán completamente agotadas si no se investiga el trauma que las reactivó y que ese incidente gatillo puede estar tanto en la vida fetal, en el momento del nacimiento o en algún episodio de la primera infancia.

Revivir en la regresión la experiencia del nacimiento puede ser determinante para cerrar y ponerle fin a una historia del pasado. Recuerden que muchas de las pautas de sobrevivencia de la vida actual se originan en la forma como reaccionamos para sobrevivir en el trance del nacimiento y que, a su vez, esta reacción física y emocional puesta en práctica para sobrevivir, puede desencadenarse espontáneamente al reactivarse en el feto el recuerdo de una muerte anterior en circunstancias similares.

En una disertación para terapeutas,[*] el Dr. Morris Netherton, creador del término **Terapia de Vidas Pasadas**, expresó lo siguiente:

> Las vidas pasadas son la muerte.
> La gestación es el regreso a la vida.
> El nacimiento es el renacimiento.
> Si sólo trabajan la vida pasada, le están diciendo al paciente dónde murió.
> Si trabajan la vida fetal, lo están llevando a la vida.
> Si trabajan el nacimiento, lo están poniendo en la vida.

---

[*] 1er. Encuentro Panamericano de Terapia de Vidas Pasadas, Campinas, Brasil, julio de 1998. [*N. del A.*]

De esto se trata; al trabajar el nacimiento estamos colocando al paciente en una nueva vida. Aquí es donde se produce el reencuadre y la corrección del escenario del pasado. Cualquier patrón de vida pasada puede cambiarse en el momento del nacimiento y, al trabajar con la regresión, el terapeuta debe tener siempre presente este objetivo en su mente.

Cómo trabajar la vida fetal con la regresión

En primer lugar hay que tener presente que ya sea que se trate de una vida pasada, de la vida fetal o del nacimiento, la técnica es siempre la misma. El objetivo y el trabajo del terapeuta es que el paciente traiga a la conciencia actual la experiencia responsable de los síntomas actuales y que experimente aquí y ahora, con todo su cuerpo, las sensaciones físicas, las reacciones emocionales y mentales experimentadas en esa situación original. El terapeuta debe conducir y acompañar al paciente a tomar contacto físico y emocional con esa experiencia. Una vez vivenciada toda la experiencia el paciente debe identificar cuál fue el momento más traumático o más terrible de su vida fetal y de su nacimiento. Estos son los momentos culminantes, donde se originan la mayoría de las emociones y mandatos que perturban la vida de una persona. Identificado ese instante el terapeuta debe preguntarle al paciente cuáles son sus reacciones físicas, emocionales y mentales en ese momento y procurar que la persona experimente esas reacciones y vea de qué manera esas reacciones están afectando su vida presente. Para facilitar este trabajo de relación le formulo al paciente dos preguntas muy sencillas:

1. –*Todo esto* (enumero las sensaciones), *¿qué le hace hacer?*
2. –*Y todo esto, ¿qué le impide hacer?*

Este es un momento clave del trabajo terapéutico. Es el momento del *insight*, del darse cuenta, de la toma de conciencia, de la discriminación y del desprendimiento de las emociones del pasado. Se trata de un trabajo de elaboración y resolución efectuado por el propio paciente dentro de la misma regresión. Repasen las sesiones transcriptas y encontrarán este pasaje en algunas de ellas.

En segundo lugar, ¿cómo abordar la vida fetal? ¿Cómo llego allí? ¿Llevo al paciente primero a una vida pasada y después a la vida fetal o voy directamente al nacimiento? ¿Tengo que trabajar todo en una misma sesión o puedo hacerlo en sesiones diferentes?

Personalmente no trabajo con un esquema fijo; en principio dejo que la primera experiencia surja espontáneamente salvo que el paciente quiera trabajar específicamente una situación determinada. Aun así puede suceder que la vivencia que surja no sea la que el paciente esperaba investigar. Generalmente comienzo la regresión con la siguiente consigna:

–*Cuento hasta tres y vaya a la primera experiencia que su alma necesita trabajar.*

O bien:

–*Cuento hasta tres y vaya directamente a la experiencia que está provocando estas sensaciones.* (Enumero los síntomas del paciente.)

Claro que esto depende también de si utilizo o no una inducción y de las características propias del paciente. Por ejemplo, una persona con una fuerte sensación de ahogo podrá ir directamente a la experiencia responsable de ese ahogo apenas cierre los ojos, mientras que otra persona, más racional y sin sensaciones o emociones en el momento de la consulta, necesitará de una preparación previa. Las técnicas básicas de inducción pueden encontrarlas en mi primer libro *Terapia de Vidas Pasadas, técnica y práctica* y son válidas para trabajar cualquier período. De todos modos quiero que quede en claro que al inicio de la regresión no le sugiero al paciente ninguna experiencia en particular salvo en circunstancias especiales, como que haya quedado pendiente algo de la sesión anterior o yo considere que el paciente necesita trabajar una situación particular o bien él mismo pida explorar una situación determinada. Ya dentro de la regresión comienzo a guiar al paciente hacia uno u otro lado, ya sea a una vida pasada o a la vida fetal llevándolo siempre a tomar contacto con la experiencia traumática responsable de los síntomas actuales.

Hecha esta aclaración, vamos a ver algunas formas básicas de abordar la vida fetal.

1. El paciente comienza la regresión con una experiencia de vida pasada.

Este suele ser el inicio más frecuente; al término de la inducción o sin ella, el paciente se encuentra en una vida pasada. ¿Qué hago? Trabajo terapéuticamente esa vida pasada explorando las experiencias traumáticas de esa vida hasta llevar al paciente a vivenciar la muerte en esa vida. Luego de experimentar esa muerte puede ocurrir lo siguiente:

    a. El paciente va a otra vida pasada.
    b. El paciente entra en el espacio entre vidas.
    c. El paciente va al vientre de su madre en su vida actual.
    d. El paciente va directamente al momento de su nacimiento.
    e. El nacimiento se superpone con la experiencia de la muerte.
    f. El paciente va a una escena de la primera infancia.
    g. El paciente va a una experiencia marcante de su vida actual.

Estas son las situaciones básicas más frecuentes. ¿Cómo ocurre esto? A veces suele ocurrir espontáneamente. Al término de una vida pasada el paciente puede ir sin ninguna sugerencia de mi parte al espacio entre vidas, luego ir a otra vida pasada, volver al espacio entre vidas y finalmente ir al vientre de su madre en esta vida. Cuando la regresión se presenta así, dejo fluir al paciente acompañándolo y haciéndole trabajar las situaciones traumáticas que vayan surgiendo. Otras veces, luego de la muerte, al pedirle al paciente que avance un poco más, se encontrará directamente en la vida fetal, en el momento del nacimiento o en la primera infancia. En ocasiones puede suceder que la misma revivencia de una muerte anterior traiga la experiencia del nacimiento. De pronto, mientras está vivenciando esa muerte y aun antes de haberla completado, puede pasar a la vivencia del nacimiento como si esta última fuera una continuación de la otra. Esto ocurre generalmente cuando en el nacimiento se recrean las condiciones físicas, las sensaciones y las emociones de una muerte anterior.

Ahora bien, la mayoría de las veces, al terminar con la muerte en una vida pasada, soy yo quien tiene que decidir adónde dirigir al paciente. ¿Cómo lo decido? En realidad no es algo sobre lo que necesite pensar o reflexionar. Directamente actúo, ya sea por intuición, por experiencia o por lógica. Pero voy a darles algunas pautas con las que me manejo habitualmente.

Si el paciente está trabajando una fobia, lo ideal es que complete todo el ciclo en una misma sesión: vida pasada, muerte en vida pasada, vida fetal y nacimiento y, si es necesario, primera infancia. Debo tener en cuenta que si los síntomas de la fobia son muy intensos es probable que haya más de una experiencia de vida pasada relacionada con el mismo síntoma y esto es lo que ocurre la mayoría de las veces. Una vez trabajada la experiencia de la muerte le digo al paciente:

–Cuento hasta tres y vaya a la siguiente experiencia que su alma necesita trabajar.

Hay que aprender a confiar en el alma del paciente ya que el alma no necesita de técnicas y hace lo que necesita hacer. Sin ninguna duda el paciente irá a la experiencia que necesita trabajar, sea donde sea. Puede ocurrir que el paciente vaya a otra vida pasada o al momento del nacimiento en su vida actual. Si va a otra vida pasada, completo esa experiencia y, al finalizar el trabajo con la segunda o la tercera muerte, si la hay, entonces sí, le pido que vaya al vientre de su madre en su vida actual:

–Cuento hasta tres y vaya al vientre de su madre en su vida actual.

Procedo así cuando el paciente está trabajando una fobia o cuando sé que hubo alguna complicación en su nacimiento y veo que hay una relación directa entre la escena de vida pasada y el nacimiento actual. En esos casos trato de que el paciente trabaje con la vida pasada y el nacimiento en una misma sesión. De lo contrario, si continúan surgiendo experiencias de otras vidas, dejo la vida fetal para trabajarla en otra sesión. Deben saber que algunas experiencias de vidas pasadas son terriblemente traumáticas, ya sea por la situación en sí misma, que pudo haber sido insoportable, o por el dolor de tener que aceptar algo que no se quiere ver, como por ejemplo, haber participado en sacrificios humanos. En estas situaciones el paciente puede necesitar toda la sesión para poder trabajar tan sólo esa experiencia y no hay tiempo ni lugar para trabajar el nacimiento.

Si el paciente está trabajando con síntomas físicos, con problemas vinculares o con pautas de comportamiento, procuro que revise primero todas las experiencias de vidas pasadas que estén relacionadas con ese punto en particular. Hay que buscar la relación kármica o el punto de origen, la raíz, la situación original donde se inició el problema o el síntoma actual. Si el paciente se ve reiteradamente como víctima, en algún momento tuvo que haber sido victimario y tengo que procurar que el paciente tome contacto con ese punto y hacia allí lo tengo que llevar. Hasta que el paciente no asuma su responsabilidad inicial en las circunstancias que le tocan vivir en su vida presente el problema no estará completamente resuelto. Recién al alcanzar el punto más oscuro del alma se obtendrá la sanación. De modo que en estos casos debo empujar al paciente para que finalmente se encuentre con la acción original que desencadenó todas las vivencias posteriores. Acto seguido lo llevo entonces a experimentar la vida fetal y el nacimiento para ponerlo en una nueva vida, como dice Netherton.

Habitualmente no trabajo la vida fetal y el nacimiento en todas las sesiones; más bien busco agotar primero las experiencias de vidas pasadas. Cada tanto le pido al paciente que vaya a su vida fetal y al nacimiento, pero a veces suelo dedicar toda una sesión para trabajar exclusivamente este período.

Como regla general me manejo con el tiempo que me resta de sesión (dos horas en total), con la visión global del trabajo terapéutico a realizar, con la espontaneidad del paciente para trabajar y, fundamentalmente, confío en mi intuición y en mi propia espontaneidad.

2. El paciente comienza la regresión con una escena de la primera infancia.

Algunas regresiones comienzan con una experiencia traumática de la primera infancia como por ejemplo: un castigo por parte de los padres o el primer día en la escuela, una intervención quirúrgica, la separación o abandono de los padres o la muerte de uno de ellos o de algún otro ser querido, o haber sufrido una violación o abuso sexual por parte de algún familiar. Una vez que el paciente trabajó esa experiencia pueden ocurrir tres variantes básicas:

a. El paciente va a otra experiencia de la infancia.
b. El paciente va al momento del nacimiento.
c. El paciente va a una vida pasada.

Así como ocurre con la muerte y el nacimiento es posible que mientras el paciente está vivenciando la escena de la infancia salte directamente a una experiencia de vida pasada o bien puede suceder que esta última se superponga con la primera. En ese caso, continúo con el fluir espontáneo del paciente y al término de la experiencia de la vida pasada le pido que vaya a la vida fetal. Si el paciente hace una pausa luego de la escena de la infancia, entonces le pido que retroceda un poco y que vaya al momento del nacimiento:

–Cuento hasta tres y retrocederá al momento de su nacimiento. Al contar hasta tres retrocederá unos momentos antes de su nacimiento.

Finalizada la experiencia del nacimiento tengo dos alternativas. Una es pedirle al paciente que retroceda un poco más y que vaya al momento de su concepción para luego dirigirlo a la vida fetal y completar la experiencia nuevamente con el nacimiento. La otra alternativa es que luego de vivenciar el nacimiento vaya directamente a una experiencia de vida pasada. La mayoría de las veces procedo de esta manera. Recuerden que el nacimiento suele ser una recreación de una o varias muertes anteriores y por lo tanto la relación con una vida pasada es directa. Muchas veces ni siquiera es necesario decirle nada al paciente porque irá de una experiencia a la otra, espontáneamente, como si se superpusieran o como si una fuese la continuación de la otra. El paciente puede ir tanto de una muerte anterior al nacimiento como de éste a una muerte en vida pasada. Tengo que aprovechar esta capacidad del alma y dirigir al paciente con certeza y seguridad para facilitar el trabajo terapéutico. Al terminar la experiencia del nacimiento puedo decirle al paciente:

–Cuento hasta tres y retrocederá un poco más todavía. Al contar a tres irá a una experiencia anterior a su nacimiento.

–Al contar hasta tres irá directamente a la experiencia de vida pasada relacionada con su nacimiento.

–Al contar hasta tres irá a una experiencia anterior donde haya experimentado estas mismas sensaciones.

Luego de la experiencia de vida pasada puedo dirigir al paciente a la vida fetal y terminar la sesión nuevamente con el nacimiento, cerrando todo el ciclo en una misma sesión.

3. El paciente comienza la regresión con el nacimiento.

Con frecuencia sucede que al pedirle al paciente que vaya a la primera experiencia que su alma necesita trabajar se encuentre directamente vivenciando su nacimiento. Otras veces, puede estar allí sencillamente profundizando las sensaciones que presenta en el momento de la consulta. Por ejemplo, la sensación de estar trabado o atascado puede estar recreando el atascamiento en el canal vaginal y, al pedirle que sienta esta sensación más profundamente, el paciente se encontrará de improviso vivenciando su nacimiento. Esta es la forma más sencilla de acceder a la experiencia del nacimiento. Completada la vivencia del nacimiento y agotadas las sensaciones experimentadas en esta instancia puedo seguir, como en el punto anterior, dirigiendo al paciente a la vida fetal o hacia una vida pasada. Si lo llevo a la vida fetal, tengo que seguir la secuencia lógica y hacerlo pasar por el nacimiento nuevamente. No crean que es una mera repetición. En la segunda o tercera revivencia de una misma experiencia aparecen más detalles y el paciente tiene la oportunidad de agotar otras sensaciones y emociones que no habían surgido en la primera vez, como así también la posibilidad de levantar todos los mandatos que aparezcan. Una tercera posibilidad es pedirle que retroceda al momento de la concepción para trabajar la secuencia completa de toda la vida fetal.

4. El paciente comienza la regresión con la vida fetal.

En ocasiones, al iniciar la regresión, el paciente se encuentra dentro del vientre materno. Habitualmente la primera sensación es la de estar flotando dentro de un espacio cerrado. Algunas personas tardan en darse cuenta del lugar en el que se encuentran. Suele suceder que esta sensación se confunda con aquella de estar flotando en el bardo y puede ocurrir que el paciente pase del útero materno al espacio entre vidas o viceversa, tal como ocurre con la muerte y el nacimiento. Cada experiencia tiene sus analogías. Cuando el paciente comienza la regresión con la vida fetal tengo que aprovechar esta circunstancia porque esto me asegura que hará la secuencia completa. Puedo proceder de la siguiente manera:

a. Pedirle que retroceda al principio de la vida fetal.
—Cuento hasta tres y retrocederá al principio de su vida fetal.

b. Pedirle que retroceda al momento de su concepción.

–*Cuento hasta tres y retrocederá un instante antes de su concepción.*

c. Pedirle que avance a la siguiente experiencia significativa dentro del vientre de su madre.

–*Cuento hasta tres y avanzará a la siguiente experiencia marcante dentro del vientre de su madre.*

Luego de explorada la vida fetal obviamente tengo que trabajar el nacimiento para completar la secuencia lógica y el trabajo terapéutico. Simplemente le pido que avance un poco más y que vaya al momento de su nacimiento.

–*Cuento hasta tres y avanzará al momento de su nacimiento.*
–*Cuento hasta tres y se permitirá experimentar su nacimiento paso a paso.*

Tengo que tener en cuenta que aun dentro de la vida fetal puede ser que el paciente recuerde o se le imponga una experiencia de vida pasada. En ese caso trabajo la experiencia que surge de la vida pasada y luego lo regreso a la vida fetal.

5. El paciente comienza la regresión con el momento de la concepción.

Cuando la regresión se presenta así es una magnífica oportunidad para trabajar en forma exclusiva en una sesión todo el período de la vida intrauterina de punta a punta, desde los prolegómenos hasta la experiencia del nacimiento, revisando exhaustivamente y paso a paso todas las instancias de la vida fetal. El paciente puede comenzar inclusive, sin ninguna consigna de mi parte, con la vivencia del espacio entre vidas antes de su concepción, como, por ejemplo, en el caso de Penélope y de Juan Manuel. Se trata de una oportunidad única que no debo desaprovechar porque la persona reproduce en forma espontánea el curso natural de los acontecimientos dándole una unidad perfecta a todo el trabajo terapéutico. Es muy fácil y sencillo guiar al paciente en esta secuencia. Repasen las experiencias del capítulo cuarto, como así también las de Marisa, Ana M. y Juan Manuel y encontrarán las consignas necesarias para esta eventualidad.

6. El paciente comienza la regresión con una experiencia reciente de su vida actual.

Comenzar la regresión con un episodio reciente de la vida actual puede ocurrir en forma espontánea o ser un recurso de técnica. Por ejemplo, si la persona viene y me dice: "Ayer me quedé encerrada en un ascensor y sentí que me moría", entonces comienzo la regresión directamente con esa experiencia. Ni siquiera necesito hacer una inducción. Las sensaciones están frescas todavía y eso me asegura el contacto emocional que el paciente necesita para traer a la conciencia todas las experiencias relacionadas con la misma situación. A partir del episodio del día anterior o de cualquier otro momento de la vida actual la persona podrá ir directamente a una vida pasada, a la primera infancia o al momento del nacimiento. En cada uno de estos casos procedo de la misma manera como ya lo hemos visto en los puntos anteriores.

7. El paciente quiere explorar su propósito o anteproyecto de vida.

Si el paciente logra llegar a esta instancia en el espacio entre vidas inmediatamente antes de su vida actual, es otra oportunidad imperdible para trabajar toda la secuencia desde la revisión de su propósito de vida hasta el nacimiento. Esto incluye el encuentro con los guías o maestros espirituales del paciente y la recuperación de mensajes o instrucciones de estos seres, la presentación en el espacio de quienes serán sus padres en esta vida y la comprensión de las circunstancias que lo llevan hacia esos padres, la toma de conciencia de las lecciones a aprender, el descenso al plano físico, el instante de la concepción y el desarrollo completo de la vida fetal hasta el nacimiento. La experiencia de Gabriela repasando el libro de su alma es un ejemplo claro de esta alternativa. También encontrarán ejemplos similares en el capítulo XIII de *Terapia de Vidas Pasadas* y en los capítulos XV y XVI de *Muerte y Espacio entre Vidas*.

El paciente ya se encuentra en la vida fetal. ¿Cómo sigo?

Una vez que el paciente se siente dentro del vientre materno comienza el trabajo terapéutico propiamente dicho de este período. Ahora tengo que decidir cómo voy a explorar la vida fetal. ¿Voy a hacerlo exhaustivamente o sólo voy a investigar los hechos salientes? Esto depende del tema puntual que esté trabajando, del tiempo de sesión que le dedique a esta etapa y de las características propias del paciente. Si mi intención es que el paciente trabaje en una misma sesión vida pasada, vida fetal y nacimiento, tendré que buscar sólo los hechos más significativos. Si el paciente comienza la regresión con la instancia de la concepción, puedo aprovechar para explorar con detalle todo el período de vida intrauterina.

Básicamente hay tres formas de hacerlo:

1. Puedo dividir la vida fetal en tres trimestres buscando los hechos salientes o traumáticos en cada uno de ellos y luego seguir con el nacimiento.

2. Puedo obviar los trimestres y conducir al paciente buscando dos o tres momentos significativos para luego llevarlo al nacimiento.

3. Puedo explorar la vida fetal paso a paso avanzando mes a mes desde los instantes previos a la concepción hasta que haya completado su nacimiento.

También puedo preguntarle al paciente en qué momento de su vida fetal se encuentra. Algunas personas lo saben exactamente, otras lo intuyen en forma aproximada. Simplemente le pregunto al paciente:

–*¿Qué tiempo tiene cuando se encuentra allí dentro del vientre de su madre?*

Si la persona me dice que tiene cinco meses, entonces le pido que retroceda al primer trimestre o al principio de su vida intrauterina. Si se encuentra en el primer o segundo mes, entonces le pido que comience a avanzar a partir de allí.

¿Qué es lo que voy a buscar y trabajar en la vida fetal?

Como ya lo hemos dicho, el objetivo principal del terapeuta es que el paciente tome contacto y reviva la experiencia traumática o el episodio marcante relacionado con un evento de vida pasada o responsable por los síntomas actuales del paciente. Pero esto no es todo; la revivencia de la vida intrauterina da para mucho más, como lo habrán podido apreciar con las historias de los protagonistas. En definitiva, ¿qué es lo que tengo que revisar y trabajar?

Aquí va una lista de los puntos más importantes:

• Situaciones y momentos traumáticos relacionados o no con eventos de vidas pasadas.
• Mandatos de los padres, de otros familiares y decisiones del propio paciente.
• Pensamientos y sensaciones de la madre en primer lugar y del padre u otros familiares.
• Experiencias traumáticas de la madre y sus reacciones ante diversas circunstancias.
• Dichos y comentarios de los padres, médicos, obstetras y enfermeras emitidos durante la gestación y sobre todo en el momento del nacimiento.
• Maldiciones pronunciadas por personas que le guardan envidia o rencor a la·madre o a ambos progenitores.
• Sensaciones y reacciones del feto ante los hechos anteriores.
• Experiencias de vidas pasadas que se reactivan durante la revivencia de este período.
• Contacto con maestros y guías espirituales y recuperación de sus mensajes.
• Aparición de otras entidades que pueden acompañar y perturbar al feto.
• Anteproyecto o propósito de vida.
• Aprendizaje a realizar en esta vida.
• Sentido de la experiencia vincular con los padres de esta vida.
• Sentido de la experiencia global de esta vida.

¿Qué es lo que tengo que hacer con todo esto? Trabajar cada punto en particular.

1. En las situaciones traumáticas identificar el momento más difícil y que el paciente experimente las reacciones de ese momento para poder desprenderse de ellas. El compromiso con el cuerpo en cada situación es fundamental para que el alma pueda drenar esas vibraciones emocionales.

2. Identificar cada pensamiento, cada mandato y cada decisión tomada por el feto y que la persona vea activamente de qué manera todo eso está afectando su vida presente para desactivar

esa energía mental. Generalmente la sola enunciación y la toma de conciencia de estos mandatos es suficiente para desactivarlos. Por el contrario, mandato o pensamiento no identificados siguen en actividad a nivel subconsciente.

3. De la misma manera, identificar los dichos y comentarios de otras personas y, sobre todo, los del personal médico en el momento del nacimiento ya que tienen un efecto poderoso sobre el recién nacido.

4. Ante cada sensación o reacción emocional de la madre efectuar el trabajo de discriminación para que la persona pueda desprenderse de esas sensaciones tomando conciencia de que no le pertenecen.

5. Ayudar al paciente a tomar conciencia del sentido de la experiencia con los padres de esta vida. ¿Para qué tiene estos padres? ¿Qué espera aprender en el vínculo con ellos? ¿Hay alguna situación pendiente de otras vidas con estos padres que tenga que resolver en la vida actual? El instante de la concepción es ideal para este trabajo.

6. Recuperar la información o las instrucciones que eventualmente pudiera haber recibido de sus guías o maestros espirituales. A veces, uno de estos mensajes puede ser suficiente para reubicar al paciente en el camino de su vida.

7. Si se manifestara una entidad intrusa durante la vida fetal, hecho que suele suceder, asistir al paciente allí mismo para que se desprenda de esa energía enviándola hacia la luz.

8. Ayudar al paciente a asumir la responsabilidad de las circunstancias que le tocan vivir en el presente tomando conciencia del sentido y del propósito global de su vida actual.

Trabajo terapéutico de la experiencia del nacimiento en particular

Si trabajo todas las experiencias de vidas pasadas y exploro intensamente la vida fetal, pero paso por alto la vivencia del nacimiento, el trabajo terapéutico no estará completo. Por el contrario, un nacimiento trabajado y vivenciado intensamente puede ser suficiente para provocar un cambio importante en la vida de una persona. Claro que eso dependerá también de cómo haya sido ese nacimiento. Cuanto más complicado haya sido el parto mayor incidencia tendrá sobre la esfera emocional del paciente y por lo tanto más dramático será el efecto terapéutico de su revivencia. ¿Qué tengo que hacer una vez que el paciente llegó al momento del nacimiento?

1. Procurar que sienta y experimente el nacimiento paso a paso con todas sus sensaciones físicas y reacciones emocionales. Cuanto más sienta en el cuerpo más espectacular será el resultado.

2. Comenzar la vivencia desde los instantes previos. Si el paciente va directo al momento en que asoma su cabeza, luego de finalizada la primera pasada debo regresarlo al instante en que comienzan las contracciones uterinas. Debo procurar que sienta las contracciones, que experimente la compresión del músculo uterino. Esto solo puede desencadenar la memoria de traumas de otras vidas. A partir de allí lo guío para que experimente el pasaje por el canal vaginal. Aquí pueden presentarse situaciones de atascamiento o atrapamiento. Continúo con la salida al exterior completando el nacimiento hasta que llegue a los brazos de su madre.

3. En cada instancia el paciente debe sentir las sensaciones físicas lo más profundamente posible. Si tiene una circular de cordón y se ahoga, debe experimentar el ahogo y la falta de aire. Si su cabeza choca contra la pelvis de su madre, debe sentir ese choque y el impedimento a su pasaje. Si traga líquido amniótico o sangre también debe sentir esa sensación. Debe hacer consciente y experimentar cada una de estas sensaciones para poder desprenderse de todas ellas.

4. Al igual que en todas las experiencias traumáticas identificar el momento más difícil, hacer conscientes las reacciones físicas, mentales y emocionales en ese momento y ver de qué manera esas reacciones están afectando su vida actual.

5. Identificar las voces de la madre y del personal de la sala de partos y trabajar terapéuticamente todos los comentarios que pudieran estar funcionando como mandatos a nivel inconsciente.

6. Identificar las emociones de la madre y ayudar al paciente a discriminarse de todas las sensaciones que no le pertenecen.

7. Tomar conciencia de la pauta de sobrevivencia o de comportamiento del nacimiento que se está repitiendo en la vida adulta.

8. Explorar las experiencias de vidas pasadas que se reactiven en el momento del nacimiento. Ver cuál es la relación entre dichas experiencias del pasado y el nacimiento actual.

9. Si se utilizó anestesia general u otras drogas ayudar al paciente a desprenderse también de su efecto.

10. Rescatar la lección de vida o el aprendizaje que se está efectuando en el nacimiento.

11. Si el parto fue con fórceps, la persona debe sentir el contacto con dicho instrumento y experimentar la tracción ejercida por éste para agotar esas sensaciones. En estos casos puedo colocar mis manos a ambos lados de la cabeza del paciente simulando las palas del fórceps y traccionar suavemente para que la persona experimente más profundamente esta revivencia. A veces, una suave presión de las manos puede desencadenar un mar de sensaciones ocultas hasta ese momento.

12. Si el nacimiento fue por cesárea, debo procurar que el paciente experimente todas las sensaciones posibles incluyendo la anestesia utilizada, el corte en la piel de la madre y en el útero y el instante en que el profesional lo extrae de la cavidad uterina. Hay que procurar que el paciente reviva paso a paso toda la experiencia de la cesárea.

13. Si luego del nacimiento el bebé fue colocado en incubadora o se efectuaron maniobras instrumentales de resucitación, la persona debe experimentar también todas las sensaciones y reacciones provocadas por dichas maniobras. Tengan presente que si bien esas maniobras lo rescataron a la vida también dejaron su impronta emocional. La colocación de tubos, sondas de aspiración, venopunturas y otras maniobras médicas son similares a experiencias antiguas de tortura y puede ser vivenciado por el recién nacido como si se tratase de una violación.

14. Cortar el cordón umbilical. Una vez que se completó el trabajo terapéutico del nacimiento le digo al paciente que voy a cortar el cordón umbilical. Hay dos maneras de hacerlo. La primera la aprendí de Morris Netherton. Anunciándole previamente al paciente lo que voy a hacer coloco la palma de mi mano izquierda sobre su abdomen a la altura de su ombligo y le digo: *"Cuando cuente hasta tres voy a cortar el cordón umbilical para que nazca a una nueva vida"*. A la cuenta de tres, con la palma de mi mano derecha golpeo mi mano izquierda apoyada sobre la región umbilical del paciente simulando el corte del cordón. La segunda variante es más fuerte y la aprendí de Foster Perry. Trato el cordón umbilical como si fuese un cordón energético. Tomo la ropa del paciente en la región del ombligo y la sujeto entre mis manos como

si sujetara un cordón. Le indico al paciente que visualice ese cordón y, al contar hasta tres, tiro hacia arriba como si arrancara el cordón. Algunos pacientes no sienten nada, otros pueden estremecerse y otros pueden hacer una nueva catarsis emocional. El corte ayuda al paciente a terminar con todas las sensaciones que no le pertenecen y a cortar con el vínculo simbiótico de dependencia, si lo hubiera. No se olviden que a través del cordón umbilical hay un intercambio con la madre no sólo de productos metabólicos sino también de energía. Y entre otras cosas, a través del cordón también pueden ingresar al feto otras sustancias, como drogas consumidas por la madre y aquellas usadas en la anestesia o en el momento del parto. El corte del cordón ayuda al paciente a cortar con la fuente de provisión de todas estas sustancias y a nacer a una nueva vida.

15. Si después del nacimiento el paciente fue colocado sobre el pecho o en los brazos de su madre, ayudarlo a recuperar ese contacto inicial. La sensación de amor y calidez del primer contacto, cuando está presente, puede ser útil para sanar vínculos conflictivos de la vida adulta.

16. Si la regresión termina con la experiencia del nacimiento, proceder igual que en todos los casos, indicándole al paciente que elija un color para efectuar la armonización final.

Estos son los aspectos más sobresalientes del trabajo terapéutico de la vida fetal con la regresión. Obviamente, las posibilidades de los pacientes y los recursos del terapeuta no se agotan aquí. Esto solo es un esquema de trabajo para aquellos profesionales que se inician o que ya están trabajando con la regresión.

Luego de leer esta guía repasen las experiencias de los protagonistas para identificar claramente cada situación. No olviden también que cuando hay abortos previos o muerte de algún hermano antes del nacimiento de una persona existe la posibilidad de que se trate del mismo ser que regresa una vez más. Hay que investigar siempre esta eventualidad y de ser así llevar al paciente al punto en que pueda comprender el porqué de esta experiencia y de asumir su responsabilidad, si le cupiese.

Si la madre o el padre del paciente fallecieron o lo abandonaron en el momento de nacer, trabajar primero el trauma hasta agotar las emociones y luego buscar el sentido de esa experiencia. Por terribles que pudieran haber sido los hechos que nos tocaron vivir, siempre hay un porqué, un sentido y una razón para cada circunstancia. Nada es por casualidad. Como terapeuta debo acompañar y llevar al paciente hasta llegar al punto en que pueda comprender y aceptar el sentido de la experiencia con los padres y las circunstancias de la vida actual. Detrás de cada experiencia difícil hay un aprendizaje a realizar y descubrir su sentido puede traer la paz y una nueva conciencia a la vida de una persona. Puede suceder que el paciente descubra que él mismo se colocó en la situación actual, ya sea por capricho, por culpa o simplemente por no haber aprobado una asignatura pendiente. En definitiva, que el paciente pueda comprender cuáles son los motivos y las circunstancias que lo llevaron a encontrarse con sus padres actuales. Ya sea que se trate de sus padres biológicos o adoptivos, éstos son los padres que tenía que tener.

Si hablamos de padres adoptivos, el trabajo con la vida fetal adquiere una relevancia todavía mayor. Esta es una oportunidad única para que el paciente pueda escuchar la voz de su madre biológica y encontrar las razones por las cuales ésta lo entregó en adopción. Luego hay que llevar al paciente a una vida pasada y explorar una eventual relación previa con sus padres adoptivos. El alma siempre encarna de acuerdo con sus necesidades kármicas y puede suceder que necesite de la experiencia prenatal y la carga genética de una pareja determinada, para luego recibir la influencia y la educación de otra familia, o bien sus verdaderos padres no pueden engendrarla y por ello debe recurrir a otros progenitores para que cumplan con esa función. El Universo siempre ordena y pone las cosas en su lugar.

Espero que esta guía les sea de utilidad en su trabajo con la vida fetal, pero recuerden que ningún libro puede reemplazar a un entrenamiento formal y a la experiencia del profesional. Además, es requisito ineludible que el terapeuta reviva su propia vida fetal y su nacimiento para comprender cabalmente de qué se trata. Como despedida y recomendación final les recuerdo, entonces, un antiguo proverbio chino:

La linterna de la experiencia sólo alumbra al que la lleva.

Bibliografía

BOADELLA, David, *Corrientes de Vida. Una introducción a la biosíntesis*, Paidós, Buenos Aires, 1993.

DESJARDINS, Denise, *La Mémoire des Vies Antérieures* (La memoria de las vidas anteriores), La Table Ronde, París, 1980.

ETHERIDGE, Claire, Communication with the fetus (Comunicación con el feto) en: Lucas, Winafred, *Regression Therapy, A handbook for professionals*, Vol. II (Terapia Regresiva, Manual para profesionales), Deep Forest Press, Crest Park, California, 1996.

GRANT, Joan y KELSEY, D., *Many Lifetimes* (Muchas vidas), Ayer Co. Publishers, 1994. Reimpresión de la edición de Gollancz, 1974. Edición original, 1967.

LUCAS, Winafred, *Regression Therapy, A handbook for professionals*, Vol. II (Terapia Regresiva, Manual para profesionales), Deep Forest Press, Crest Park, California, 1996.

MCGAREY, Gladys, New ligth on abortion (Una nueva luz sobre el aborto) en: Lucas, Winafred, *Regression Therapy, A handbook for professionals*, Vol. II (Terapia Regresiva, Manual para profesionales), Deep Forest Press, Crest Park, California, 1996.

MENEZES, Luiz A., *Gravidez, un momento fundamental*, Editora Universitária, Pelotas, 1998.

NETHERTON, M. y SHIFFRIN, N., *Past Lives Therapy* (Terapia de Vidas Pasadas), Morrow, Nueva York, 1978.

VERNY, Thomas, *La Vie Secréte de L'Enfant Avant sa Naissance*, Grasset, París, 1982. [*La vida secreta del niño antes de su nacimiento*, Urano, Barcelona, 1988.]

WAMBACH, Helen, *Vida antes de la vida*, Edaf, Madrid, 1985.

Otros títulos de este autor

TERAPIA DE VIDAS PASADAS
Un camino hacia la luz del alma - Técnica y práctica

Dr. José Luis Cabouli

320 páginas
15,5 x 23 cm
ISBN: 978-950-754-025-7

¿Hemos vivido otras vidas antes de ésta? ¿Es posible que hoy, en nuestra vida presente, reaccionemos sin saberlo al influjo de antiguas emociones no resueltas?

Muchas personas que atravesaron por la experiencia de regresión, descubrieron que los síntomas y conflictos que las perturbaban desaparecían o se resolvían al revivir escenas de sus vidas anteriores. Por primera vez un médico argentino revela su experiencia clínica con la Terapia de Vidas Pasadas y explica, en forma clara y amena, a través de historias reales, la técnica que utiliza en su práctica privada.

Otros títulos de este autor

EL TRABAJO DEL ALMA

¿Qué es la Terapia de Vidas Pasadas?

Dr. José Luis Cabouli

128 páginas
15,5 x 23 cm
ISBN: 978-950-754-108-7

¿Qué es la Terapia de Vidas Pasadas? ¿En qué se basa? ¿Cómo funciona? ¿Cómo se trabaja? ¿Qué cosas puede resolver? ¿Cuáles son los verdaderos alcances de esta técnica terapéutica?

Historias reales de fobias, miedos, ahogos nocturnos y asma bronquial, entre otras, son el medio elegido por el autor para responder ampliamente a estos interrogantes, al mismo tiempo que nos sumerge en los vericuetos del alma humana.

Un conocimiento y una enseñanza más profundos subyacen en cada una de estas historias. Al igual que la mayoría de las personas, los protagonistas consultaron por su dolor sin saber que finalmente irían a encontrarse con su alma. Más allá del dolor y de las emociones a resolver está el aprendizaje del alma.

EL VIAJE DEL ALMA
Experiencias de la vida entre las vidas

Dr. José Luis Cabouli

224 páginas
15,5 x 23 cm
ISBN: 978-950-754-192-6

Aunque no lo recordemos, todos hemos vuelto de la muerte. Pero, ¿qué cosa es eso que llamamos "muerte"? ¿Qué nos ocurre después de la muerte? ¿Adónde vamos? ¿Qué nos espera?. En este libro, la respuesta nos llega directamente de personas que, a través de la Terapia de Vidas Pasadas, experimentaron la continuidad de su conciencia más allá de la existencia física. Partiendo de la experiencia de la muerte, recorriendo el espacio entre vidas, hasta llegar al momento de volver a nacer, su autor, el Dr. José Luis Cabouli —de vasta experiencia en la práctica terapéutica de regresión a vidas pasadas—, nos conduce en un viaje de ida y de vuelta en el derrotero del alma.Un viaje donde se nos revela como una certeza la sabia reflexión de Apolonio de Tiana:

"Nada nace, nada muere en realidad. Ninguna persona muere, sino en apariencia. Ninguna persona nace, sino en apariencia. El pasaje de la esencia a la sustancia, es lo que se llama 'nacer' y, por el contrario, lo que se llama 'morir', es el pasaje de la sustancia a la esencia."

Otros títulos de nuestra editorial

LA BIPOLARIDAD COMO OPORTUNIDAD

¿Quién se ha subido a mi hamaca?

Eduardo H. Grecco

128 páginas
15,5 x 23 cm
ISBN: 978-950-754-209-1

La hamaca (o columpio) es una imagen que expresa la dinámica de la bipolaridad: el subir y bajar, una y otra vez, sin poder detener el vaivén emocional. Este libro presenta, en primer lugar, el desafío de plantear nuevos y provocadores interrogantes acerca de este sufrimiento. La idea esencial en la que se basa el autor es que la inestabilidad es una actividad natural del organismo; pero, bajo ciertas circunstancias y en determinadas personas, esa oscilación puede despenarse hacia el trastorno bipolar y la desdicha.

En segundo lugar, no solo echa luz sobre las fuerzas que se apoderan del timón emocional de los bipolares y los hacen subir y bajar a su antojo desde la manía a la depresión, sino también propone considerar la bipolaridad como una oportunidad que se les presenta a estos pacientes de despertar sus talentos dormidos, abrirse a vínculos sanos y recuperar la alegría.

De modo que la cuestión radica en hacerse nuevamente del control de la "hamaca" en la cual todos nos balanceamos por la vida. Línea tras línea, con un estilo fresco y poético, el autor va contagiándonos su fe en que esto es posible.

Otros títulos de nuestra editorial

UNA MUJER EN BUSCA DE SU ALMA
El autoconocimiento como puente hacia la libertad personal

SILVIA AMAR

96 páginas
15,5 x 23 cm
ISBN: 978-950-754-210-7

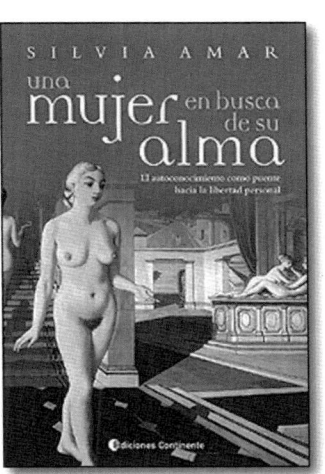

"Motivada por mi constante tristeza, mis crisis y conflictos personales, decidí buscar soluciones y respuestas a muchos interrogantes. Y el camino me fue guiando, casi sin darme cuenta, hacia lo más profundo de mi alma...".

Según las propias palabras de la autora de este libro, así comenzó su voluntario proceso de evolución. Y hoy puede afirmar que vive en paz, con más alegría y confianza, logrando aquietar su mente, dejándose llevar por su intuición y la voz de su corazón, e invocando la asistencia de sus guías espirituales para poder seguir creciendo, domar su ego, desarrollar el plan de su alma y ser cada día mejor persona.

En este texto narra, de modo ameno, fluido e intimista, los aprendizajes que fue adquiriendo en su camino de autoconocimiento, y que ahora quiere compartir con aquellos buscadores que deseen vivir la fascinante aventura de atravesar "la noche oscura del alma" para descubrir, finalmente, quienes son y para que están aquí.

Otros títulos de esta editorial

JUNG Y FLORES DE BACH
Arquetipos y flores
Bárbara Espeche –
Eduardo H. Grecco

BACH POR BACH
Obras completas. Escritos florales
Dr. Edward Bach

TERAPIAS FLORALES Y PSICOPATOLOGÍA
Eduardo H. Grecco

VOLVER A JUNG
Eduardo H. Grecco

ESENCIAS FLORALES DEL MEDITERRÁNEO
Bárbara Espeche –
Pedro López Clemente

SEXO, AMOR Y ESENCIAS FLORALES
Eduardo H. Grecco

LAS FLORES DEL ALBA
Bárbara Espeche

ENFERMEDADES DE LA PIEL Y TERAPIA FLORAL
Eduardo H. Grecco

EL LEGADO DEL DR. EDWARD BACH
Antecedentes, contexto y significado de su descubrimiento terapéutico
Eduardo H. Grecco

LA BIPOLARIDAD COMO DON
Cómo transformar la inestabilidad emocional en una bendición
Eduardo H. Grecco

DESPERTANDO EL DON BIPOLAR
Un camino hacia la cura de la inestabilidad emocional
Eduardo H. Grecco

EDWARD BACH: LA LUZ QUE NUNCA SE APAGA
Una biografía psicohistórica del creador de la terapia floral
Eduardo H. Grecco